José Ibrahim

CONSELHO EDITORIAL

Ana Paula Torres Megiani

Eunice Ostrensky

Haroldo Ceravolo Sereza

Joana Monteleone

Maria Luiza Ferreira de Oliveira

Ruy Braga

José Ibrahim

O líder da primeira grande greve que afrontou a ditadura

Mazé Torquato Chotil

Copyright © 2018 Mazé Torquato Chotil

Grafia atualizada segundo o Acordo Ortográfico da Língua Portuguesa de 1990, que entrou em vigor no Brasil em 2009.

Edição: Haroldo Ceravolo Sereza
Editora assistente: Danielly de Jesus Teles
Projeto gráfico, diagramação e capa: Danielly de Jesus Teles
Assistente acadêmica: Bruna Marques
Imagens da capa: *Fotografia de José Ibrahim*. Fonte: Cedoc.

CIP-BRASIL. CATALOGAÇÃO NA PUBLICAÇÃO
SINDICATO NACIONAL DOS EDITORES DE LIVROS, RJ

C477j

Chotil, Mazé Torquato
José Ibrahim: o líder da primeira grande greve que afrontou a ditadura / Mazé Torquato Chotil. - 1. ed. - São Paulo : Alameda, 2018.
262 p. ; 21 cm.

Inclui bibliografia

1. Ibrahim, José, 1946-2013. 2. Sindicalistas - Brasil - Biografia. 3. Ditadura - Brasil - História. I. Título.

18-48951   CDD: 920.933188
              CDU: 929:331.105.44

Alameda Casa Editorial
Rua 13 de Maio, 353 – Bela Vista
CEP 01327-000 – São Paulo, SP
Tel. (11) 3012-2403
www.alamedaeditorial.com.br

Sumário

Agradecimentos   **9**

Depoimentos   **11**

Introdução   **17**

I. A construção do homem   **21**

Caçula de onze filhos   21

Os pais   24

O lugar   25

Os primeiros anos na empresa: estudante e operário   36

A militância   39

O sindicato   44

Grupo de esquerda de Osasco   46

Os irmãos, os amigos, as namoradas, o lazer   49

Golpe de 1964: a empresa, a cidade e os secundaristas   50

Organizar a resistência, retomar as lutas   54

A Comissão de Fábrica 56
Uma virada à esquerda 64
Na presidência do sindicato 73
O MIA 76
1° de maio 79
1968: a greve e a intervenção 84
A preparação da greve 85
Chamada à solidariedade 89
O dia D 91
A greve continua 110
A clandestinidade e a militância na VPR 115
À procura dos militantes 122
A prisão 124
A procura do filho 130

II. O exílio   149

Os anos cubanos: treinamento, trabalho e amor 150
No Chile 159
No Panamá 167
Na Bélgica 171
Visitas 177
Na capital 181
GAOS – Grupo de apoio à oposição sindical 188
Próximos da volta: uma luz no fim do túnel 191

III. A volta   195

Volta à luta: Osasco e ABC 201

Formando os trabalhadores   206
Na criação do PT   208
Na criação da CUT   221
No PDT   226
Na Força Sindical   229
Pai novamente   241
Instituto Ibrahim   242
No Partido Verde   243
Na UGT   246
Na CNV   248
A morte do homem, do militante, do resistente   251

Bibliografia   **257**

Agradecimentos

Este trabalho foi escrito a partir de depoimentos de José Ibrahim, entrevistas com familiares, amigos, companheiros de militânica e de trabalho do sindicalista, assim que de documentos de diferenres origens e uma dose de imaginação.

Muitos me ajudaram neste trabalho, com entrevistas, documentos, leituras. Registro, aqui, meus agradecimentos.

Aos familiares: Carlos Eduardo e Gabriel, os filhos, Elena, a última mulher, Amira e Terezinha, as irmãs, Sandra, a sobrinha, e Marília Carvalho Guimaraes, a namorada de Cuba;

Aos millitantes, operários e outros atores dos anos 1960: Albertino Souza Oliva, Antônio Barros, o Toninho 3/8, Antônio Roberto Espinosa, Helena Pignatari Werner, João Batista Cândido, João Joaquim da Silva, Joaquim Miranda Sobrinho. Luís Cardoso, o Luisão, Roque Aparecido da Silva, Natael Custódio Barbosa, o Paraná, e Dudu Rodrigues;

Aos ex-exilados e/ou amigos da Bélgica: Antônio Lira, David Cusatto Lira, Gilberto Ferreira da Costa, Hugo Godoy, Inêz Oludé da Silva e Victor Vivallo;

Aos amigos e sindicalistas a partir dos anos 1980: Enílson Simões de Moura, o "Alemão", Fábio Colella, Jorge Nazareno, o Jorginho, Luiz Paulo Kulmann de Mello, o Bagre, Pínio Sartre, Sebastião Lopes, o Neto do IIEP.

Ao Sindicato dos Metalúrgicos de Osasco e Região – Cedoc e Serviço de Comunicação, CMS – Centro de Memória Sindical e IIEP OSM-SP – Intercâmbio, Informações, Estudos e Pesquisas da Oposição metalurgica de São Paulo.

Ajudaram-nos neste trabalho Flávia Macedo, Henrique Schneider e Maria Socorro G. Torquato. E cito ainda a leitura fundamental da tese de Marta Rovai sobre a greve de Osasco de 1968.

A edição desse livro pela Alameda foi possível graças ao apoio do *Sindicato dos Metalúrgicos de Osasco e Região*, do *Sindicato dos Empregados em Centrais de Abastecimento de Alimentos do Estado de São Paulo*, do Dr. *Francisco Amaro Gurgel Filho e de Lurdinha Maria de Lourdes Rodrigues (Lurdinha Rodrigues), cidadã paulistana e fundadora da Federação Nacional de Transporte Escolar (Fenatresc), da Cooperativa Brasileira de Transportes (Cobrate) e do Sindicato de Transportadores Autônomos de Escolares e das Microempresas de Transporte de Escolares do Estado de São Paulo (Simetesp)*, da central sindical *União Geral dos Trabalhadores* e de *Gabriel Ibrahin*.

Ibrahim ou Ibrahin?

José Ibrahim tem seu sobrenome ortografado no registro de nascimento "Ibrahin", com "n". O pai de origem sírio-libanesa, Mahmoud Ibrahim, queria que ele se chamasse "Youssef Ibrahim". "Youssef" quer dizer "José" em árabe, sua língua maternal, mas o cartório de registro civil não permitiu e errou escrevendo "n" ao invés de "m". Ibrahim sendo o nome do pai, e a escrita que encontramos em muitos documentos, escolhemos esta ortografia. Ele será, portanto, aqui "José Ibrahim".

Depoimentos

José Ibrahim, coerente com seu passado de enfrentamento ao regime militar, contra quem teve papel destacado na organização das primeiras greves em 1968, muito contribuiu para o processo que resultou na formação da CUT – Central Única dos Trabalhadores e do PT – Partido dos Trabalhadores, vindo posteriormente a optar por outros caminhos sindicais e partidários. Assim que retornou do exílio de longos dez anos, somou conosco em inúmeras paralisações, manifestações e protestos nos 1º de Maio. Como presidente da CSI – Confederação Sindical Internacional, posso atestar que seu nome faz parte da bela trajetória de lutas e conquistas do sindicalismo brasileiro e mundial.

João Antônio Felício, Presidente da CSI em 2017 e da CUT de 1997 à 1999.

A greve de Osasco, embora ainda tenha sido o último movimento de resistência ao golpe e não a abertura de um novo ciclo de ascenso, despertou em nós muitas esperanças de uma retomada de lutas.

Quando foi discutida a lista dos presos a serem trocados pelo embaixador Charles Elbrick, seu nome foi dos primeiros a serem lembrados. Cid Benjamin, militante do MR-8, participou do sequestro do embaixador norte-americano. Foi preso e exilado. É jornalista.

O Zé precisa ser lembrado por três motivos: ter batalhado pela Comissão de Fábrica da Cobrasma, ter feito a greve, ter sido preso, torturado e cassado. Na volta, contribui para a redemocratização e ajuda a criar o PT e a CUT. O segundo motivo é sua inteligência. Nasceu com o poder da oratória. Podia, depois de ter tomado um porre no dia anterior, fazer no dia seguinte uma intervenção maravilhosa. O terceiro motivo é seu carisma. Numa reunião onde tinha gente se disputando, ele começa a falar e a tensão se acalma e a discussão pode continuar face a uma assembleias de 500 ou 1.000 pessoas.

Fábio Colella, amigo e assessor

Tenho muito orgulho de ter convivido maritalmente com o Zé Ibrahim por quase 30 anos! Todos os que o conheceram sabem o quão agradável era desfrutar um bom papo ou uma boa comida com ele. Homem culto e vivido, com uma memória invejável, lembrava-se de fatos e de nomes de antigos companheiros sem pestanejar. Porém dos duros momentos vividos na tortura, quase não falava. Eu sempre me admirava como, após tantos momentos frente a frente com a morte, pôde manter-se tão sereno e equilibrado até o fim. Sua sabedoria o levava muitas vezes a resolver conflitos e fazer avançar muitas lutas. E propor novos caminhos.

Elena Vilela Martins, companheira de Ibrahim por quase 30 anos

Um garoto de coragem, de capacidade de enxergar a política mais na frente, mais profunda, além de tudo era um garoto de coragem, de enfrentamento. Ibrahim tinha uma visão muito clara de onde queria chegar. Tínhamos confiança nele.

Antônio Barros, Toninho 3/8, da FNT na época.

José Ibrahim nos anos 68 conquistou, como sindicalista, o respeito de todas as correntes políticas do momento. O pessoal que tinha relacionamento com ele era um pessoal sério e a greve realizada foi um trabalho muito importante na época, do ponto de vista sindical e político, que teve repercussão.

Derly José de Carvalho, do ABC, militante da Ala vermelha, preso, torturado, banido para o Chile em troca do embaixador suíço.

Era estudante da FFLCH quando nos aparece aquele rapaz da nossa idade como o grande dirigente da greve de Osasco. Isso foi muito espantoso, uma figura que passamos a admirar naquele momento.

Claudia Campos, professora universitária

Ibrahim percebia, era menino muito inteligente, muito preparado, prático, calmo, ponderado, sabia reivindicar. Era muito acima da média. Muito preparado, com habilidade política nata

Dr. Roberto Luiz Pinto Silva, RH da Cobrasma

Zé Ibrahim foi muito sacaneado na vida. Depositou confiança em pessoas que não mereciam a menor confiança. Era dirigente sindical com a maior experiência no país, foi ajudar a construção da CUT, de suas relações internacionais, mas não era do interesse do pessoal que comandava a CUT naquele momento ficar com o Zé, porque o Zé tinha preparo intelectual, político. Então tiraram o Ibrahim das relações internacionais e colocaram o Jacó Bittar que não tinha nenhuma experiência em relações internacionais. Bom, depois foi candidato a deputado em Osasco e o PT colocou também o Zé Pedro. Dois de Osasco! Evidente que nenhum deles seria eleito. O Zé tinha uma inteligência muito grande. Gostava do que fazia. Então foi sempre uma pessoa muito dedicada à luta dos trabalhadores, à luta sindical. Uma pessoa que faz uma falta muito grande ao movimento sindical.

Nelson Simões de Moura, o Alemão

Não tenho dúvidas de que o Ibrahim, apesar de ter chegado no sindicato jovem, tinha muita clareza do que queria. Tinha o aspecto impetuoso dos jovens. Engajado, sofreu as sequelas do seu idealismo. Após ter passado por tudo que passou, continuou na luta, típico de quem não foge, sabe o que está fazendo. Ele contribuiu imensamente para o movimento sindical. Espero que o tempo reconheça o papel que cumpriu, pelos erros e acertos, porque os erros são inerentes a quem faz alguma coisa.

Jorge Nazareno, Jorginho, presidente do Sindmetal Osasco

Era inteligente e vaidoso. Na sua volta do exilio queria peitar o Lula, queria ser o presidente do PT e não conseguiu. Queria dar um passo muito grande. 1968 era outra história que 1978. Mas a história precisa lembrar dele pela resistência que foi a greve de 1968. Foi preso, torturado, exilado. Era um moleque de uns 20 anos quando da greve, fica na história assim, quase que um mito.

João Joaquim da Silva, membro da FNT e da diretoria eleita do Sindicato dos metalúrgicos de Osasco em 1967.

Ibrahim era também um grande pensador. Uma criatura muito inteligente, de raciocínio rápido, era brilhante.

Helena Pignatari, professora de história do Ceneart

Quando nos encontrávamos, fazia crítica ao Lula, crítica de esquerda, participação popular, organização pelas bases, opções de esquerda, mas acabou colaborando para a criação da Força sindical, da UGT, um discurso de participação popular, russeauniano, e tomando posições kantianas.

Antônio Roberto Espinosa

Acho que quando se escreve a história do Brasil tem que falar do Ibrahim, ele marcou a história do sindicalismo e partido político. Pessoa relevante, era mais estudado que a gente. É pessoa marcante no sindicalismo que tem que se lembrar.

Joaquim Miranda Sobrinho, afiador de ferramenta da Braseixos e diretor do Sindicato dos metalúrgicos de Osasco no momento da greve.

O Zé ensinou a gente a lutar! Minha tia Amira, toda a vida dela lutou, lutou com os filhos. Sem contar que a gente tem essa coisa de vaidade, sabe? Ele é meu tio! Meu tio faz parte da história e ajudou a mudar a história desse país.

Sandra Nogueira, sobrinha, companheira de brincadeira na infância e amiga mais tarde.

Introdução

O personagem desta história, José Ibrahim, era presidente do Sindicato dos Metalúrgicos de Osasco quando, aos 21 anos, liderou a greve de julho de 1968, afrontando a ditadura militar implantada no Brasil em 1964. Esta greve é um marco na história do sindicalismo brasileiro.

A greve era uma atividade proibida, mas o arrocho salarial e as más condições de trabalho empurraram os trabalhadores para a decisão de cruzar os braços, para chamar a atenção dos patrões. Principal líder dos trabalhadores, num momento em que a maioria dos sindicatos estava nas mãos de homens postos nos cargos pelo governo, os chamados "pelegos", o jovem sindicalista, juntamente com sua diretoria eleita, foi cassado pelo governo militar que declarou a greve ilegal.

Com o desejo de continuar a luta contra o autoritarismo, considerando que não havia alternativa naquele momento, Ibrahim vai para a clandestinidade e ingressa no grupo de esquerda VPR – Vanguarda Popular Revolucionária. A organização faria a opção pela luta armada em seguida. Acabou preso, torturado e banido do país em troca do embaixador norte-americano no ano seguinte, 1969. O Brasil e o mundo voltavam a ouvir falar de Ibrahim como uma referência de um "novo sindicalismo", que mostrara o caminho da resistência num momento em que o país caía na escuridão do regime militar. Resistência que dez anos mais tarde ganharia nova visibilidade na região industrial do ABC paulista, encabeçada por Luiz Inácio da Silva, o Lula.

Ibrahim volta do exílio antes da anistia, justamente para forçá-la a se tornar realidade, se junta aos movimentos de esquerda que clamam por democracia, se integra às lutas, ajuda a criar o PT e a CUT. Termina saindo dos dois, sentindo o espaço estreito face à estrela Lula. Foi para o PDT, em seguida para o Partido Verde. Por três vezes se candidatou a deputado federal, sem conseguir se eleger. Saindo da CUT, ajudou a criar a Força Sindical antes de passar para a UGT. Foi criticado pelos que enxergaram nesses movimentos uma instabilidade, ou, ainda, "um homem de esquerda passando para a direita". Personagem contraditório para uns, um herói esquecido do sindicalismo brasileiro para outros.

Militante de grande importância para o país, José Ibrahim não tinha biografia em março de 2015 quando encontro-me com nosso grande especialista em biografias, Fernando Morais, no Salão do Livro de Paris, numa mesa redonda. Quando lhe falei do trabalho que estava findando sobre o exílio de trabalhadores brasileiros durante a ditadura, incluindo figuras como José Ibrahim e seus companheiros osasquenses, e a vontade de escrever uma biografia, ele me diz:

— Por que não a de José Ibrahim?

Efetivamente, por que não? Como jovem estagiária na imprensa em Osasco em 1979, encontrei com Ibrahim no seu retorno ao Brasil. Por outro lado, tinha entrevistado-o sobre o período de banimento para o livro *Trabalhadores exilados*. No mesmo ano de 2015, encontro Elena e Gabriel, respectivamente sua última companheira e seu segundo filho, na apresentação do meu livro sobre os trabalhadores exilados na Unidade de Sociologia da Educação da USP, em São Paulo. Conversando, soube que o jornalista Walter Novaes tinha feito uma série de entrevistas pensando justamente numa biografia. Infelizmente, após a morte de Ibrahim, em 2013, Novaes também veio a falecer, em 2014. Tomei a decisão de trabalhar no projeto. Gabriel me passa cópias das entrevistas e revelou-me um baú de documentos dos arquivos do pai: fotos, cartas, caderneta de escola...

Começo a explorar o material, a pesquisar e a escrever estas linhas em final de 2015. Como disse, Ibrahim já nos deixou, o que vai dificultar o trabalho. Seus pais, já "maduros", quando o tiveram, também se foram, assim que seus irmãos Jamil e Luisinho; sua primeira esposa, Tereza Cristina Denucci Martins, mãe do seu primeiro filho, Carlos Eduardo, também. Muitos companheiros da greve, do exílio e de outros momentos, pelo mesmo motivo, não poderão falar da relação que tiveram juntos: José Campos Barreto, Carlos Lamarca, José Groff, Orlando Miranda...

Um longo trabalho de pesquisa se inicia com a escuta e a transcrição das entrevistas gravadas, com a leitura de documentos, novas entrevistas com pessoas que podem testemunhar sobre sua vida. É preciso conhecer o homem, o militante, o marido, o pai, o irmão, o amigo, saber o que fez dele o militante que foi, as ideias que tinha, o líder que era... Com a distância dos fatos, será ainda mais importante verificar as informações, confrontá-las com pessoas e documentos diferentes, já que cada um tem seu ângulo de visão, sua memória, sem falar que a distância dos fatos pode diminuir a nitidez que cada um têm deles.

I
A construção do homem

Caçula de onze filhos

Comecemos pelo começo. O mês de nascimento de Ibrahim é setembro de 1946, o da promulgação da Constituição[1] que enterrou a do governo ditatorial de Getúlio Vargas e vigorou até o golpe militar de 1964. Ela instituiu igualdade perante a lei, ausência de censura, garantia de sigilo em correspondências, liberdade religiosa, liberdade de associação, extinção da pena de morte e separação dos três poderes.

O dia que se inicia é uma terça-feira, 3 de setembro de 1946. Faz sol. Depois de ter "despachado" os dez filhos – sete mulheres e três homens – para os afazeres diversos, tomado o café, Zelvina Almeida Ibrahim (27/4/1902-19/3/1980) está lavando roupa no tanque quando começa a sentir contrações. Chama uma das filhas que estava por perto e pede para buscar sua mãe, dona Ana, que mora no terreno vizinho. Uma passagem, no fundo do quintal, dá acesso

---

[1] A Constituição de 1946 foi promulgada em 18 de setembro.

a sua casa. Seu terreno tem 1.000 m² (20 m de frente e 50 m de fundos). O endereço é Rua Delfino Cintra, 146 (hoje Rua Albino José Freixeda), onde está o salão comercial de duas portas que chamam de "bodega". Ali, o pai vende de tudo: doces, cimento, arame... Atrás dela, a casa familiar. Grande, porém, simples.

O terreno foi comprado com a herança da mãe de Zelvina, Dona Ana, que ficara viúva de seu marido português, Antônio, aos seus 27 anos, quando ainda moravam na região de Piramboia, interior de São Paulo. Dona Ana decidiu partir, tempos mais tarde, para a capital com as filhas, o filho e a intenção de vê-los trabalhar na implantação da linha de trem.

Como planejado, uma vez em Osasco, o filho Antônio e a filha Rosa (o mais velho e a mais nova) encontram trabalho na então Estrada de Ferro Sorocabana. Zelvina ajuda a mãe com os afazes de casa até se casar e faz artesanato de crochê para vender. Dona Ana tinha decidido, ainda em vida, com a herança, adquirir glebas de terra de tamanho igual, ali, para os três filhos e ela mesma. De forma que a quadra ficou praticamente "em família" (Rua José Freixeda, Rua Oswaldo Collino e rua Arnaldo de Oliveira Barreto), e qualquer membro do clã podia circular, atravessando portões, de um terreno para o outro, sem passar pela rua.

Antes, a família chegou a morar perto da estação de Presidente Altino, do outro lado dos trilhos, numa casinha pequena pertencente à estrada de ferro, onde os outros filhos nasceram. Tinha um botequinho na frente, onde o pai servia bebidas ou almoço para os trabalhadores, e o espaço de moradia atrás, de forma que a metade dos filhos ia dormir na casa da vó. Com a mudança, a casa nova pôde abrigar toda a família.

Dona Ana é encarregada de chamar a parteira, dona Otília, conhecida da família e dos moradores do bairro. Ela já tinha ajudado Zelvina no nascimento dos outros filhos. Não tem maternidade nem hospital na região. Zelvina tem 44 anos e o filho que vai nascer é seu 11°, o último, e se chamará José. Na verdade, é seu 12° parto. Sua primeira filha morreu pouco tempo após o nascimento, com "nó nas tripas", como se chamava popularmente na época a apendicite aguda. O pai, Mahmoud Ibrahim (5/1/1899-9/11/1973), de origem árabe, está tomando conta da bodega e só virá ver o filho após o nascimento.

O menino nasce antes da hora do almoço. Tem boa saúde. Seus dez irmãos se dividem em sete mulheres e três homens. Chamam-se, pela ordem, Jamil, Zelinda, Nazira, Maria José, Ana, Luís, Terezinha, Amir, Maria Inês e Amira. Alguns têm nomes árabes, vontade do pai. Todos vão ser criados na filosofia dele: estudos até o primário e, depois, trabalho. José Ibrahim, "Zé" ou "Zezinho" como vai ser chamado pela família, vai estudar até o colégio e ser operário como os outros membros da família.

No dia do nascimento, Terezinha anda pelos seus dez anos, quando vê a casa em alvoroço e as crianças mandadas para o quintal. Curiosa do que está acontecendo, fica nas imediações, com o desejo de saber o que se passa e desvendar o mistério que os grandes não querem revelar. Logo escuta o chorinho do bebê e corre para conhecer o novo membro da família. Na sua casa, os filhos têm de ajudar a mãe nos afazeres de casa, como lavar louça, varrer o quintal e cuidar das crianças menores. A mãe tem muito trabalho: lava e passa toda a roupa da família, à mão; faz comida para a família e pastéis para serem vendidos na venda. Quando tem matança de porco, passa o dia todo cozinhando e fritando. Guarda carne e banha em latas de 20 quilos. Quando faz comida, tira de uma delas a concha de gordura necessária. Terezinha fica encarregada de cuidar do caçula. No total, a mãe passou 22 anos grávida ou amamentando. "Eu cuidei do Zé, sou a mais chegada, dava banho, trocava... Era um amor de menino, nunca deu trabalho".

No quintal dos Ibrahim tem uma horta, pés de chuchu, abóbora, parreiras, chiqueiro de porco, galinheiro, cabrita, pés de frutas...

Para obter outras rendas, o pai Mahmoud construiu, para alugar, mais uma casinha numa parte do quintal, junto às duas outras existentes quando compraram o terreno. Duas geminadas e uma separada. Depois, serão usadas pelos filhos que se casarão. "Eles ficavam ali certo tempo, pagando aluguel simbólico – para a manutenção da casa – enquanto construíam nos terrenos comprados" – conta Amira.

Os pais

Zelvina, de pais de origem portuguesa, nasceu em abril de 1902 no interior de São Paulo. Órfã de pai, quis estudar, mas teve de trabalhar na colheita de café. Escreve bem, tem boa caligrafia, gosta de ler, tem alguns livros em casa. Sempre que pode, tira um tempo, sobretudo à noite, para ler no quintal ou dentro de casa. Gosta de *Eu sei tudo*, revista que fala de tecnologias e assuntos nacionais e internacionais. Quando Ibrahim estiver preso no DOPS – Departamento de Ordem Política e Social –, ela lhe escreverá poemas e contos, juntamente com Sandra, sua neta, sobrinha de Ibrahim.

O pai nasceu em 1899 numa região que é hoje território libanês, na fronteira com a Síria, não muito longe de Damasco. Na época, era uma união federativa. De religião mulçumana, não praticava. Desembarca no Rio de Janeiro com o casal de primos, aos 14 anos. Quando chega a Osasco, em Presidente Altino, é um homem de 24 anos. Arruma emprego como operário na fábrica de cerâmica Hervy e, depois, no frigorifico Wilson, no setor de matança de boi. A empresa ficava instalada ao lado da estação Presidente Altino.

Zelvina e Mahmoud conhecem-se e se casam. Tempos depois, no frigorífico, Mahmoud sofre um acidente com um boi que se desgarra e lhe dá uma cabeçada. O episódio provoca problemas com a coluna que o impede de exercer a força necessária para matar os animais com martelada de marreta, técnica usada na época. É aposentado por invalidez e passa a mascatear, profissão que gostava e que já exercera no Rio. Nos arredores de Osasco, mascateava nas, na época, áreas rurais de Itapevi, Jandira, Mairinque. Vendia de tudo: lenço de pano, pente, agulha... O comércio era fraco, o dinheiro escasso. Aceitava como pagamento galinhas, ovos e porcos. Despachava tudo pelo trem, que descarregava os animais na estação Presidente Altino, perto de casa. Depois de algum tempo, ficou somente na venda.

Analfabeto, não falava muito, era "duro" como muitos pais da época, que assim "mantinham a ordem" em suas famílias. Uma vez Mahmoud contou ao filho caçula sua história antes de chegar ao Brasil: morava no campo, onde o pai e tios viviam da colheita de azeitonas e da criação de ovelhas. Era pastor das ovelhas, contava e chorava. Segundo ele, passou a ter problemas com um tio porque, certo dia, encarregado que estava de cuidar do rebanho, se distraiu: as ovelhas desgarradas prejudicaram uma plantação. O tio, pensando no prejuízo, ficou muito bravo e o espancou. Ele não gostou, e na primeira oportunidade que teve, revidou o ato. Numa família árabe cuja tradição exigia o respeito aos mais velhos, precisou fugir de casa, o tio ameaçando mil coisas a seu pai. A mãe lhe mandou para longe, na casa de familiares, mas chegou à conclusão que ele não podia ficar mais ali. Aproveitando a vinda ao Brasil de um casal de primos, mais velhos, recém-casados, a mãe mandou Mahmoud, ainda menor, para o "novo mundo", tendo os primos como tutores.

O lugar

Presidente Altino pertence ao distrito de Osasco desde 1918. Tem uma estação de trem com o mesmo nome, situada no quilômetro 14 da Estrada de Ferro Sorocabana. A ferrovia parte da estação Júlio Prestes, no centro da capital, e se rasteja em direção do interior do Estado, seguindo o caminho dos bandeirantes que, no passado, chegaram até a Bolívia, aprisionando indígenas e procurando ouro e outras pedras preciosas. Presidente Altino fica à direita dos trilhos, quando se sai da capital, fica entre a linha de trem e o rio Tietê.

Mais adiante, sempre em direção do interior, está a estação Osasco, no quilômetro 16, e, à esquerda dos trilhos, encontra-se o centro do distrito. Aliás, Osasco é o nome da cidade fundada pelo italiano Antônio Agú, que chegou ali funcionário da Estrada de ferro e comprou terras, em 1893, nas margens da ferrovia. Do lado direito da estação o terreno vai até às margens do Rio Tietê, a Fazenda Rio Pequeno, de onde começou a fornecer areia, tijolos e telhas à companhia que mantinha a estrada de ferro. Depois de ter criado uma olaria, funda a Cerâmica Osasco – Hervy mais tarde – para fabricar aparelhos sanitários.

Não longe da capital, Osasco fica a cerca de vinte minutos pelo trem. Nos anos 1950, a cidade de São Paulo se orgulha de ver construído um novo prédio por dia – sem pensar muito na qualidade de vida, no meio ambiente, nas escolas, no tratamento de esgoto...

Com terras fartas e baratas e transporte fácil pela linha do trem, Osasco vai receber, aos poucos, um número importante de fábricas: Companhia de Papéis e Cartonagem – mais tarde chamada Adamas (1902); Cotonifício Beltramo (têxtil, 1923); Soma – Companhia Sorocabana de Material Ferroviário (1924). Nas décadas de 1940 e 1950 são essencialmente empresas de grande porte que se instalam, sobretudo as de metalurgia pesada: Cobrasma (fábrica de vagões, 1944); Cimaf (cabos de aço, 1946); Lonaflex (lonas de freios, 1951); Braseixos Rockewell (eixos mecânicos, 1957); Brown Boveri (material elétrico pesado, 1957) e Fundição Ford do Brasil (fornos elétricos de indução, 1958). Também ficam na região a Moinho Santista (têxtil, 1940); Osram (lâmpadas elétricas, 1955); White Martins (produtos químicos, 1960); Eternit (fibrocimento, 1941); Hoescht do Brasil (química, 1951); Frigorifico Continental, 1951); Benzenex (inseticida, 1952). Ao lado, no Jaguaré, bairro da cidade de São Paulo, uma quantidade importante de empresas também se instala.

A população chega aos poucos. Nos anos 1920 o povoado de Osasco, compreendendo Presidente Altino, tem cerca de 4.000 habitantes, dos quais uns aproximadamente mil são estrangeiros, principalmente italianos vindos depois do patrício Agú. O contigente inclue, porém, russos, espanhóis, portugueses e muitos armênios.

Os operários estrangeiros chegaram, sobretudo, para trabalhar como operadores de máquinas nas indústrias. É também em Osasco que trabalhadores franceses e italianos anarquistas da indústria Vidraria Santa Marina, pertencente à família Prado e instalada em São Paulo, na Água Branca, vão se instalar. Em 1909, esse grupo participou de uma greve que pedia melhores condições de trabalho e salários. Houve forte repressão e dezenas de grevistas foram demitidos. Operários especializados, eles decidem pela criação de uma cooperativa em Osasco, onde os terrenos são acessíveis, os patrícios, solidários, a matéria-prima existe em abundância às margens do rio Tietê e a linha de trem facilita o transporte de mercadorias.

Antônio Agú cede o terreno, o Sindicato de São Paulo em que estavam associados faz um aporte de verbas para a construção da fábrica e eles, com a ajuda de pessoas que adotaram a causa, constroem o prédio no terreno em que mais tarde será construída a Cobrasma. Falta a burocracia: contratam um advogado para cuidar dos papeis, ou seja, abrir formalmente uma cooperativa, e administrar o dinheiro que arrecadaram, de forma que o forno necessário à produção fosse comprado na Europa. O advogado, no entanto, fazia jogo duplo e trabalhava, na verdade, sob as ordens de Antônio Prado, da Santa Marina, de forma que o projeto foi abortado.[2]

Entre 1952-1964, a população de Osasco cresceu três vezes e meia, criando a necessidade de moradia. Em Presidente Altino,

---

2 Ver o livro de Helena Pignatari *Raízes do movimento operário em Osasco* (Cortez). Professora do Ceneart, depois da greve de 1968 se sentiu na obrigação de procurar entender as raízes do movimento operário de Osasco.

muitos armênios, com grandes terrenos, constroem habitações precárias no fundo de seus quintais para alugar. E, quando os migrantes nordestinos chegam empurrados pelas secas, as possiblidades de trabalhar e ter vida melhor no "Sul", nos parques industriais de São Paulo, Rio de Janeiro ou Minas Gerais, Osasco também os recebe.

Como a primeira população tinha ocupado os espaços próximos da linha de ferro como Presidente Altino, o centro de Osasco os bairros de Km 18 e Quitaúna, a nova população vai ocupar lugares mais distantes, nos novos bairros criados com a abertura de loteamentos sem serviços de base – ou seja, sem energia elétrica, água, esgoto ou transportes.

Em 1946, ano de nascimento de José Ibrahim, o bairro de Presidente Altino já é populoso, tem uma importante rua, a André Rovai, com estabelecimentos comerciais de tecidos e calçados, alfaiates, barbeiros, bares e uma primeira farmácia, de Pedro Fioretti. É o segundo mais populoso da cidade, e dali surge a liderança daquele que viria a ser o primeiro prefeito do município, Hirante Sanazar, de origem armênia.

Se a distância da capital é pouca, o distrito de Osasco não recebe a atenção do centro. Precisa de escolas, de pavimentação, de água encanada, de esgoto... O sentimento de abandono cresce em parte da população, que começa a imaginar uma separação do município de São Paulo e luta, a partir de 1948, pela emancipação que só chega, após algumas campanhas "quentes", com a Lei de 18 de fevereiro de 1959. Essa lei cria o município de Osasco, permitindo eleição de prefeito e vereadores, e emancipa o município em 19 de fevereiro de 1962. Nesse momento sua população é de cerca de 100.000 pessoas, enquanto São Paulo conta dois milhões de habitantes. A recém-criada cidade possui, em Quitaúna, nas imediações da estação do mesmo nome, em terras do antigo sítio do bandeirante Antônio Raposo Tavares, um dos principais quartéis da região, o 4° Batalhão de Infantaria Brasileiro.

As ruas do bairro da família Ibrahim são de terra. Somente no centro de Osasco, as principais vias – Antônio Agú e Primitiva Vianco – são calçadas com paralelepípedos. Depois da emancipação, a Avenida dos Autonomistas, como passou a se chamar a antiga estrada de Itu, que corta o município, separando o norte do sul, foi asfaltada.

Amira, a caçula das irmãs, tem uns dois anos mais que "Zé". Brincam juntos no quintal, tomam leite das cabras que o pai cria e ajudam a alimentar os animais do quintal. Aliás, de vez em quando, vão levar as cabras para pastar no matagal ao lado da casa. A relação maior deles é com a mãe que cuida da casa. Por vezes, vão ver o pai na bodega para pedir um doce, uma bala. A mãe Zelvina é compreensiva, nunca altera a voz com eles. Os mais velhos que já vão à escola, mas não têm ainda idade para trabalhar, são encarregados de levar as marmitas para os mais velhos, rapazes e moças, que desde os 14 anos trabalham como operários nas indústrias vizinhas.

Aos sete anos, Amira vai para a escola primária Frei Gaspar da Madre de Deus, três quadras distante de casa. José deve esperar sua vez. Continua a brincar no quintal, dessa vez com a sobrinha Sandra, ajuda sua mãe nos afazeres, busca arroz na venda do pai. Tem de esperar completar os sete anos para, finalmente, poder ir para a escola. Uma espera que considera longa, já que tinha vontade de aprender a ler e a saber das coisas que os mais velhos já conheciam. Vai poder levar marmita, com Amira, aos irmãos e irmãs mais velhos. No frigorífico Wilson, perto de casa, e um pouco mais longe, no Jaguaré, na fábrica de tratores, na Matarazzo, na RCA, uma distância de casa, à pé, de aproximadamente quinze minutos.

Para ir ao centro de Osasco, a travessia se faz sob os trilhos do trem, à pé ou de bicicleta, onde um odor de esgoto exala do córrego Bussocaba, em seu caminho em direção do Tietê, levando tudo o que se joga em seu leito. Sobre ele, à esquerda, saindo da passagem, uma ponte permite a passagem para as inúmeras indústrias alí situadas. Do lado do Jaguaré, a passagem é sobre os trilhos, com uma barreira que fecha em caso de circulação de trem. Muita gente transita nestes lugares, nas idas e voltas em direção do trabalho.

José agora tem oito anos, sabe ler, escrever e fazer contas. Começa a trabalhar na feira com um dos cunhados, dono de uma barraca de frutas. É esperto, fica no caixa. Levanta cedo. O dia nasce à pena, quando a banca fica pronta para receber os clientes. Todo o dinheiro ganho por ele e por todos os outros membros da família vai para a caixa familiar administrada pelo pai Mahmoud, o chefe de família. Até mesmo quando vira presidente do Sindicato dos Metalúrgicos de Osasco, Ibrahim continuará a entregar ao pai o envelope com o salário. Era encarregado de administrar o orçamento familiar, "socializava o dinheiro familiar", dirá o caçula, anos depois. Os filhos, que têm o dever de informar sobre os aumentos de salários, entregam a Mahmoud os envelopes, ainda fechados, com os salários. O pai então dá a mesada necessária para a compra do que os filhos necessitam: um sapato novo, uma roupa... Antes de começar a trabalhar, para pagar as matinês de cinema dos domingos, José engraxa sapatos. O orçamento é apertado.

Muitos garotos engraxam sapatos, mas há outros bicos. Antônio Roberto Espinosa, que mora no centro de Osasco e será seu amigo mais tarde, faz seu dinheirinho com a venda de ferrinho que recupera na areia de fundição que a Cobrasma derrama em alguns terrenos da cidade. "Não havia a cultura dos pais darem dinheiro para o lazer dos filhos, pelo contrário, os filhos é quem ganhavam e levavam pra casa", lembra Espinosa.

Os filhos são criados segundo a filosofia de Mahmoud: estudam até o primário e, quando chega a idade de trabalhar, o fazem, homens e mulheres, sem distinção, ao contrário de muitas famílias, em que as filhas ficam em casa para ajudar a mãe. A única exceção será a caçula, Amira, que o pai decidiu que ajudaria a mãe, dona de casa, e ele, na bodega-bar. Ela vai insistir para ir trabalhar e estudar, como os outros, mas o pai tinha decidido outra coisa. "Para ser pai e se casar, não precisa de muita matemática", costumava dizer. Mahmoud adora as filhas, tem ciúmes delas. Não devem sair sozinhas, falar com qualquer pessoa. Nunca foi favorável a nenhum namoro e não aceitará, até a última hora, o casamento de duas delas: Terezinha e Amira. Sairá de casa nos momentos. Depois, termina aceitando as uniões. Os filhos homens são mais soltos, livres.

José é muito ligado às irmãs, que têm um carinho especial para com o caçula. Elas cortam suas unhas durante seu sono, já que ele não suporta ver aquilo. Cuidam dele quando a mãe está ocupada com os afazeres domésticos: casa, roupa para lavar, comida para fazer... Os domingos são diferentes. O pai, bom cozinheiro, se encarrega da comida. Gosta de cozinhar carneiro, tradição de sua família árabe, no fogão de lenha. Também é ele o encarregado, nos dias da semana, de manhã, de preparar os lanches para os que partem ao trabalho.

Assim, domingos e festas, os encontros da família são dias de alegria, vão ficar na memória do garoto Ibrahim. Mahmoud tem muito gosto em fazer comida para toda a família. Todos são convidados a saboreá-la. A cozinha espaçosa é o lugar mais agradável da casa, na qual uma grande mesa de madeira e cadeiras fazem parte do mobiliário. Comida para todo mundo que aparecer. Às vezes, Zelvina diz:

— Mahmoud, tanta coisa assim, a gente não sabe quantas pessoas vêm!

Não é um problema, ele gosta de ter fartura. Pode não ter dinheiro para comprar sapato, roupa nova, o que não lhe importa muito. Quando um filho vai lhe ver para dizer que está precisando de um sapato, já que a sola do seu está gasta, ele pede para ver e diz que precisa usar um pouquinho mais. Quando está muito apertado e tem uma coisa mais urgente, solta um "esse mês não dá", mas entende a necessidade. Mesmo se fica bravo com o preço de um livro que acha caro, nunca deixa de comprar o que os filhos precisam. Quando uma bicicleta, o meio de locomoção dos filhos, precisa de conserto, ele desmonta-a e, se tem que trocar uma peça, ele mesmo o faz.

Natal e Ano Novo são sagrados. E as festas de casamento são por sua conta. Não tem esse negócio de que é do noivo ou da noiva, ele faz questão de preparar a festa. Com exceção dos dois casamentos com os quais estava em desacordo, ele banca a festa. Pela época de Natal, vai à capital, na 25 de Março, comprar um corte de tecido para a nova roupa de cada filho, que a mãe costura. Também compra uma caixa de doces árabes.

Analfabeto, Mahmoud faz conta de cabeça, quando mascateava e também agora na venda. Não tem confiança em bancos, guarda o dinheiro do comércio debaixo do colchão. Todo mundo – os filhos – sabe, mas ninguém nunca foi lá ver. Um dia, José está na venda e chega um vendedor a quem o pai deve e não tinha mais como adiar o pagamento. Ele não pode sair com a venda cheia de gente. Não tem outro jeito, pede ao garoto para ir ao quarto e pegar, debaixo do colchão, uma tal quantia. Nunca tinha pedido para nenhum outro filho tal coisa.

Por vezes, José acompanha o pai na feira, mas não gosta da conversa do pai com alguns feirantes. Nas barracas dos conhecidos, Mahmoud coloca no chão o saco de compras e, dentro dele, tomate, coentro etc... O feirante diz:

– Velho sem vergonha, vi que você pegou aquele montinho de tomate.

– Passa na venda pra comer um pastel.

É uma brincadeira, as pessoas sabem e depois vão à venda comer um sanduíche de mortadela, beber uma cerveja ou apenas prosear, mas o garoto tem vergonha, não entende daquele jeito. Somente mais tarde vai perceber que era uma brincadeira do pai com os amigos.

José cresce neste ambiente dos anos 1950 de Osasco. É caseiro, brinca no quintal, onde fabrica brinquedos, inexistentes na casa. Maiorzinho, por vezes, vai jogar com os amigos uma pelada no campo do Clube Atlético, ali no bairro.

Quando a primeira sobrinha Sandra nasceu, filha da irmã Nazira e do cunhado Plácido, moradores de uma das casas do fundo do quintal, como toda criança que perde seu lugar privilegiado, ficou muito enciumado, mas assim que ela cresceu e pôde brincar com ele, o terreno se transforma num campo de descobertas para novas brincadeiras.

Com o crescimento da população da cidade, cresce também a necessidade de escolas. Crianças e adultos desejam ler e escrever para ocupar melhores cargos numa empresa. O movimento de emancipação encampou esta necessidade e pedia colégios para todos. É José Ibrahim quem lembra:

> O moleque que terminava o primário tinha que estudar fora de Osasco. Só tinha um colégio. Então, quando teve a emancipação, que foi na época que eu estava com idade de entrar no colégio, abriram três colégios secundários em Osasco. Então, houve um monte de gente, todo mundo queria estudar, melhorar (...). Irmãos meus, por exemplo, diziam: "Eu não estudei porque não tinha escola, se tivesse tinha estudado". Trabalhava de dia e estudava à noite, era normal, foi o que eu fiz. Todo mundo precisava trabalhar, era de família operária.

O Ceneart – E.E. *Antônio Raposo* Tavares é criado com o nome de GEART – Ginásio Estadual Antônio Raposo Tavares em 1952, funcionando no prédio da escola Marechal Bittencourt,[3] antes da inauguração do seu prédio, em 1963, na zona central da cidade, que fica não muito longe da Cobrasma, na Praça Vinte e Um

---

3 Hoje, EMEF Marechal Bittencourt.

de Dezembro, nº 22. De 500 alunos no ano de sua criação, passa para 1.500 no prédio novo, que dispõe também de cursos noturnos, clássico e científico. É uma época em que a comunidade reunida financia muitos benefícios, a exemplo da quadra de esportes, coberta e com piso de madeira de qualidade, que ganhou em 1968.

O colégio é uma referência pela qualidade de seu ensino. Helena Pignatari – uma das primeiras mulheres osasquenses a estudar na universidade, na USP, professora do colégio, desde 1954, declarará anos depois, após sua aposentadoria, que os anos de 1954 a 1964, no Ceneart, foram os melhores de sua vida acadêmica.

Nesses anos, operários e filhos de comerciantes – a burguesia local – estudam juntos, têm desejo de saber, de mudar o mundo, num país em que a população é cada vez mais citadina, e as mulheres reclamam uma participação ativa nas decisões da sociedade. Muitos operários trabalham durante o dia e estudam à noite. Em classe, pais e filhos, tio e sobrinho podem estudar juntos. Moças se matriculam com uma pessoa da família, para não terem de "andar sozinhas" à noite pela cidade. A moral ainda é rígida e o colégio, diz Pignatari, "representa um lugar de transformação de tudo isso".

Fora o Bittencourt e o Ceneart, no centro da cidade, e o Gepa – Ginásio Escolar de Presidente Altino –, públicos, existem duas escolas privadas na cidade no começo dos anos 1960: o Colégio Misericórdia, das freiras, perto da igreja matriz, e o ginásio Duque de Caxias, no centro. Nesses dois últimos estudam as famílias mais abastadas, inclusive as dos militares do quartel de Quitaúna.

Os cursos noturnos permitem a existência de muitos "operários-estudantes". Após a jornada de trabalho, os jovens podem continuar seus estudos, no clássico ou no científico. O clássico tem cursos de filosofia e história. As escolas possuem grêmios, e uma união de estudantes da cidade é criada, a UEO, em 1962. Os grêmios propõem grupos de teatro e outras atividades políticas e culturais. Burgueses e operários se encontram nas salas de aulas, formam grupos unidos também nos jogos, como, lembra Pignatari, foi o caso quando Osasco e seu colégio de proletário ganhou contra o Colégio São Luís de São Paulo. Eles eram fortes, eram unidos, eram poderosos, eram politizados.

O comerciante com posses pode ajudar o colega estudante sem condições materiais e com filho doente. A camaradagem é realidade. Quando alguém não aparece no curso, a turma se preocupa. Os pais podem ser moralistas, mas os jovens têm ideias novas. Burgueses e proletários se encontram, os primeiros emprestam livros, filmes e discos para os segundos... Moças começam a ir para a universidade, não têm mais de passar o tempo esperando arrumar um "rapaz de boa família para se casar".

A Cobrasma emprega, no começo dos anos 1960, cerca de cinco mil trabalhadores, dos quais muitos migrantes semianalfabetos, pouco preparados tecnicamente, forçados a aceitar trabalhos com péssimas condições, insalubres e pesados, como é o caso da boca dos fornos, na fundição de aço, onde acidentes e mortes são frequentes. Até office-boys que precisam circular pela fábrica correm risco de acidente na fundição com o aço fervente que passa embaixo de pontes rolantes. Mesmo se a empresa paga os melhores salários da região, eles são baixos, de forma que os trabalhadores fazem horas–extras para alcançar o mínimo necessário para a subsistência da família, o que impede muitos de estudar.

Os riscos, no entanto, não afastam os estudantes-trabalhadores, que precisam do salário e ainda contam com o benefício da boa localização, perto do Colégio, e com as perspectivas de carreira. Muitos desses jovens estudam no Ceneart: José Ibrahim, Antônio Roberto Espinosa, José Campos Barreto, Dudu Rodrigues, Gabriel Figueiredo (presidente da UEO até começo de 1964, quando perdeu o posto para Francisco Rossi). A qualidade do ensino permite a muitos a entrada nas melhores faculdades de São Paulo. Outros estudantes do Ceneart trabalham em outras empresas, como é o caso de Jair Sanches, que da Braseixos passa, em 1966, para a Brown

Boveri. Ele conseguirá se formar advogado pela faculdade do Largo São Francisco, da Universidade de São Paulo.

Um desses jovens entra em medicina. Sem dinheiro para o transporte, nem roupa adequada para frequentar a faculdade, consegue ajuda dos professores, que se cotizam a fim de lhe arrumar terno, livros e dinheiro para a condução. Mas, infelizmente, não consegue levar a cabo seu projeto, já que seu salário mensal faz falta para a família. Um fracasso para a equipe. Mas outros conseguirão se formar, tornando-se médicos, advogados, políticos etc.

Helena Pignatari também lecionava na PUC-SP, cujas alunas tinham a tradição de viajar para algum lugar do país, acompanhadas de professores e das freiras. Em 1963, período tumultuado do governo Jango, foram para Recife, onde Helena descobre movimentos culturais e sobretudo o método do educador Paulo Freire para alfabetizar adultos em cerca de 40 horas.

Respondendo ao seu convite o educador, parte para Osasco para trabalhar com adultos do Helena Maria, onde olarias fabricam tijolos. Essa experiência dá a ela um melhor conhecimento do método. Um bar, simples, perto das habitações dos trabalhadores, coloca seu espaço à disposição. Ela conta que "o dono desse bar puxou a mesa de bilhar pra cá, pôs o biombo, e colocou as mesas dele e as cadeiras pros alunos. E nós tínhamos alunos de biboca, de sala particular, dentro do bar, no barracão!". Duzentas pessoas foram alfabetizadas na operação (Pignatai, Rovai, 2012).

Os primeiros anos na empresa: estudante e operário

Como queria o pai, aos 14 anos, em 1961, Ibrahim faz teste e entra como aprendiz na Cobrasma, a maior empresa da cidade, onde trabalham muitos membros da família. Plácido, marido de Nazira, por exemplo, no serviço do pessoal; Ataliba, marido da Zezé, também ganha o pão na empresa. Entrar na Cobrasma era ter uma profissão, "estar feito na vida". Plácido, encarregado de passar os testes de admissão do pessoal, vai ver Albertino Oliva, responsável do serviço, para lhe dizer que seu cunhado buscava uma vaga.

— Não quero que ele tenha privilégios, o senhor poderia pedir para outra pessoa se encarregar dos testes e da entrevista com ele?

Ele tem o acordo de Albertino, que, ao receber os resultados, teria dito a Plácido:

— O menino é ótimo, deveria ter trazido ele antes!

Trabalhando durante o dia, Ibrahim passa a frequentar a escola à noite, como começavam a fazer muitos garotos de sua idade. Findado seu curso ginasial no Gepa, começa, no ano seguinte, o científico no Ceneart.

Classe do Grupo Escolar de Presidente Altino. É o terceiro da frente para trás, na fila da esquerda, 1961. Fonte: CMS – Centro de Memória Sindical

Formatura, provavelmente de ginásio, no final de 1961 ou começo de 1962, na frente da Igreja Santa Gema Galgani, em Presidente Altino, com a mãe, irmãs, irmão e sobrinhos. Foto: arquivo da família.

Também começa a cursar o SENAI, dentro da cota de aprendizes a que a empresa tem direito. O curso é o de ajustador mecânico, na unidade Rochdale, do outro lado do rio Tietê, em Osasco. É lá que encontra seu grande companheiro Luís Cardoso, o Luisão, que também vai entrar na Cobrasma no final dos primeiros seis meses de formação.

O ritmo é seis meses na empresa e seis meses no SENAI. Ele cursa os dois primeiros anos do SENAI em Osasco e o terceiro na unidade Roberto Simonsen, no bairro do Brás, em São Paulo, já que a unidade nova do Rochdale só tem os dois primeiros anos. Ciências e português são suas melhores notas. No terceiro ano, vai pegar o trem para a capital com outros colegas. Pelo menos quatro são da Cobrasma: Ibrahim, Luisão, Pacha e Gordo.

Quando chega ao fim da formação, em 1964, assume a função de controle de qualidade na empresa, incentivado pelos companheiros, um cargo que exige reflexão, posição mais intelectualizada, de forma que goza de certa respeitabilidade junto aos seus companheiros de trabalho.

A militância

Ainda no primário, o garoto Ibrahim toma a iniciativa de organizar abaixo-assinados pedindo solução dos problemas encontrados junto à diretoria da escola. No SENAI, sem tradição de grêmio estudantil, organiza a criação dele e é eleito seu presidente. O grêmio, segundo o próprio José Ibrahim, "era uma forma de discutir com a diretoria. Havia muito autoritarismo no SENAI, era aquele negócio de domesticar desde pequeno, desde jovem, pra depois ir para a fábrica totalmente moldado às normas e às disciplinas de uma empresa (…) eu dizia que aquilo era lavagem cerebral, não era para ser assim, que estávamos estudando, aprendendo; nossa relação com a escola tinha que ser outra. Não uma relação de submissão aos professores e diretores".

Uma das conquistas, após a mobilização, no SENAI do Rochdale foi poder tomar sol no pátio no horário do lanche, quando a diretoria os queria mantidos no refeitório. A outra foi obter um lugar para esquentar suas marmitas, em banho maria, antes do almoço. Era mal visto pelas reivindicações que fazia: "onde já se viu, estar aprendendo a profissão e já ficar reivindicando", conta ter cansado de ouvir. Na visão do patrão, ele estava dando trabalho, quando tinha apenas que obedecer. O estudante combate essa posição e a discute com os colegas: "Não podemos aceitar isso", dizia. Em resposta, ouvia "Ibrahim é comunista". Defendia que era uma questão de não aceitar injustiças.

Lembra sempre aos companheiros que o sindicato existe para defender os trabalhadores, portanto deve ser procurado. No colégio, defende a ideia de juntar forças para reivindicar, pois tinha constatado que era mais fácil obter coisas dessa forma que individualmente.

Sempre se aproxima dos grêmios de suas escolas, participa de manifestações, apoia chapas, envolve-se com o movimento secundarista da cidade, a UEO – União dos Estudantes de Osasco, assim como com suas correspondentes UEE – União Estadual dos Estudantes – e UNE – União Nacional dos Estudantes. Apoia, em 1963, Gabriel Figueiredo para a presidência da UEO.

É o movimento sindical que o interessa mais. Frequenta as reuniões do sindicato ainda antes de começar a trabalhar, cruza com sindicalistas e militantes no bar do pai, inteira-se de posições e ideias de membros do PCB – Partido Comunista Brasileiro –, de outras esquerdas e, depois de 1963, das da FNT – Frente Nacional do Trabalho. Inteligente, aprende com lideranças, pessoas que têm mais idade e experiência. Gosta de política, lê bastante, entre outros autores que interpretam a história do ponto de vista marxista, Jorge Amado e Léon Trotsky. As ideias de Régis Debret, escritor – militante francês que viveu em Cuba, estudou a revolução cubana e publicou "Revolução na revolução", lhe marcam, como marcou a esquerda. "Ele falava da teoria do foco, a teoria de um grupo de pessoas que de repente começa a fazer a luta armada e vão arrebanhando, arrebanhando, arrebanhando e vira um exército popular", conta.

Lê e discute o que acontece em Cuba e seu governante Fidel Castro, que, após a vitória da revolução cubana em 1º de janeiro de 1959, visita o Brasil em maio do mesmo ano. Sabia que existia, antes do golpe, intercâmbios entre os comunistas brasileiros, Cuba e a União Soviética, e que muitos eram convidados a estudar na UAPPL – Universidade de Amizade dos Povos Patrice Lumumba – do nome do africano que queria a liberação dos regimes coloniais no seu continente. Depois da tomada do poder pelos militares no Brasil, as viagens de estudos continuam, de forma clandestina, já que o novo regime rompe as relações com Cuba e União Soviética e considera o líder dos comunistas brasileiros, Luís Carlos Prestes, e seus seguidores inimigos do regime. Ibrahim, sob influência da revolução cubana, considera-se socialista, pensando que o capitalismo não resolve a questão do povo.

Tem, no ginásio e no colégio, professores de história e literatura progressistas, que lhe permitem compreender melhor um certo número de coisas. Pequeno, magro, interessado, cada grupo tenta "lhe ganhar".

Entre os grupos, está o dos "rezadores", como Ibrahim e seus colegas chamam os militantes ligados a instituições da Igreja, como a JOC – Juventude Operária Católica –, que vêm desenvolvendo um trabalho junto aos operários da cidade. Entre eles, figura João Batista Cândido, que chegou a Osasco, vindo da Lapa, São Paulo, em final de 1960, após seu casamento, e foi trabalhar na Cobrasma. João Batista pagava as prestações de um terreno num loteamento sem água, luz elétrica ou esgoto num local de mato, no bairro Santa Isabel, acessado pelo Km 18, caminho do Santo Antônio, onde constroem uma casinha, rapidamente, em três meses, tempo em que vivem com a irmã que mora perto.

O João Batista começa a desenvolver um trabalho junto à igreja do bairro e na Cobrasma, onde encontra trabalho como mecânico de manutenção. Deseja colocar em prática os ensinamentos do padre Lebret: "ver, julgar e agir". Na Cobrasma, os problemas são importantes: insalubridade, más condições de trabalho, equiparação salarial... Como mecânico de manutenção é chamado para concertos, sobretudo nas partes hidráulicas, de forma que tem acesso a todos os setores da fábrica e toma consciência de diversos problemas.

Ainda quando morava na Lapa e atuava no Sindicato dos Metalúrgicos de São Paulo, João Batista conheceu o advogado Mário Carvalho de Jesus, que defendia os operários grevistas da Companhia de Cimento Portland Perus, desde 1958, época em que cria, com advogados trabalhistas, trabalhadores anticomunistas, representantes da Igreja Católica e líderes sindicais da fábrica de cimento a FNT – Frente Nacional do Trabalho. Mário é um dos seus principais articuladores, fez estágio na França, aprofundando seus conhecimentos em organização operária. Lá conviveu com o padre Lebret, sociólogo de formação e engajado na luta pela aplicação total das diretrizes da OIT – Organização Internacional do Trabalho –, ou seja, autonomia sindical, livre dos poderes governamentais e patronais.

Trabalhando na Cobrasma, João Batista é procurado por Albertino de Souza Oliva,[4] que queria participar de reuniões, ajudar os trabalhadores. Sua surpresa é grande, pois Albertino que chegou em Osasco em 1945, trabalha como chefe de pessoal na Cobrasma. Considerado um "olheiro", "sargentão" da empresa, controlava até os possíveis "subversivos". Orlando Miranda[5] o descreve "baixo, entroncado e calvo" e diz que foi um terror para funcionários e operários. "Senhor do emprego e do destino dos trabalhadores mais humildes, seus auxiliares não sabiam o que era mais assustador: se seu sarcasmo ressaltado por um meio-sorriso e o habito de semicerrar a pálpebra direita ou os gritos agudos, metálicos, escarnidos, que levavam seu secretário, o Morais, a viver em sobressalto na cadeira".

De fato, Souza Oliva era assim mesmo, até que lhe disseram que ele não era um bom cristão. Ficou pensativo. E começou a mudança de comportamento. Em 1961, retorna à prática religiosa católica e decide passar do lado dos que estavam fazendo um trabalho de organização dos trabalhadores na empresa.

Cândido não tem como impedi-lo de participar de uma reunião onde Dr. Mário profere uma palestra, mas pede que ele fique num canto, sem interferir. Os dias futuros provam que a mudança é sincera. Certo dia, na fábrica, Albertino chama Cândido. Tinha recebido um abaixo-assinado do pessoal da área de fundição de lim-

---

4   Filho de imigrante italiano, bem-sucedido, mas que foi à falência na crise de 1929. Mãe dona de casa, dois irmãos mais velhos, por parte de pai, e dois, mais novos.

5   Ver seu livro *Obscuros Heróis de Capricórnio*.

peza e acabamento pedindo pagamento de insalubridade, reivindicação justa, mas se a comunicasse ao diretor de relações industriais da empresa, França Pinto, os operários seriam demitidos imediatamente. O que fazer? Candido pede tempo, fala com Dr. Mário e decidem por uma reunião mais ampla, já que a insalubridade existe em outros setores da empresa. Reúnem-se no salão paroquial, onde, com o advogado, decidem montar uma pauta de reivindicações a ser apresentada ao patrão por dez trabalhadores da fábrica. É o começo da representação pela base na empresa.

Estudante de direito, no final de 1961, Albertino se forma advogado, sai da empresa e vai trabalhar na FNT em São Paulo. Como morava em Osasco, de base operária sólida, a Frente abre uma subsede na cidade em 1963. É uma sala, na Rua Júlio Silva, imediações do portão dos fundos da Cobrasma, onde passam a ser realizadas reuniões e discussões do livro do Padre Lebret *Princípios para a Ação*: "Discutíamos ações práticas na empresa e no sindicato, fazíamos revisões do passado e preparávamos planos para o futuro. Meu papel era essencial de assessor, mais preparado intelectualmente, não interferindo nas decisões que, sempre, eram tomadas pelos trabalhadores que, afinal, eram os que deveriam viver as suas lutas", diz Albertino.

A igreja, através da JOC, da ACO – Ação Católica Operária[6] e da FNT passam a ter papel importante na formação do operariado osasquense. Padres franceses trabalham na Cobrasma. Nas igrejas dos bairros, desenvolve-se a formação das Comunidades Eclesiais

---

6 Vale lembrar que a Igreja, nos anos 1960, a partir do II Concílio do Vaticano (1961) e da Conferência de Medelin (1968), passa a ter um compromisso com os trabalhadores e com os pobres de forma mais progressista, incarnado na Teologia da Liberação. Tiveram um trabalho importante em Osasco os padres operários Rafael, Pierre Wauthier, Domingos Barbé e o padre Paulo Cherdel, da comunidade da Vila Yolanda.

de Base, comunidades que realizam trabalhos junto à população e dão apoio a militantes quando a ditadura os persegue.

O sindicato

Desde o início dos anos 1950, o Sindicato dos Metalúrgicos da capital têm um delegado local, Conrado Del Papa, socialista, encarregado de aplicar sua linha política e organizar a categoria localmente. Mas com a importância das empresas do lugar e a recém-emancipação política, os metalúrgicos da cidade ligados à subsede instalada na Rua Erasmo Braga, 879, em Presidente Altino, desde 1962, também desejam emancipação. Assim, depois dos trâmites legais, em 23 de julho de 1963 é criado o Sindicato dos Metalúrgicos de Osasco, cujos membros elegem a chapa única que coloca o socialista Conrado del Papa na presidência, em aliança com o PCB. Entre outros membros da diretoria foram eleitos Manoel Dias do Nascimento, o Neto, e o jocista João Batista Cândido. A posse acontece com a presença do líder do PCB, Luís Carlos Prestes, que vivia clandestino desde que o partido fora declarado ilegal em 1947 (ainda que sua atuação fosse tolerada pelas forças estatais). Prestes aparece, faz um discurso e vai embora sem tardar.

Nesta época Ibrahim passa na frente do sindicato pelo menos duas vezes por dia, em direção à Cobrasma, de bicicleta. Sempre em grande velocidade pela manhã, a fim de não chegar atrasado. Gosta do vento acariciando seu rosto, fazendo-o "acordar" mais rápido. Às sextas, quando tem assembleia no sindicato, falta na aula para assistir. "Todo mundo achava engraçado aquele molequinho franzino magrinho lá. De vez em quando, tinha a petulância de pedir a palavra", conta ele.

Mas voltemos à formação do militante José Ibrahim. Tendo seu tempo de trabalho dividido, seis meses na empresa e seis outros no SENAI, desde 1962, o jovem vive em contato com a realidade do dia a dia dos trabalhadores, suas más condições de trabalho, as longas jornadas, os baixos salários, os chefes autoritários e as muitas injustiças. Discute com os colegas a realidade do chão de fábrica. Na Cobrasma, por exemplo, falta um refeitório, e cada um come sua marmita onde dá. Com Luisão, seu colega de SENAI e de fábrica, começa a sindicalizar os companheiros de trabalho, atividade que também era feita pela Frente Nacional do Trabalho.

Neste período eles questionam a FNT, mesmo estando Sindicato e Frente implicados na defesa dos trabalhadores de Perus, pois desconfiam da posição de Albertino Oliva, que antes era responsável pelo Serviço do Pessoal da empresa e que agora dizia defender os trabalhadores. Também começam a questionar o PCB, chamado de partidão na época, por suas posições governistas. É uma molecada, como diriam os mais velhos, que se reúne depois das aulas nos botecos da cidade. Discutem, fumam e bebem.

Ibrahim conheceu João Batista Cândido na sua chegada à Cobrasma, em 1961. Com ele, antes do almoço, conversa sobre política no bar do Lasquinha. "Marcava para tomar uma cachacinha no bar da frente", conta. Cada um sai do seu setor, longe um do outro, e juntos pegam um longo corredor para sair no portão dos fundos, onde fica o bar. É um momento de troca de ideias. Voltam para o almoço conversando. Constatam, nesta época, que existem oito correntes ideológicas diferentes na empresa, que conversam e se entendem.

Fora da empresa, tinha também Roberto Gordo, ou seja, José Ronaldo Tavares de Lira e Silva, do grupo dos ex-sargentos e marinheiros expulsos de suas corporações e que militavam no MNR – Movimento Nacionalista Revolucionário. Pouco a pouco foi havendo uma confiança entre eles, de forma que através deles Ibrahim conhece algumas figuras líderes do movimento, a exemplo do ex-sargento Onofre Pinto, que seriam os futuros líderes da Vanguarda Popular Revolucionária.

Na empresa, Ibrahim conhece outros trabalhadores católicos ligados à FNT: José Groff; João Joaquim, o Negão; Apolinário e Tintino, este último cearense, egresso da Mafersa, onde trabalhavam 1.200 pessoas. Tintino tinha uma experiência sindical considerável, pois fora delegado sindical junto ao Sindicato dos Metalúrgicos de São Paulo e participara de uma greve para receber seis meses de salários atrasados. Com Delellis, o presidente deste sindicato e outros companheiros, Tintino esteve com o presidente João Goulart a fim de encontrar uma solução para o problema. Surgiu a ideia de desapropriar a fábrica, se ela pudesse ser administrada pelos trabalhadores. O golpe de 1964, no entanto, afasta o presidente e prende cerca de 200 trabalhadores da empresa. Desempregado, Tintino teve dificuldade para encontrar emprego e sustentar sua família de dez filhos. José Groff e João Batista Cândido o ajudam a entrar na Cobrasma.

Grupo de esquerda de Osasco

Ibrahim gosta de discutir política com eles e com os jovens trabalhadores estudantes com quem vai formar um grupo informal, de amigos, o Grupo de Esquerda de Osasco. Com a participação de Luisão, Roque, Espinosa, Barreto e Neto, entre outros. Aos poucos as pessoas se aproximam, trocam livros, frequentam as mesmas livrarias de São Paulo, vão a bailinhos de formatura, frequentam os bares da Antônio Agú após as aulas. Kristal, Bar Central e Bar do Careca são locais em que amizade, atuação política e vida cultural vão se aproximando, estreitando os laços entre eles.

Luisão é companheiro do SENAI e da fábrica. Roque Aparecido da Silva o conhece em 1963, trabalhando na empresa como office-boy após ter chegado do Paraná no final do ano anterior. Manoel Dias do Nascimento, o Neto, deve tê-lo visto nesta época, na empresa ou no sindicato. À procura de emprego, desejando entrar na Cobrasma, Neto recebeu aula de desenho no sindicato. Queria entrar na empresa não como peão, mas como meio oficial, ajustador mecânico. Dercina, sua mãe, o encoraja, de forma que ele passa no teste, entra na empresa e na chapa que elege a primeira diretoria do Sindicato dos Metalúrgicos de Osasco. Mas, pouco tempo depois, sofre pressão da empresa para abandonar o cargo no sindicato. Como não o faz, é demitido em janeiro de 1964.

Espinosa conhece Ibrahim na fundição da Cobrasma, após a manifestação de estudantes de setembro de 1966, quando já estava na Comissão de Fábrica da empresa e vai com Pedro Proskurcin trocar informações sobre o movimento estudantil, querendo agregar forças para os trabalhadores da empresa e, também, de olho no mimeógrafo do serviço. Barreto, que conhecia Espinosa, trabalhava na Lonaflex e estudava no Ceneart, toma umas caipirinhas no bar onde os amigos se encontram. Dá umas opiniões, e a relação vai crescendo…

A fim de melhor compreender o mundo e os fatos, Ibrahim forma grupos de leitura para discutir livros como *O Capital* e também textos de Lênin, Engels etc… Escritos sobre as revoluções cubana, bolchevique, chinesa animam os trabalhadores que pensam em tomar o poder para implantar o socialismo. Por outro lado, conversa muito com Zé Preto, soldador na Cobrasma, frequentador do bar do seu pai, ligado ao PCB e militante do Sindicato dos Metalúrgicos. Mais tarde, quando estiver na presidente do sindicato, Zé Preto, já aposentado, mas ganhando muito pouco, passará a trabalhar na entidade.

Zé Preto emprestava a Ibrahim livros, como *O Manifesto Comunista*, e edições do jornal comunista *Voz Operária*. "Uma vez me trouxe um livro dizendo que 'era bom você ler'. Era *Aliança Operária Camponesa*, do Lênin, desse tamanho", lembrou Ibrahim em uma das entrevistas gravadas a que tive acesso.

O jovem Ibrahim nunca entrou no PCB, porém conheceu o grupo da região de Osasco que tinha saído do Partidão e adotado uma posição maoísta. A divergência sino-soviética era tema frequente de discussões, e Ibrahim recebia materiais e informações das duas correntes comunistas. Do lado dos católicos, há a JOC, com forte penetração em Osasco, e a ACO, que depois vai para a AP – Ação Popular e a JUC – Juventude Universitária Católica, e a FNT. Vai formando sua posição política à esquerda, socialista.

Foi com Costinha, militante do PCB de Osasco, descendente de operário, muito preparado, com uma boa oratória que atirava público, que Ibrahim toma consciência de sua classe. Costinha lhe diz: "Você estuda, mas na verdade é operário". "Ele queria dizer que tinha que assumir a ideologia operária, não a de estudante", diz Ibrahim.

Na FNT duas pessoas o influenciam: o Albertino Souza Oliva e João Batista Cândido. Muitas vezes o jovem Ibrahim, após o trabalho, sai pelo portão dos fundos para participar de uma reunião da FNT, antes de ir para o colégio. "Sabia que não podia ir pra casa tomar banho, trocar de roupa. Levava minhas coisas e depois ia para o colégio, era perto". E assim vai se formando o sindicalista, conhecendo teorias políticas, absorvendo experiências, cruzando comunistas, o movimento católico e o estudantil. Após o trabalho e, sobretudo, após as aulas, depois das 11 horas da noite, frequenta o Kristal, bar do centro, não longe da estação de Osasco. Antes de 1964, Gabriel Figueiredo, então presidente da UEO, é um dos frequentadores que ele admira. Entre outros bares que recebem estudantes, tem o Bar Central, e acima dele, na Antônio Agú, o do Careca, quase em frente da Marechal Rondon, que se orgulha da "caipirinha competente, serviço alegre e ruidoso". Ali, Luisão vinha discutir com os amigos após suas aulas no Ginásio Julia Lopes do Rochdale. Vinha à pé, por falta de transportes, uns 15 a 20 minutos e outros tantos para voltar.

Às vezes o jovem Ibrahim chega em casa às duas da madrugada, tão animadas são as discussões. E a mãe, acordada, o espera. Só dorme quando todos os filhos estão em casa. O filho fica bravo sabendo que ela tem que acordar cedo para cuidar de "despachar" todo mundo.

Quando faz frio, ela lhe traz uma bacia de água quente, para que possa relaxar. E quando tem prova, com exceção de matemática e física, ela lê os textos, faz esforço para entender, prepara os pontos que lhe parecem importantes e, quando Zezinho está no escalda pé, ou comendo as torradas com chá mate que ela tinha preparado que ficava quentinho em cima do fogão à lenha, pede para rever tais passagens. Marca-as e lhe recomenda, na hora do almoço, tirar um tempinho para revê-las. Ela tem orgulho do seu caçula, é o único que chegou até o colégio, quem sabe não seria doutor? O tempo é escasso para estudar, mas o jovem Ibrahim nunca repetiu de ano.

Quando chega mais cedo, vê a sobrinha Sandra dormindo na casa da vó, enquanto esta espera o caçula chegar. Ela ouvia as histórias que a vó lia, como as da revolução russa, numa cama improvisada com duas cadeiras que a vó lhe preparava. Às vezes Zelvina fazia crochê com os olhos fechados e Sandra queria saber como ela era capaz de fazer aquilo sem olhar. Tinha prática, mas o cansaço lhe ganhava.

O pai se preocupa com o filho, de outra forma. Tem medo que ele perca o emprego. Pede cuidado quando deve fazer greve. O velho se preocupa com a possibilidade de que ele possa "extravasar". Diz "conheço isso, já participei de greve". Pensava também na sua saúde, via que o filho trabalhava bastante e era difícil tirá-lo da cama no dia seguinte. Quase sempre, Zezinho, de manhã, toma café correndo, coloca o sanduíche no bolso e sai pedalando a toda velocidade.

Os irmãos, os amigos, as namoradas, o lazer

"A minha relação com meus irmãos era muito boa. Muito boa! Com todos! Do mais velho ao mais novo. Claro que a gente brigava! De vez em quando saía um quebra pau, mas só quando éramos pequenos. Mas a vida de adulto foi muito boa. Foi mesmo!"

José Ibrahim

Nesses anos iniciais da década de 1960, o garoto tem menos relação com os irmãos mais velhos, visto a diferença de idade. Sua relação maior é com a mãe, o pai, a irmã mais nova, Amira, e a sobrinha Sandra, seis anos mais nova.

A família não tem o hábito de férias, mas um ou dois anos após o golpe, Ibrahim parte com a família de Sandra para o Rio Grande do Sul. A sobrinha, os sobrinhos, a irmã Nazira e o marido desta, Plácido, gaúcho, vão passar férias numa fazenda que fica entre São Gabriel e Porto Alegre. Na capital, conhece um primo da avó de Sandra, Manolo, uruguaiano, casado com a sobrinha do presidente João Goulart. "O Zé era menino, tinha uns dezesseis anos, ficou muito amigo desse primo Manolo. E sumia todas as noites! Todas as noites o Zé sumia com o Manolo", conta Sandra. Ela pensava que ele estava namorando, mas ele já estava envolvido com a esquerda e se encontrava com Leonel Brizola e Jango em reuniões clandestinas. O que não o impedia de namorar em outros momentos.

Às vezes trazia livros e papéis para casa e os escondia. Não queria mostrar para todo mundo. Sandra que era menor, morando numa das casas do quintal, separada da sua por um pátio e uma varanda, vivia na casa da avó. Curiosa, sempre encontra os livros do tio e quer ler. O tio, que era como se fosse um irmão mais velho, dizia: "Esses livros ainda não são para você. Mais tarde você lê".

Golpe de 1964: a empresa, a cidade e os secundaristas

1964. O golpe militar derrota o projeto populista brasileiro e incorpora a economia do país ao sistema capitalista mundial. O governo militar, afastando do poder o presidente João Goulart, governadores, deputados, senadores, entre outros, deseja acabar com as oposições, inclusive a do movimento sindical, principalmente os sindicalistas mais progressistas e importantes, como os que dirigem o Sindicato dos Metalúrgicos de São Paulo e o de Osasco. Intervém em 409 sindicatos e 43 federações nos primeiros tempos. 536 é a estimativa de dirigentes cassados entre 1964 e 1970. Somente no Sindicato dos Metalúrgicos de São Paulo foi estimado em 1.800 o número de delegados denunciados pelos interventores. Não oficiais, existiam um delegado em cada empresa da capital, segundo Afonso Delellis, seu presidente, dos quais cerca de 400 participando ativamente das assembleias e do cotidiano do sindicato. Delellis e os membros de sua diretoria foram cassados.[7]

Em Osasco, Conrado del Papa, o Papão, como é chamado, vai ao sindicato após o golpe, mesmo se os camaradas e conhecidos lhe aconselham o contrário: "Os homens vão te pegar". Foi. Realizou uma derradeira reunião com os companheiros na Rua Erasmo Braga, 879, com seus olhos azuis brilhando muito, escreveu Lino no livro de registro do Sindicato (Miranda). Eleito no ano anterior, Papão dirigiu a campanha salarial e participou da "Greve dos 700 mil". É preso e cassado com sua diretoria. No seu lugar foi colocado o interventor Luiz Camargo, às 14h do dia 8 de abril, conforme portaria do dia anterior. Camargo fazia parte do "grupo do Joaquinzão", que perdeu as eleições do sindicato em 1961 e 1963. Joaquinzão – apelido de Joaquim dos Santos Andrade (1926-1997) – foi um sindicalista historicamente ligado ao governo militar – nomeado interventor no Sindicato dos Metalúrgicos de Guarulhos em 1964, foi eleito presidente do Sindicato dos Metalúrgicos de São Paulo em 1965. As lideranças que não foram presas tiveram que passar para a clandestinidade ou se exilar.

Em abril de 1964 José Ibrahim tem 17 anos, continua sua vida de estudante no Ceneart e no SENAI – último ano no Brás – e de

---

7   Ver *Trabalhadores Exilados: A saga de brasileiros forçados a partir (1964-1985)*.

operário na Cobrasma. Já tem uma certa ideia de justiça e liberdade. Não pode aceitar o autoritarismo do golpe e pensa que precisa lutar contra.

Mas o que fazer contra a tomada do poder? Nos primeiros dias de abril mesmo estão tendo aula no SENAI. Uma bombinha dessas de festas juninas estoura no pátio. Uma brincadeira, nada organizado, nem manifestação. O diretor convoca então todos os alunos para dizer que não toleraria nenhum tipo de algazarra, que expulsaria se fosse o caso. Uma expulsão seria perda de emprego, problemas com a família, futuro perdido.

No momento da renúncia de Jânio Quadros, em 1961, Ibrahim participou dos movimentos para que o vice-presidente eleito, João Goulart, assumisse. Agora, em 1964, face ao golpe militar, o que fazer se coloca novamente. Invadir quartel? Sabotar algo? A juventude quer se opor, mas, sem organização para agir, nada faz. Ibrahim, como milhares de pessoas pelo país, durante um certo momento participou de um dos chamados Grupo dos 11, organizações locais espalhadas pelo país e ligadas ao governador gaúcho Leonel Brizola, do PTB, como João Goulart. Como em outros lugares, sem maiores consequências.

A FNT, que funcionava numa garagem, estava vazia quando um tenente do Exército chegou querendo arrombar a porta. Alguém explica ao militar que não precisava, as chaves estavam lá. Então ele ordena um saque dos documentos: arquivos, livros, correspondência e outros papéis foram embarcados num caminhão coberto, segundo Miranda. A frente teve suas contas bloqueadas, e Albertino Oliva foi interrogado. Ficou fechada por algum tempo, o que não impediu que seus membros se reunissem em outros lugares, de forma clandestina, mesmo com medo de encontrar infiltrados "olheiros" e "dedos-duros" do governo.

Ibrahim, ainda menor, sem ter feito uma opção partidária, não era conhecido da polícia e não foi molestado. Por outro lado, ele sente o grande vazio deixado pelas lideranças que tiveram que "desaparecer". Pensa que será eles, que ficaram nas fábricas, que devem retomar a bandeira das lutas.

As consequências do golpe são sentidas no dia a dia dos trabalhadores: mais controle nas empresas; aumento de ameaças de demissão; maior intensificação do trabalho e, sobretudo, a lei nº 4.330, de 1º de junho de 1964, dita "antigreve", pois impede na prática suas realizações. O "atestado ideológico" é pedido a todos que desejam participar de eleições sindicais. E os aumentos de salários são determinados pelo governo, através de uma tabela complicada, que cria o arrocho salarial.

Com a intervenção no sindicato, os trabalhadores deixam de frequentar sua sede. Em doze meses, o Sindicato perdeu 25% de seu corpo associativo, passando de 3.500 para 2.600 sócios, apesar do fim da intervenção e de uma campanha de sindicalização levada a cabo pela nova diretoria eleita.

O movimento estudantil também é atingido. Grêmios e uniões de estudantes são fechados. Em Osasco, a UEO é atingida e seu ex-presidente Gabriel Figueiredo (que trabalhava na Cobrasma) é levado preso para o quartel de Quitaúna. No Ceneart, a professora de história Helena Pignatari Werner é uma das primeiras mulheres a ser presa no quartel, no dia 12 de maio de 1964. Queriam que explicasse uma "corrupção na Câmara", sobre a qual, obviamente, nada sabia. A razão provável seria seu trabalho como educadora de jovens que passavam a pensar e rejeitar o *status quo*.

Liberada, com ameaças pesando sobre suas filhas, passa a ter de considerar que, em meio aos alunos, toda discussão pode estar sendo acompanhada por estudantes filhos de militares e dedos--duros. A desconfiança reina em todos os cantos. Porém, continua, clandestinamente, a ajudar inclusive a um de seus alunos operários, José Barreto, o Zequinha, que panfletava nas empresas, principalmente em 1968.

Na região do ABC, que se desenvolve industrialmente a partir dos anos 1960, com a indústria automobilística, Luiz Inácio da Silva, que será conhecido mais tarde como Lula, sai da fábrica de parafusos e entra na Metalúrgica Independência. Em 1967, pelas mãos do irmão frei Chico, militante do PCB, entra pela primeira vez no Sindicato dos Metalúrgicos de São Bernardo do Campo e Diadema. Dois anos mais tarde, quando passa a trabalhar na Villares, o mesmo irmão, que se recusava a participar da chapa da situação que concorreria à direção do sindicato, indica-o para uma suplência.

Organizar a resistência, retomar as lutas

O ano 1966 chega com a insatisfação da sociedade. Seus estudantes, trabalhadores, intelectuais, artistas etc. começam a organizar uma resistência, sentem urgência em retornar à democracia. O partido de oposição, tolerado, MDB – Movimento Democrático Brasileiro –, que tem nomes importantes como Ulisses Guimaraes, Severo Gomes, Tancredo Neves, Montoro, entre outros, prega o fortalecimento do partido a fim de combater a ditadura pelas eleições. A juventude tem pressa, quer mais que a democracia, quer mudar o sistema político, prega o socialismo e outros métodos de combate à ditadura, como a luta armada. Porém ajuda o MDB em campanhas com venda de rifas, bingos, livros...

A UEO fechada em 1964, não impediu os secundaristas de se reunirem clandestinamente. No começo de 1966, Antônio Roberto Espinosa e Zequinha Barreto,[8] estudantes e trabalhadores de Osasco, fundam a Associação dos Estudantes do curso clássico do Ceneart. Espinosa ocupa a presidência e Barreto, chamado de

---

8   Após ter estudado em seminário, voltando a seu vilarejo, Buriti Cristalino, na Bahia, com uma oratória desenvolvida decide migrar para o Sul à procura de trabalho. Chega a Osasco, possivelmente em 1963, onde vai morar com um tio para os lados do Jardim Santo Antônio.

Zequinha pela família e de Barretão pelos amigos osasquenses, faz parte da diretoria. Eles haviam se conhecido no ano anterior, quando Espinosa estava no segundo ano e Barreto no primeiro. Barreto queria continuar seus estudos e pensava trabalhar no Exército para financiá-los. Incorporado no 2º GCan 90 AAe – Segundo Grupo de Canhões Antiaéreos da Guarnição de Quitaúna –, foi soldado e, em seguida, cabo. Como lembra Espinosa, "era 'caxias', cumpria pontualmente suas obrigações, tinha sua fivela do cinto sempre polida, os coturnos impecavelmente engraxados, a gandola e as calças completamente vincadas, lavadas com goma e muito bem passadas; cabelo sempre rente e barba escanhoada. Apesar do esforço, não foi incorporado, provavelmente por ser nordestino, guardar seu sotaque, que os sargentos preconceituosos consideravam como 'baianos', pessoas que se atrapalhariam no cumprimento de tarefas mais simples".

Durante o período de quartel teriam encontrado o capitão Lamarca que, em 1965, à pedido, volta ao quartel de Quitaúna. O capitão provavelmente já estaria no movimento dos sargentos. Na mesma época, Luisão realiza seu serviço militar na FAB – Força Aérea Brasileira – em São Paulo. Ibrahim não serve o exército. Não desejava pegar em armas e teve a sorte de conhecer o avô paterno de sua sobrinha Sandra, Augusto, militar servindo no quartel de Quitaúna, que gostava muito dele e fez o necessário para que fosse dispensado. Fez o mesmo para seus dois filhos que não queriam saber de vida militar.

Depois da saída do quartel, Barreto, que anda de bicicleta pela cidade, começa a tocar violão, fazer serenatas e promover atividades culturais: teatro, salões de artes plásticas, concursos de poesia, música. Criam o Grêmio (livre) do Ceneart e, a partir dele, grêmios nos seis colégios da cidade. Em seguida, o movimento estudantil realiza passeatas em setembro, com mais de 2.000 pessoas, e cria o CEO – Círculo dos Estudantes de Osasco, que prepara eleições em

1967 e elege Barreto seu segundo presidente. O primeiro é Newton Landa, do Gepa, de Presidente Altino. Também do Gepa, Roque Aparecido da Silva, trabalhador da Cobrasma, é eleito vice-presidente. Ibrahim apoia os membros de chapas, mas sua militância maior é no chão da fábrica.

Na campanha eleitoral de 1966, a UNE propõe voto nulo em nível nacional. Em Osasco, com a prefeitura sob intervenção do Estado a partir de 19 de fevereiro e diante do final de mandato do prefeito Marino Pedro Nicoletti, os estudantes decidem fazer campanha para três candidatos a vereador. São eleitos Pedro Proskurcin, Saburo Matsubara e Eduardo Rodrigues, entre os 18 vereadores eleitos. Com o candidato vitorioso à prefeitura, Guaçu Piteri, do MDB, passam acordo, de forma que ele assume em 1º de fevereiro de 1967 e admite um representante dos estudantes, Roque Aparecido da Silva, e outro dos trabalhadores, José Ferreira Batista. Pela existência dos trabalhadores secundaristas, os movimentos de estudantes e de trabalhadores desenvolvem atos em conjunto.

Militantes, a juventude desses anos gosta de música. Os grandes festivais da canção fazem sucesso na televisão, e há também os locais. Em Osasco, eles ocorrem no Colégio Misericórdia, com grande participação. Em maio de 1968, no 1º Festival de Música Popular de Osasco, a vitória cabe à letra "Embaladeira" de Dudu Rodrigues, ex-trabalhador da Cobrasma e que seria eleito presidente do CEO em 1968, em parceria com Afrânio Moura Leite, autor da música e cantada por Walter Lelo Nogueira, o Valtinho.

A Comissão de Fábrica

Nas fábricas, após o golpe, com o afastamento dos líderes sindicais, os que ficaram devem recuperar o trabalho de formiga de retomada do sindicato.

O trabalho de fortalecimento da Comissão de Fábrica começa. Na Cobrasma, a comissão dos dez criada em 1962, sob a influência do grupo de católicos, liderados por João Batista Cândido, com um trabalho de defesa dos interesses dos trabalhadores, com a intenção de resolver as condições de trabalho, de insalubridade e de relacionamento dos operários com chefias autoritárias vai de desenvolver. Em 1965, o grupo de representantes é oficializado pela empresa.

Ibrahim está na empresa desde o final de 1961. Divide seu tempo entre a fábrica e o SENAI, como já vimos, e acompanha a criação da comissão. Toma conhecimento da experiência pioneira do comitê de empresa da Braseixos (empresa do mesmo grupo da Cobrasma, separadas por um muro), criado por dissidentes do PCB, com o objetivo de romper com a excessiva centralização da cúpula do partido, trazendo a luta sindical para o interior da fábrica. Ele tem contato com três de seus membros: Camati e os irmãos Mário e Luís Ananias, de tendência trotskista, pessoas mais velhas e mais experimentadas do que ele, que buscam organizar os trabalhadores pela base. A experiência foi abortada ainda antes do golpe, condenada pela direção sindical e pela cúpula do PCB local. Seus membros são acusados de divisionistas e de fazer o jogo patronal – o sindicato avalia que os comitês podiam enfraquecer o sindicato, se fossem reconhecidos pelos patrões. Mas o fato é que patrões também não querem representantes de trabalhadores organizados em suas plantas, e despedem seus membros. Estavam empenhados em "limpar" suas fábricas dos "agitadores comunistas".

Sob a influência dessa experiência, Ibrahim cria na Cobrasma um grupo clandestino, que distribui "pequenos panfletos volantes que agitavam os problemas existentes na fábrica e algumas questões políticas mais gerais". Conta ele que esses panfletos "eram colocados nos banheiros, nos armários e dentro dos capacetes dos companheiros de trabalho, que os passavam adiante. Era um trabalho miúdo, cujo centro era a atividade sindical, embora mesmo antes do golpe tivéssemos uma atitude crítica frente ao sindicato. Achávamos que o sindicato era um instrumento de luta importante, que se devia atuar dentro dele, sem desconhecer, entretanto, suas limitações". A ideia central era defender a criação da Comissão de Fábrica sem negar o sindicato.

João Cândido e Ibrahim se encontram e discutem o que fazer. Para o primeiro, Ibrahim é um rapazinho de 16 anos, estudante, participando do movimento estudantil "Nosso objetivo na fábrica era os trabalhadores, sem saber de onde vêm, não tinha esse negócio de linha". Cândido conta que Ibrahim foi se entrosando com o grupo, "mas ele era sempre cismado porque sua linha era marxista, não aceitava esse negócio de igreja, e nós éramos, na maior parte, igrejeiros; mas tudo bem, fazia parte, sabia que era assim, era preciso somar, não dividir".

Cândido vê Ibrahim ganhar terreno, mas acha que o mais importante é fortalecer as bases, afinal de contas, todos queriam derrubar a ditadura. Gente da AP também começou a procurá-los, queriam começar um trabalho de base na empresa. Ora, eles estavam fazendo isso havia mais de cinco anos, mas se quisesse fazer o trabalho, que fossem trabalhar na fábrica, aglutinar seus companheiros.

Jovem, dinâmico, inteligente, Ibrahim é chamado para o PCB. Cândido o queria do lado cristão, mas o garoto resiste, quer conhecer todas as tendências, estar certo de bem entendê-las antes de tomar posição. Não se sente ainda maduro para se vincular. Entretanto, não aceita completamente a visão cristã da questão operária que defende o diálogo entre patrões e trabalhadores. Essa resistência não o impede de se aproximar da comissão "católica" da fábrica. É ele quem conta:

> Decidimos nos aproximar da comissão, pois, no nível do trabalho de massa na fábrica, ela realizava um trabalho de agitação semelhante ao nosso. Como eu não era 'queimado' e tinha muita mobilidade dentro da fábrica, por trabalhar no setor de controle de qualidade, fui destacado para fazer a aproximação entre os dois grupos. Daí em

diante, passei a fazer parte das duas organizações. Isto é, do comitê clandestino e da comissão dos dez.

Num depoimento registrado no *Cadernos do Presente*, Ibrahim conta um triste episódio que levou a uma paralisação na Cobrasma após o golpe de 1964:

> Houve uma explosão na fábrica e um companheiro muito conhecido, que trabalhava na boca do forno, feriu-se gravemente e morreu no hospital. O acontecimento comoveu todo mundo e a comissão programou uma paralisação para a hora do enterro. No momento exato tocou-se o apito da fábrica e houve um silêncio total, com todo o pessoal tirando os capacetes em sinal de respeito. Durante cinco minutos a fábrica parou. Inclusive os chefes e os engenheiros que estavam na produção. Imediatamente os patrões procuraram estabelecer um diálogo mais direto com a comissão, tentando envolvê-la e desmoralizá-la. Nós reivindicamos então sua legalização, com imunidade para os representantes – isto é, a garantia de que não seriam despedidos [durante os mandatos]. De início, a proposta foi negada, mas finalmente a própria direção da empresa propôs que se realizassem eleições dentro da fábrica, para que os membros da comissão fossem escolhidos.

Em 1965, a empresa tem planos de expansão e modernização e precisa de trabalhadores qualificados. Antigos chefes são substituídos por engenheiros e é oficializada a Comissão de Fábrica com estatutos, eleições e estabilidade para seus membros. É a primeira vez na história do sindicalismo brasileiro que uma Comissão de Fábrica é reconhecida e obtém imunidade para os representantes eleitos.[9]

---

9   Ver *Comissões de fábrica*, de José Ibrahim, 1986.

Ibrahim faz parte dos candidatos. São dois para cada um dos seus 19 setores agora. Um representante e um suplente, ou seja, 38 pessoas ao todo para representar mais de 3.000 operários. O chefe direto de Ibrahim resiste, mas ele se impõe: *"Eu bati o pé,* 'sou candidato, posso ser candidato', fui candidato. [Ele representava seu setor de controle de qualidade, o da fundição]. Fui candidato antipatrão, antinteresse dos chefes engenheiros. As pessoas disseram: 'vou votar no menino, o menino é que vai defender nossas causas'".

No seu setor, de cerca de 300 pessoas, o jovem militante é o mais votado. No controle de qualidade, como dissemos, tem certa facilidade para circular na empresa, diferente do ajustador, por exemplo, que fica no pé da máquina. De macacão e capacete azul, coloca uma peça no bolso. Para todos os efeitos, está trabalhando. Muitas vezes perguntam: "o que você está 'voando'"? "Ô voador", o que está voando aí?" "Estou indo ver tal coisa", respondia. Tinha sempre uma história que podia ser verificada. O que não lhe impedia, claro, de ser controlado.

João Batista Cândido foi eleito presidente da comissão; Orlando Miranda, vice; Liceu Domingues (irmão de Roque Aparecido), 1° secretário; José Ibrahim, 2° secretário. Albertino Oliva foi indicado assessor jurídico. A posse, em julho de 1965, é no sindicato da categoria, Rua Erasmo Braga, que tinha um novo presidente depois que o interventor organizou uma chapa para colocar na presidência Henos Amorina, o "Saúva", colega de trabalho de Conrado del Papa na RCA Victor e que dirigiu o sindicato de 1965 a 1967 e de 1972 a 1981. Chapa que teve a participação de pessoas ligadas à FNT, algumas com pouca experiência no trabalho sindical. Amorina, de formação conservadora e legalista, aceita a tabelinha de reajustes dos militares, de forma que o sindicato continua a atuar, essencialmente, como um órgão de arrecadação, de assistência médica e dentária.

O sindicato está, como representante dos metalúrgicos, desmobilizado, sem a confiança dos trabalhadores, que deixaram de frequentá-lo. E as empresas fazem o que querem dos trabalhadores. Ibrahim acha necessário combater o regime, mudar a situação e consequentemente, retomar o sindicato para a causa dos trabalhadores. Um trabalho de sindicalização é reforçado.

A posse da comissão enche o auditório. Quando abre a palavra a Ibrahim e ele se apresenta, ele relata os problemas que teve enquanto candidato, ou seja, tudo o que fizeram para impedir sua candidatura: "Ficou claro que era o candidato que os chefes e engenheiros não queriam", conta Ibrahim. "Está aí a renovação", diz a ele Henos Amorina, que não imaginou que Ibrahim pudesse ser seu concorrente nas eleições do sindicato. Dr. Albertino Oliva, advogado da FNT, falou da necessidade de mudanças no movimento operário e que aquele "garoto" era um exemplo. "Todo mundo de 30 anos ali, até de 50 e eu com 17". Ibrahim e seus colegas teriam agora a proteção da estabilidade do emprego durante o mandato, pelo acordo com a empresa – já que a lei não previa comitês de empresa.

Oficializada, a comissão tem mais liberdade para trabalhar. Ibrahim monta uma subcomissão no seu setor, para ter uma representação em todas as unidades de controle de qualidade, o que não queria a empresa. "O engenheiro chefe não queria de jeito nenhum. Fiz uma subcomissão com reunião mensal para discutir os problemas do setor".

Uma comissão com desejo e cara de "novo sindicalismo". Tem-se a participação importante da FNT, pela primeira vez têm trabalhadores estudantes em cargos de direção. Na pauta dos trabalhos, reivindicações que privilegiam a questão salarial, com a criação de uma comissão mista de estudos salariais. Discute-se a incorporaração dos prêmios de produção aos salários, manutenção dos salários reais, reconhecimento de áreas insalubres, com o pagamento imediato do adicional de insalubridade, até que as condições prejudiciais à saúde do trabalhador sejam extintas. A comissão pede também a ampliação de banheiros, a realização de exame médico antes das férias dos funcionários, a instalação de exaustores para eliminar o pó de serra na modelação.

A empresa aceita pagar adicional de insalubridade e a criação de um restaurante. Até então, quem tinha bicicleta ia comer em casa; quem não contava com essa opção levava marmita de manhã, no bagageiro da bicicleta ou embrulhada no jornal sob o braço, sem caldos, para não derramar; alguns ainda recebiam marmitas na hora do almoço, trazidas pelas esposas, irmãos ou filhos.

Outra questão foi um gancho injusto por parte de um engenheiro. "No laboratório químico, que fazia parte do nosso setor, tinha uma pessoa muito dura, carrasca, o Zé Pereira", conta Ibrahim, que deu um gancho injusto a um dos trabalhadores. Teve uma proposta de realizar uma reunião na hora do almoço no laboratório, o que o engenheiro não queria. A reunião feita concluiu que o engenheiro argentino tinha que ir embora ou paravam o trabalho. "Propus mobilizar a Comissão de Fábrica. O pessoal topou, todos estavam revoltados. Imediatamente, espalhou pela fábrica que o laboratório estava parado", afirma Ibrahim. "E, no momento da saída do pessoal, foi realizada "uma assembleia no pátio pra todo mundo ver que estávamos firmes por que é importante que a empresa veja, que toda ela esteja solidária".

A negociação aconteceu no seio da Comissão de fábrica. O gancho injusto foi suspenso, a empresa julgou que o engenheiro não tinha mais condições de exercer sua função de chefe, os trabalhadores festejam a vitória, todo mundo cumprimenta Ibrahim na hora do almoço. "Vinham fazer rodinha"...

Na empresa, Ibrahim e a Frente são duas formas de ver o mundo, uma socialista, a outra cristã, mas ambas estão engajadas na mesma luta dos trabalhadores. Em memória destacada por Santos de Oliveira, Ibrahim conta:

A Frente em Osasco era forte, eles tinham representação em várias fabricas, estavam na Braseixos, na Cobrasma. Eles tinham uma visão de Comissão de Fábrica que se dedicava a negociação direta, a negociação por empresa, afim de polarizar com o sindicato, porque na visão deles, o sindicato era controlado por comunistas. (...) Era diferente da visão que nós tínhamos de Comissão de Fábrica, que era para organizar, para mobilizar e fortalecer o sindicato. Mas o sindicato que a gente queria não era o da pelegada, nem o do Partidão, era outro tipo de sindicato, que nós viemos a fazer depois que ganhamos a eleição.

Embora participando da comissão, Ibrahim e seu grupo, formado essencialmente por trabalhadores estudantes, continuam mantendo organizado o comitê clandestino. "Através dele, pretendíamos impulsionar a atuação da comissão, lutar para que ela avançasse e realizasse um trabalho de base dentro da fábrica. Além disso, a comissão sempre corria o risco de ser dissolvida pelos patrões e nesse caso o comitê daria continuidade à organização e ao trabalho". Os estudantes continuam a produzir os "mosquitinhos", panfletos pequenos, mimeografados, com denúncias da *exploração*. Era um material mais ideológico, mas, se a empresa pegasse, "era rua".

Entre os operários estudantes secundaristas reunidos em torno da liderança de José Ibrahim, sem ligação com a igreja, estão, na Cobrasma, Luís Cardoso, o Luisão, Roque Aparecido da Silva, Antônio Roberto Espinosa, Pedro Proskursin, José Campos Barreto. Em outras empresas estavam Osni Gomes e sua irmã Ana Maria.

Manuel Dias do Nascimento, o Neto, era um dos poucos não estudantes do grupo. De forma que a maioria participava dos movimentos estudantil e sindical. Depois do trabalho, eles se encontram nas aulas no Ceneart e, depois delas, nos bares do centro da cidade.

Ana Maria Gomes é introduzida em 1966 pelo irmão. Por ser mulher, foi chamada para atuar numa peça que o grupo de teatro ensaiava. Estudava no Gepa em Presidente Altino, durante o dia, e trabalhava na Osram durante a noite. Em tempos em que a mulher devia ficar em casa, ela aceita o papel na peça e começa, também, a ler o que liam os "maiores". Entre outros textos, as obras de Marx, onde percebe resposta para as suas inquietações. Passa a fazer parte do grupo e do trabalho de conscientização de estudantes.

Ibrahim segue sendo o principal articulador do grupo. Tem capacidade de liderança, de articulação e influência junto aos colegas.

Uma virada à esquerda

No começo de 1966, a empresa não mostra muito interesse para as questões da comissão. Ibrahim percebe que a Cobrasma não tem um verdadeiro interesse em dialogar e resolver os problemas apontados. E que via na comissão uma forma de canalizar a militância operária e enfraquecer o sindicato. Por sua vez, os membros da FNT mantêm posição moderada, e as divergências começam a surgir no seio da comissão. "Apenas os pequenos problemas eram resolvidos, os grandes não eram solucionados e a maioria ficava em suspense", diz Ibrahim.

Com a comissão desgastada, o comitê clandestino passou a atuar mais, com uma posição mais mobilizadora, "de combate". Segundo Ibrahim, em depoimento aos Cadernos do Presente, o comitê buscava organizar o pessoal por seção e mostrar que as reivindicações tinham que ser conquistadas na luta, através da organização, da pressão e, inclusive, "da paralisação":

> Nossa influência ia crescendo à medida que dávamos um encaminhamento mais radical às reivindicações na fábrica. Dentro dessa perspectiva, em fins de 1966, organizamos uma operação tartaruga, como forma de pressão para obter aumento salarial. A produção chegou a cair quase 30%, sem que os patrões conseguissem detectar a atuação da comissão. Quando nos chamaram

para conversar, dissemos que os operários ganhavam muito pouco e por isso a produção não saía. A empresa terminou concedendo reajuste e apesar de ser menor do que esperávamos, significou uma vitória parcial, que marcou a atividade da comissão.

É por esses dias que Ibrahim e Pedro Proskurcin (também do controle de qualidade e membro do Grupo de Osasco) vão ver Espinosa no escritório da forjaria. Ali havia um mimeógrafo muito importante para rodar o jornalzinho do grêmio e os "mosquitinhos" do grupo. Estudante do 2° ano do curso clássico do Ceneart e presidente do grêmio, com participação nas manifestações estudantis, Espinosa entra para o grupo de esquerda, para o movimento operário e sela uma forte amizade com Ibrahim.

O trabalho realizado pela esquerda dentro da comissão fortalece o grupo, que supera a influência da FNT de forma que, quando as eleições para a Comissão de Fábrica acontecem em 1966, a Frente Nacional do Trabalho não elege quase ninguém, e Ibrahim, que já era membro da comissão, eleito no ano passado, foi reeleito e escolhido presidente da mesma. Roque Aparecido da Silva é eleito secretário. Ele trabalha no escritório como office-boy, menos ligado ao trabalho da fábrica, indicado pelo irmão Liceu, que tinha feito parte dos eleitos do ano anterior.

José Ibrahim é líder e vai engrossando o grupo, sensibilizando-o às suas ideias. Espinosa anos mais tarde dirá que ele era muito simpático, aberto, em relação a outros. Roque, por exemplo, era mais fechado, menos popular, trabalhava como office-boy na empresa e inspirava menos a confiança dos operários, ao passo que Ibrahim tinha feito o SENAI, era técnico e estava fazendo o 2° ano científico no Ceneart. "Muitos operários imaginavam que, como estudante, melhor alfabetizado, ele poderia representá-los melhor", diz Espinosa. Ibrahim era mais politizado, e se identificava com a peãozada.

Gostava de tomar uma pinga com limão na saída do trabalho, no bar dos fundos. Era identificado por alguns como comunista e idealista.

Presidente da Comissão, em 1966, Ibrahim instrui a reivindicação da área de montagem de vagões, que queria ter aumento de salário, muito defasado pela inflação. Houve um pequeno aumento na empresa, mas não para a equipe dos soldadores – cerca de 40 operários. Depois de falarem com o chefe, foram encaminhados para o departamento pessoal.

– *O que estão fazendo aqui?*

Foram demitidos por justa causa.

> Armadilha de baixo nível, porque a montagem não precisaria mais de soldadores (...), iam desativar o setor. Mandaram procurar os direitos na justiça. Fui para o sindicato, coloquei o que estava acontecendo, pedi intervenção (...). O sindicato interveio, a empresa apresentou proposta de pagar alguma coisa. Aí falei na frente do [Luís Eulálio Bueno] Vidigal [dono da empresa] : "É o seguinte, vão ter que readmitir todos, ou vou mobilizar. Mobilizei a comissão, mobilizei tudo, fizemos um panfleto "Permanência dos soldadores". A fábrica ficou em pé de guerra. Fizemos uma assembleia com cerca de 700 trabalhadores. Fomos para o sindicato. Dirigia a assembleia. O presidente do sindicato achava que tinha que aceitar a proposta conciliatória. Eu bato o pé. Paga todos os direitos, caso contrário, vai ter paralização da empresa. No dia seguinte, a empresa negociou.

Uma parte continuou e a outra, que tinha interesse em sair, saiu com todos os direitos. Os critérios de quem parte ou quem fica são decididos pela comissão junto aos trabalhadores.

Foi outra vitória da comissão presidida por Ibrahim, cuja forma de reivindicar começa a se tornar referência. Com 18 anos, participa, representando o sindicato, de uma comissão de negociações num congresso na Bahia, após ter proposto, numa assembleia, que ela escolhesse um participante que não fosse da diretoria para fazer parte do grupo. Foi indicado pela maioria. Henos Amorina, presidente do sindicato, e Ibrahim têm apreço um pelo outro. Ibrahim brinca dizendo que ele, o Saúva, era muito lento, medroso. O jovem tem pressa, o mais idoso procura sempre a conciliação.

O grupo continua a sindicalizar os novos trabalhadores e a impulsionar a criação de comitês em outras empresas, assim como a desenvolver as vanguardas de fábrica. Manoel Dias do Nascimento, o Neto, egresso do PCB, dispensado da Cobrasma em 1964 por sua participação no sindicato, entra na Lonaflex com o objetivo de "criar um trabalho", seguindo as propostas do grupo, que preconiza a construção de comissões onde elas não existem, além, claro, de consolidar as existentes. O grupo de esquerda de Osasco desenvolve, então, um trabalho de conscientização, de formação dos trabalhadores, dentro e fora da empresa. Se muitos são engajados na política estudantil, todos são ligados às questões da classe operária e pensam na formação dos trabalhadores.

1966/67 é um período de conquistas da comissão da Cobrasma. Como presidente da Comissão, Ibrahim é indicado nas assembleias para ser delegado de base em congressos e para coordenar a comissão de negociação da campanha salarial. Ele conta:

> Dá pra sentir o peso que tinha essa comissão não só dentro da Cobrasma, que era a referência sindical principal. Não era a direção do sindicato, era a Comissão de Fábrica, à nível da Cobrasma, e para as principais fábricas também era a mesma coisa, ou seja, a diretoria do sindicato estava desacreditada e surgia um novo polo de direção das lutas, não só dos trabalhadores da Cobrasma, mas também das outras fábricas.

No final do ano o estudante Ibrahim termina o curso científico e pensa entrar em Ciências Sociais na USP. Começa então a fazer cursinho, à noite, para o vestibular, começo de 1967, mas vai ter que abandoná-lo pouco depois, com a chegada do período eleitoral. O trabalho na Cobrasma e nas assembleias do sindicato dá a Ibrahim e a seu grupo autoridade para atrair elementos de outras fábricas, do ex-PCB, de líderes de outras greves... Retomar o sindicato é uma prioridade. De forma que, no começo de 1967, um comitê de organização da campanha da oposição é criado, formado por membros da Cobrasma e de outras empresas. A direção do sindicato propôs uma composição sem abrir mão da reeleição de membros considerados pelegos pela oposição, enquanto que o PCB pensa ser uma aventura sair sem compor com a diretoria. Um acordo é proposto: Ibrahim ficaria com a secretaria geral a direção do sindicato mantém a presidência. Pensavam que ele era jovem, poderia crescer se apresentando com eles. Ibrahim rejeia a proposta e cria a Chapa Verde, que integrou o pecebista Osvaldo Leal, mais velho que o grupo de Ibrahim, com maior experiência. Três chapas são apresentadas: a Azul, da situação com o PCB, encabeçada por Amorina, então presidente; a Amarela, uma variante da situação, e a Verde, de oposição, com Ibrahim à frente.

Ibrahim realiza as negociações com seu grupo, as lideranças nas empresas, os comitês e a FNT para a criação da Chapa Verde e a elaboração de seu programa. O "grupo do Zé Ibrahim" é formado por pessoas mais à de esquerda, mas sem ligação oficial com qualquer grupo ou partido.

Um dia, ainda antes de montar a chapa, Zé Preto, aquele operário comunista que também trabalhava na Cobrasma e morava no bairro, amigo do seu pai, e seu conselheiro de leituras, passou pela venda, como sempre fazia, depois do trabalho para tomar duas ou três cachaças e bater papo, antes de voltar para casa. Ele fala pra Mahmoud:

– O menino vai ser presidente do sindicato. Escuta o que estou dizendo!

Zé Preto, que era soldador de profissão, tinha uma relação paternal com Ibrahim. Gostava de conversar com ele. Às vezes, aos sábados, quando Ibrahim era mais jovem e tomava conta da venda enquanto o pai ia fazer algo no quintal (tratar dos porcos, por exemplo), Zé Preto ficava por ali, conversando. Foi Zé Preto quem deu o livro de Lênin A *aliança operária e camponesa*, o primeiro livro marxista que havia lido, a Ibrahim. E cobrava a leitura, queria saber como ela estava avançando.

Nas negociações para a composição da chapa, a FNT queria João Batista Cândido, mais experiente, que já tinha sido membro da diretoria do sindicato, para encabeçar a chapa. Ibrahim termina acertando um acordo em que fica com a cabeça de chapa, enquanto João Candido assumiria o posto de secretário geral, se o grupo fosse vitorioso. A Frente também fica com a maioria dos 23 cargos. Isolado, mas com a cabeça, o Grupo de Osasco define o programa da Chapa Verde, "Da esperança e de oposição": luta contra a política econômica do governo que arrocha os salários (o Diesse calculava 35% de perda salarial); pelo direito de greve; pela organização de comissões de empresa; pelo reajuste trimestral de salários, entre outros pontos. Uma chapa com representação de todas as fábricas, embora fosse na Cobrasma a sua base mais importante.

CHAPA VERDE

Manifesto da Esperança

Chapa da Oposição

Eleições dias 14, 15 e 16 de Junho de 1967

Companheiros Metalúrgicos:

Com a intenção de ressuscitar a vida em nosso Sindicato, imprimindo-lhe uma Direção Dinâmica, sem brigas internas é que formamos a CHAPA VERDE chamada também de **Chapa da Esperança e de Oposição**.

Composta de Companheiros escolhidos pelos próprios colegas de serviço, os vinte e cinco (25) componentes da CHAPA DA OPOSIÇÃO não concordam com a atual situação em nosso Sindicato e, por esta razão, é que nós nos dizemos **OPOSIÇÃO**.

Através do presente manifesto queremos que os nossos companheiros conheçam nossa linha política e pesem o programa das realizações que pretendemos fazer.

Jamais faremos promessas demagógicas para ganhar votos porque acreditamos que o Sindicato só poderá progredir e realizar na medida que seus Associados forem unidos e conscientes.

Para promover esta união e esta consciência tivemos a preocupação como meta principal, elevar o nível de classe do trabalhador, através de cursos de formação Sindical, Trabalhista e também cursos de formação profissional.

A CHAPA VERDE "OPOSIÇÃO" está totalmente desvinculada de Interventoria, dos patrões e de grupos políticos ou paralelos e por isto nunca deixará de apontar e combater as injustiças e os erros, venham de onde vierem.

Composição da
CHAPA VERDE (Oposição)

EFETIVOS PARA A DIRETORIA	SUPLENTES PARA A DIRETORIA
José Ibrahim	Pedro Tintino da Silva
Octaviano Pereira dos Santos	Clovis Ferreira Batista
João Batista Cândido	Adalto Ferreira
João Joaquim da Silva	Antonio Leme Mourão
José Eduardo Freitas de Almeida	Cicero Ferreira
José Ferreira Batista	Inácio Pereira Gurgel
Osvaldo Leal de Oliveira	Rubens Lins de Azevedo
PARA O CONSELHO FISCAL	**SUPLENTES PARA O CONS. FISCAL**
Odim Jiorjon	Carlos Heubel Sobrinho
Joaquim Mirzada Sobrinho	José Pedro de Araújo
Valdomiro Ruiz Mansilha	Vardely Ferreira Ramos
P/ DELEG. DO CONS. DE FED.	**SUP. P/ O CONS. DE FEDERAÇÃO**
Benedito Vieira	José Pereira dos Santos
Mauricio Barca	José Agustinho Apolinário
José Ibrahin	José de Mello Sobrinho

OS COMPANHEIROS ACIMA CITADOS SÃO TRABALHADORES DAS SEGUINTES EMPRESAS:

Cobrasma S. A. Indústria e Comércio - Mecanica Sampeon S. A. Industria Eletrica Brown Boveri S/A - Osram do Brasil Braseixos Rockwell S/A - Cimaf - Lonaflex.

Avante Companheiros!

Uma árvore com folhas VERDES indica que haverá ESPERANÇA de bons frutos.

Material de campanha da Chapa Verde. Fonte: Cedoc – Centro de documentação do Sindicato dos Metalúrgicos de Osasco, 1967.

Formada a chapa, Ibrahim e seu grupo vão explicar e discutir o programa com os trabalhadores, nas portas das fábricas, contando com os comitês e as lideranças existentes nas empresas. Vai agrupando certo número de trabalhadores em torno do projeto, até um pessoal meio nômade, que não gostava de trabalhar num lugar só, vindo da Cosipa – Companhia Siderúrgica Paulista –, especializados em soldas e montagem, que acabou chegando na Brown Boveri e morando numa pensão de Presidente Altino. Depois foram para a Cobrasma. Inicialmente se reuniam no bar restaurante da pensão de um italiano, antes de ir para o sindicato. Um deles – tinha uma cicatriz no rosto – lhe disse, numa assembleia:

– Você vai ser o nosso presidente. Não adianta correr da raia.

E para o pessoal da diretoria:

– Vocês estão com os dias contados.

Ibrahim consegue agregar energias, formar um grupo forte e unido. O discurso alia as reivindicações nas empresas ao combate ao regime militar. Alguns pensavam que não conseguiriam a maioria dos votos. Entretanto, a Cobrasma tinha muita expressão e muitos eram sindicalizados, após todo o trabalho feito pelo Grupo de Osasco e a FNT.

Paulo de Matos Skromov, da oposição sindical dos bancários de São Paulo, não eleito neste ano de 1967, trotskista, companheiro de Fábio Munhoz, está em Osasco para apoiar a chapa de Ibrahim. Os dois se reencontrarão em reuniões do MIA – Movimento Intersindical e Antiarrocho – e no 1º de Maio do ano seguinte na Praça da Sé, além de atuarem juntos na fundação do PT. Como lembra Skromov, eles tinham aproximadamente a mesma idade:

> Reverenciávamos o "turco" por causa da experiencia que tinha da comissão aberta na Cobrasma. (…) desde o começo dos contatos passou-nos uma forte impressão como líder e como pessoa confiável, e irradiava isso.

De acordo com a legislação sindical, em primeiro escrutínio, para a chapa ser considerada eleita, deveria haver uma maioria absoluta, ou seja, metade mais um voto. Com três chapas, esse resultado era difícil de ser alcançado, porém a verde quase chega lá. Como fica perto da maioria dos votos, as outras duas chapas se retiram. Sem o segundo turno, a Chapa Verde é declarada vitoriosa.

> Foi a primeira vez na história do sindicalismo que uma chapa de oposição, concorrendo com duas outras e sem nenhuma ligação com a máquina sindical ou com qualquer tendência política tradicional no movimento operário, obteve uma vitória dessas. [Tivemos] 99% foram votos da Cobrasma,

Relembrou Ibrahim certa vez.

Ibrahim, a essa altura com apenas 20 anos, ocupa a presidência e é, provavelmente, o mais jovem dirigente sindical brasileiro. Suas ideias são novas e corajosas. Ele soube organizar, liderar e chegar com sua equipe à direção do sindicato. O garoto deseja ir muito além, contaminar o país inteiro, "acordar" os trabalhadores e seus sindicatos. A equipe assume, em julho de 1967, o Sindicato dos Metalúrgicos de Osasco, um dos mais importantes centros industriais do país – com cerca 80 empresas e aproximadamente 23 mil trabalhadores – com a intenção de executar o programa apresentado, incluindo a criação de um movimento intersindical, de forma a reorganizar os trabalhadores em tempos de ditadura. Sua liderança inspirou outros setores a se organizar da mesma forma, com comissões de fábrica, fortalecendo os trabalhadores pelas bases.

Além de Ibrahim e João Batista Cândido, a diretoria é composta de João Joaquim da Silva, José Eduardo Freitas de Almeida, José Ferreira Batista, Oswaldo Leal, Pedro Tintino da Silva, Clovis Ferreira Batista, Adalto Ferreira, Antônio Leme Mourão, Cícero Ferreira, Inácio Gurgel, Rubens Lins de Azevedo, Joaquim Miranda

Sobrinho, Otaviano dos Santos. Uma equipe que representa, além da Cobrasma, as empresas Mecânica Sampson, Brown Boveri, Osram, Braseixos, Cimaf e Lonaflex.

A esquerda tem, assim, dois sindicatos de metalúrgicos nas mãos. Além do de Osasco, o de Contagem e Belo Horizonte, com a chapa de Ênio Seabra, militante da AP – Ação Popular. Seabra foi impedido de tomar posse, mas os membros de sua chapa assumiram a diretoria.

Na presidência do sindicato

José Ibrahim
Gestão: 1967 – 1968

Fonte: Cedoc

Foi um longo aprendizado até chegar na direção do sindicato. A construção da Comissão de Fábrica, um trabalho coletivo, com um conjunto de militantes operários que aprenderam juntos. "Para mim, a Comissão de Fábrica foi uma tremenda escola de negociação, articulação, de costura política, de mobilização, de conscientização dos trabalhadores a partir de reivindicações especificas dentro da fábrica", diz Ibrahim.

> Tudo isso foi formando um caldo de cultura extremamente positivo, que possibilitou a emergência de novas lideranças em Osasco, onde criamos uma chapa de oposição e, pela primeira vez na história do movimento sindical brasileiro pós-1964, ganha uma eleição.[10]

Começam, agora, novos aprendizados. Assumindo a liderança de um processo de retomada do sindicato, "fundamentalmente com um compromisso de luta e de emancipação dos trabalhadores pelas liberdades sindicais, pelo direito de greve e contra o arrocho salarial". O compromisso da Chapa Verde seria levado, segundo Ibrahim, "até as últimas consequências".

Parte dessa nova geração de sindicalistas em formação, nascida fora do Partido Comunista Brasileiro, pensa que a organização dos trabalhadores deve ser feita pelas bases, através dos comitês de empresa. É contra o imposto obrigatório para financiar o sindicato, uma obrigação independente da vontade do empregado. Esse imposto sindical, garante ao sindicato certa facilidade financeira, o que não o impele à conscientização dos trabalhadores e ao trabalho de base.

No comando do sindicato, o grupo de Ibrahim mantém tarefas que acredita ser papel do Estado: assistência médica, dentária e jurídica. Mas dá ênfase à luta econômica e política. Toda a máquina sindical foi orientada para "criar uma organização independente, iniciando um processo de mobilização, fábrica por fábrica". Organizando comitês de fábrica, oficiais ou clandestinos, fazendo entender que a greve é uma necessidade e único meio de fazer

---

10 Depoimento de Ibrahim.

pressão para obter as mudanças urgentes. Ibrahim se engaja na condução do MIA e na organização do 1º de maio unificado na Praça da Sé. Dentro do sindicato, mas em articulação com vários grupos, tem uma visão mais global da situação das fábricas, do sindicalismo e das forças políticas.

A campanha de sindicalização continua, aumentando, assim, a aproximação do sindicato com os trabalhadores. As famílias de seus aderentes são convidadas a participar de eventos na sua sede, utilizá--la para casamentos, bailes, etc. Esses eventos são também forma de integrar os trabalhadores ao movimento sindical. Efetivamente, pouco depois das eleições o número de associados volta a crescer, chegando a 8.000. Regata-se, também, o costume operário anterior a 1964, de organizar reuniões no sindicato após o dia de trabalho.

Como forma de fazer face à falta de articulação com partidos e outras organizações políticas, o Grupo de Esquerda, na direção do sindicato, instaura a prática de realizar assembleias para a tomada de decisões importantes, com a participação dos membros dos comitês de empresa e das vanguardas de fábrica. "A posição do grupo de esquerda era sempre vitoriosa, obrigando, assim, a maioria da diretoria do sindicato, sobretudo a FNT, a seguir a reboque de nossa orientação", dizia Ibrahim.

Espinosa explica que o grupo tinha a intenção de criar comissões de fábrica em todas as empresas: "Onde não tínhamos, procurávamos identificar e organizar a liderança da fábrica nessa chamada vanguarda. O que era isso? Eram os caras que tinham liderança. Não precisava ser de esquerda, precisava ter liderança, ser combativos. Então era um trabalho de identificar os caras mais combativos em qualquer sessão".

A liderança podia vir do time de futebol, alguém que reclamasse dos acidentes de trabalho na empresa, ou que organizasse as festas de final de anos. "Aqueles que eram líderes naturais", explica Espinosa. Nesses casos, o grupo procura dar a eles uma formação política de cunho marxista, com ênfase na história da luta de classes. Os "professores" Espinosa[11] e Barreto recebem os alunos na casa de um militante que fazia parte do sindicato. Além da teoria marxista, ensinavam os novos líderes a ter um nome de guerra e a não fornecer o endereço. No curso de introdução ao marxismo, explica o que é trabalho assalariado, preço, lucro, mais-valia, luta de classes. São grupos de quatro a cinco pessoas, e a formação dura cerca de 10 dias. Na época, a FNT também fazia formação de operários, com ênfase nas ideias do sindicalismo cristão.

Essa vanguarda de fábrica chegou a ter cerca de 700 operários, segundo Espinosa. Lideranças que Ibrahim chama para as assembleias, em que se discute o arrocho salarial do governo militar, as perseguições nas fábricas, os patrões que aproveitam da situação da lei de exceção no país. No país do golpe, os patrões podiam fazer o que queriam com os trabalhadores.

O MIA

Como o governo militar tinha proibido as centrais sindicais, e os sindicalistas pensavam que era necessário se unir de forma a poder fazer frente à política econômica do governo que promovia o arrocho salarial e impedia as greves, Ibrahim inicia uma série de contatos com outros sindicatos e encabeça o MIA. O movimento contra o arrocho salarial é criado numa tumultuada assembleia realizada em setembro de 1967. Ele sucede a um movimento criado com os mesmos objetivos na região do ABC paulista, segundo explicou José Barbosa nos *Cadernos do Presente*.

---

11 Espinosa, em 1967, já não era mais metalúrgico. Entrou na Faculdade de Filosofia, Ciências e Letras da USP, na Maria Antônia, e começou a dar aulas em Osasco, porém continua a frequentar o Grupo de Esquerda de Osasco, engajado com a causa dos trabalhadores e contra a ditadura.

Os metalúrgicos de Osasco se contrapõem à liderança e à atuação do maior sindicato do país, o dos Metalúrgicos de São Paulo, presidido por Joaquinzão. Conhecido como amigo da ditadura e chamado de pelego, ele não tinha a visão política de Ibrahim. Apesar disso, acabou entrando no movimento contra o arrocho, defendendo sempre, porém, diálogos com o governo. "Tinha sua maneira de se comportar, ponderado, cauteloso, não se expunha. (...) Não era combativo, não organizava os trabalhadores, mas tinha lá sua coerência, era uma pessoa solidária no que podia fazer", analisa Ibrahim. Além dos Metalúrgicos de Osasco e São Paulo, participam do MIA os têxteis, os trabalhadores da construção civil e os ferroviários. Os sindicatos que passam a integrar o movimento variam dos combativos aos pelegos. Eles se reúnem no terceiro encontro do MIA, em dezembro do mesmo ano, em Osasco. Àquela altura, o Sindicato dos Metalúrgicos do município é o mais organizado do país. Sua carta de princípios propõe a criação de uma Central Única dos Trabalhadores e a prioridade da luta contra a compressão salarial. O sindicato osasquense deseja também a participação de estudantes nos trabalhos e sugere a realização de um 1° de Maio "de protesto". Em seu relatório, o DOPS fala de uma reunião dirigida por Ibrahim, com a presença de trabalhadores de diferentes empresas, inclusive a presença do deputado federal David Lerer. Frei Chico, o José Ferreira da Silva, irmão de Lula, é um dos presentes na reunião de Osasco representando o Sindicato dos Metalúrgicos de São Bernardo do Campo. Para ele, José Ibrahim "era jovem, muito corajoso, um temperamento muito consolidado do ponto de vista de informações sindicais; um jovem de cabeça própria, não aceitava muita opinião". Quando fica sabendo da greve em preparação, fica "admirado, pensando que ele estava correndo risco, pois a ditadura estava em andamento, mas ele não tinha medo não, foi pra cima". Quando o cruza, duas a três vezes na sua volta do exílio, no movimento sindical, na Conclat – Congresso das Classes

Trabalhadoras – Frei Chico, do PCB, não acreditava na criação do Partido dos Trabalhadores – encontra-o ponderado.

"Ao mesmo tempo em que organizávamos os operários a partir das fábricas, nos integramos aos movimentos mais gerais das organizações sindicais, mesmo quando eles não correspondiam à nossa perspectiva para o movimento operário", afirmou Ibrahim aos *Cadernos do Presente*. Este teria sido o caso da participação dos metalúrgicos de Osasco no MIA. Com o objetivo de lutar contra o arrocho, foram convocadas manifestações em vários sindicatos: "Foram programadas cinco concentrações: a primeira no Sindicato dos Metalúrgicos de São Paulo, a segunda em Santo André, a terceira em Osasco, a quarta em Campinas e a última em Guarulhos. Somente os dirigentes sindicais faziam parte do MIA, ficando os mesmos encarregados de convocar a massa para as concentrações, nas quais eles eram os únicos oradores. Era uma tentativa de dirigentes sindicais que não tinham massa de aparecerem como nova liderança", avaliou o sindicalista.

O MIA se propõe, então, a organizar o 1° de Maio de 1968, unificado, na Praça da Sé, como forma de dizer às autoridades do país que os trabalhadores exigiam mudanças. Ao mesmo tempo em que leva as discussões para o movimento intersindical, Ibrahim dirige a campanha salarial da categoria do final do ano de 1967, com a comissão de salários e dissídio. Os metalúrgicos de Osasco querem 76,5% de aumento salarial, dos quais, 2% de produtividade. Para informar os trabalhadores da categoria, o sindicato cria um jornal.

Outros estados passaram a se organizar também para lutar contra o arrocho salarial que impunha a tabelinha de reajustes definida pelo governo militar. Líderes da oposição sindical, como Waldemar Rossi, da oposição dos Metalúrgicos de São Paulo, não podem participar oficialmente do MIA, mas mantêm contato com Osasco e o movimento. Para ele o MIA é a resposta aos "vários atos institucionais e decretos leis que arrochavam o salário".

1º de maio

Na organização do 1º de Maio da Sé, pelo MIA, surgem duas propostas. A dos pelegos quer convidar para participar do evento autoridades como o governador Abreu Sodré – governador biônico, escolhido pelo governo militar – e o ministro do Trabalho, o coronel Jarbas Passarinho. A segunda, a de Osasco, quer uma manifestação com a participação de trabalhadores, unicamente. Venceu a primeira, defendida pelos sindicatos capitaneados pelo Joaquinzão.

Osasco tendo a presidência do sindicato nas mãos da oposição sindical, a prefeitura com Guaçu Piteri, do MDB, partido de oposição, começa a ser vista como símbolo da resistência, as esquerdas começam a aparecer mais na cidade.

Para Ibrahim, a data não é de festa, "mas um dia de luta dos trabalhadores", e as autoridades representavam a política da ditadura. Foi contra e radicalizou diante do que considerava "inaceitável". Mas ficou sozinho, uma voz isolada, o único presidente de sindicato de oposição. "A minha visão era o seguinte: vocês querem fazer uma festa, nós não temos motivo nenhum para comemorar com essa gente, estamos vivendo o Estado de exceção, entendeu? Não podemos negociar, não podemos fazer greve, não podemos nada! Repressão! (…). Tem que ser uma manifestação nossa! Tem que ser uma coisa só nossa".

O jovem sindicalista organiza uma assembleia no sindicato para discutir a situação. Ela decide pela participação, como forma de protesto. Ibrahim seria o terceiro orador a falar, num plano que tomaria o palanque, expulsaria os pelegos, as autoridades e transformaria a manifestação num ato autenticamente operário, dominado pelas oposições sindicais, verdadeiras representantes das tendências mais consequentes do movimento operário naquele momento.

Ibrahim defende participar, denunciar a ditadura e se retirar com os trabalhadores. Sabe que a polícia da ditadura estaria lá para incriminá-lo de tudo que acontecesse em seguida, de forma a lhe afastar do cargo. A grande questão é que a greve que preparava desde o final do ano anterior em Osasco precisava da estrutura do sindicato.

E o 1° de Maio de 1968 chega. Na Praça da Sé, centro da cidade de São Paulo, em frente à escadaria da Catedral, o palanque está armado. Os militantes têm seus lugares definidos. Os trabalhadores do ABC ocuparão o lado direito da praça; São Paulo fica com o lado esquerdo; e Osasco, em maior número, com o meio. Os osasquenses marcam encontro na praça das Bandeiras, onde os ônibus colocados à disposição dos manifestantes, pelo sindicato, devem chegar. Os mais avançados, a exemplo de Espinosa, Roque Aparecido e Barreto, devem chegar de trem pela estação Júlio Prestes e seguir para a Praça das Bandeiras antes de chegarem à Sé. Ibrahim deve ir direto para a praça acompanhado do irmão Luisinho, de carro, pois teme ser preso no caminho.

Chegando à Praça das Bandeiras, os militantes osasquense, como combinado, se dirigem, à Praça da Sé, cerca de dez minutos à pé. Aos poucos, milhares de trabalhadores de todas as categorias profissionais lotam a praça e suas imediações. A polícia está em todos os cantos. Espinosa revela a verdadeira praça de guerra que se armou, com o apoio da Vanguarda Popular Revolucionária:

> A VPR montou ninhos de metralhadoras no alto dos prédios [que havia antigamente, mais baixos que os de hoje] nas entradas da praça. (...) por coincidência, o Quarto Regimento de Infantaria, daqui de Osasco, foi chamado a enviar tropas para ficar de prontidão no QG do Segundo Exército em SP, e o oficial para ficar no comando das tropas aqui foi o capitão Lamarca. E o Lamarca havia preparado para não reprimir, se houvesse o confronto. Ao invés de reprimir os trabalhadores, ele ia aderir à manifestação, criaria uma situação insurrecional.

Nas faixas, palavras contra o arrocho salarial e a ditadura. No palanque, sobem Abreu Sodré, Jarbas Passarinho, Joaquinzão e os sindicalistas previstos. Ibrahim não está. As autoridades tentam começar o ato, mas devem esperar, pois o som foi desligado.

No lado do público, tudo organizado! Cada um tem uma missão. Uns têm pau, outros, pedras, estilingues, ferros enrolados em jornal, fio de cobre na cinta. Alguns trouxeram bolinhas de gude ou rolhas para utilizar caso a cavalaria partisse para cima deles – jogadas ao chão, elas têm a missão de fazer os cavalos da polícia escorregar. A equipe do estilingue pode atingir, com bolinhas de aço, os genitais dos animais, em caso de necessidade. Também aprenderam a usar "miguelito" para furar pneus de viaturas "A gente ia para enfrentar a Força Pública", lembra Espinosa.

Tudo combinado: na hora da fala do Ibrahim, o terceiro, tomariam o palanque, seria a vez dos trabalhadores fazer a sua manifestação. Como Ibrahim não chega, a massa se agita e começa o movimento para tomar o palanque. Os manifestantes começam, então, a atirar para cima o que têm em mãos. Uma chuva de paus e pedras é lançada em direção às autoridades, e um pedaço de madeira atinge a cabeça do governador Abreu Sodré. O governador deixa o lugar e se refugia na Catedral da Sé. Em suas palavras, registradas dez anos após o evento, a saída ocorre "não tão depressa para não dar impressão de ser um covarde e nem tão devagar pra não dar impressão de ser um temerário".

"Como o palanque era na frente da escadaria da Sé, abriram a porta da igreja e todos os que chamávamos de pelegos – vários companheiros do PCB no meio – correram. Assim, naquela manhã de 1º de maio de 1968, nós tomamos conta do palanque e fizemos a festa das oposições, tendo José Ibrahim como o grande comandante", relembra Paulo de Mattos Skromov. José Barbosa Monteiro, de Santo André, começa a ocupar o palanque com seus camaradas. Chegam o Barreto e o Neto, que fazem seus discursos com a ajuda de um megafone, uma vez que o som tinha sido cortado. Juntos, decidem partir em passeata para a Praça da República. A massa, com coquetel molotov, toca fogo no palanque.

Os operários partem então em direção à Praça da República, protegidos, na passeata improvisada, por uma segurança organizada pelos membros da UEE, presidida por José Dirceu. Muitos militantes sabem que estavam sendo filmados e fotografados desde a Sé, e que os policiais estavam lá, mas não se intimidam, descem a 15 de Novembro, colocam fogo em bandeiras americanas, ameaçam quebrar a agência do Citibank – mas são impedidos pela segurança. Passaram em frente de um quartel na Avenida São João, onde alguns jogam pedras. Finalmente, chegam à Praça da República, onde Barreto e Neto fazem novamente um discurso contra o arrocho salarial e contra a ditadura. Segundo João Joaquim, também falaram o Barbosa e o Novaes. José Barbosa avalia assim aquele dia tão marcante:

> Quando se fala de 1º de Maio, muita gente acha que tudo saiu de Osasco. Na verdade, foi um movimento muito mais amplo: gente de São Paulo, do ABC, Guarulhos, Osasco e Campinas. E toda uma participação do povo (...), mulheres e crianças (...). Foi uma preparação política em profundidade, onde colocávamos todos os riscos que corríamos. Fizemos uma coleta para comprar leite para todo o mundo e amoníaco contra o gás lacrimogéneo. Todo o mundo organizado em grupos de cinco, com um responsável. Tínhamos aprendido com a experiência do MIA.

Os discursos são empolgados. Ninguém é preso.

Ibrahim não apareceu no 1º de Maio. Ficou com uma tremenda dúvida, vacilou até o último momento. Teve medo de ser cassado e perder o sindicato, perder a máquina necessária à organização da greve que estava sendo preparada para novembro. Espinosa o viu no dia seguinte, quando o Turco, como o chamava, diz que o irmão teria se perdido na cidade. Somente anos depois da volta do exílio falou de sua hesitação. Espinosa não gostou da decisão, tomanda sem consulta ao grupo. Mas, na época, sem telefone celular, sem Internet, como comunicar uma decisão de último momento?

A decisão causou mal-estar na hora e se tornaria uma cobrança para toda a vida. Espinosa explica que "as correntes estudantis que hostilizavam Ibrahim não sabiam de dois fatos: uma greve estava sendo preparada secretamente pelos trabalhadores de Osasco; e, em Osasco, julgava-se fundamental continuar no sindicato para poder preparar e deflagrar essa greve".

Para Luisão que também estava na Praça da Sé, o fato de Ibrahim não aparecer não causou preocupação. Sabia que ia haver repressão, e achava que o presidente do Sindicato dos Metalúrgicos de Osasco tinha de se preservar, para evitar a intervenção no sindicato, fundamental para a preparação da greve. Os militantes sabiam o que fazer, "estavam preparados, não pensava que era preciso a presença de Ibrahim para tomar o palanque", avalia.

Mesmo sem comparecer, Ibrahim se tornou uma figura carimbada pela ditadura. "Mas já tinha um certo carimbo", relata Ibrahim. "Eles tentando de várias formas me corromper, oferecendo coisas, por exemplo, terreno na praia para colônia de férias. Aí a construtora que ia fazer me dava um apartamento. Coisas desse tipo assim houve muitas: viagens para o exterior, aos Estados-Unidos, essas coisas assim. Eu nunca aceitei nada disso. Eu sabia em que levava isso aí, os interesses que havia por trás disso".

Como temia, no dia seguinte à manifestação Ibrahim é acusado pelos acontecimentos na Praça da Sé. Sindicalistas e trabalhadores filmados são presos pelo DOPS. O sindicato é ameaçado de intervenção. O delegado regional do trabalho de São Paulo, general Moacir Gaya, chama a diretoria do sindicato para pedir que afastassem Ibrahim da presidência, para que ela não fosse cassada. Unida, a equipe diz "não": "cassa todo mundo ou não cassa só um".

A punição é uma "agressão descabida", diz a solidariedade de outros sindicatos. Todas as tendências se reúnem em torno de Ibrahim, contra o inimigo comum. Até Joaquinzão, lembrará Ibrahim anos depois, enfrentou a briga com a Delegacia Regional do Trabalho dizendo que, se cassassem Ibrahim, deveriam também fazer o mesmo com ele e com os outros sindicalistas que se mobilizaram contra o arrocho salarial.

O governo recuou, suspendendo o presidente do Sindicato dos Metalúrgicos de Osasco por quinze dias. Um funcionário do ministério do Trabalho respondeu oficialmente pelo sindicato nesse período, tendo Ibrahim por perto, a fim de aconselhá-lo sobre os processos e as burocracias do sindicato. Em tese, Ibrahim manteve-se afastado das decisões políticas. Mas na prática Ibrahim manteve uma rotina de longas reuniões fora do sindicato, visando, entre outras coisas, a preparação da greve.

1968: a greve e a intervenção

1968 é um ano repleto de eventos políticos. O escritor Zuenir Ventura chamou-o de "o ano que não terminou". Foi longo e marcou a história do Brasil e do Mundo. Morte de Edson Luís no restaurante Calabouço no Rio, Guerra do Vietnã, movimento pelos direitos civis da população negra nos Estados Unidos, Primavera de Praga, Maio de 1968 em Paris. Estudantes, intelectuais e trabalhadores têm sede de transformações sociais e políticas. Ibrahim faz longas reuniões com os jovens mobilizados e mantém-se atento à agitação e aos conflitos mundiais.

No Brasil, estudantes, oposição sindical, artistas, classe política, sociedade civil, igreja, se rearticulam contra o governo militar, então sob o comando do Marechal Costa e Silva. Arrocho salarial, greves proibidas, censura. É difícil suportar a tensão do regime ditatorial, e as manifestações eclodem em diversos espaços. A morte pela repressão do estudante secundarista Edson Luís de Lima Souto, em 28 de março, no Rio de Janeiro, resulta numa série de manifestações. O enterro do garoto, no Rio, é a maior, mas não a única. Há protestos em São Paulo e, em Osasco, cerca de 3.000 estudantes e trabalhadores, entre outros, se reúnem sob a liderança do CEO, liderados por Roque Aparecido e Espinosa, entre outros.

Roque é o representante dos estudantes no gabinete do prefeito emedebista Guaçu Piteri. Há, neste momento, uma aliança selada entre poder público municipal, estudantes e sindicato. As manifestações não agradam o coronel Antonio Lepiane, Comandante do 4° Regimento de Infantaria do Exército, instalado na cidade. Ele pede ao prefeito a exoneração de Roque, que considera um subversivo instalado no gabinete do prefeito. Guaçu pede a Roque para desaparecer por um tempo. Mas o movimento estudantil cresce no primeiro semestre de 1968, e Roque aparece em outras manifestações. Lepiane volta a insistir, e Guaçu não consegue manter o cargo do líder estudantil que continua a mobilizar operários e estudantes em Osasco e São Paulo, junto com a UEE presidida por José Dirceu.

Em abril, na região industrial de Contagem, Minas Gerais, os trabalhadores fazem greve, apesar de ela estar proibida, para pedir a revalorização dos salários comidos pela inflação. O governo, representado pelo ministro do Trabalho, o coronel Jarbas Passarinho, negocia. Foram mais de dez dias de conversas para se chegar a um acordo de aumento de salário e a uma mudança parcial da lei de regulação do mundo do trabalho.

A preparação da greve

Osasco tem 12.112 trabalhadores nos setores da indústria de transformação e Contagem 6.697 em 1965, segundo informações reunidas pelo sociólogo Francisco Weffort. Em 1970, o Instituto Brasileiro de Geografia e Estatística contabiliza um total de 2.699.969 empregados (oficiais, com carteira assinada) no Brasil, dos quais 643.672 estão em São Paulo. A região do ABC com 154.916 (Santo André 50.372, São Bernardo do Campo 75.118 e São Caetano 29.426). Osasco só tem 17.530, mas possui tradição operária, de militância e de resistência.

A greve é proibida segundo a lei do governo militar, com exceção das que reclamam atrasos de salários. Ou seja, é impossível se reunir e fazer ato público. A Lei de Segurança Nacional, criada em 1935, é usada desde o golpe para justificar os arbítrios da ditadura. Fazer greve é, portanto, confrontar o regime militar, mas considerada necessária para combater o arrocho salarial, as más condições de trabalho e defender o retorno à democracia. Além do mais, os metalúrgicos de Osasco, no dissídio do ano anterior, só conseguiram aumento de 17% de reajuste, quando haviam pleiteado 76,5%.

Nessas circunstâncias, a escolha da data de realização da greve é central. Ibrahim pensava, no início do ano, que o melhor momento seria no final de 1968, época do dissídio coletivo da categoria, quando muitos outros sindicatos estariam negociando também. No MIA, Ibrahim defendia que só greves e mobilizações podiam derrubar o arrocho. "Pensávamos em greve a nível nacional e pra nós a greve tinha que ser em novembro, época de campanha salarial, de dissídio coletivo de um monte de categorias, inclusive de todos os metalúrgicos, o que seria o momento propício para desencadear o movimento em Osasco", conta. "Começar em Osasco e tentar alastrar para outras categorias, outras cidades, tanto é que nesse período tinha muito contato com o sindicato de Minas, do Rio de Janeiro, fazia encontros para discutir uma estratégia comum. Eu dizendo Osasco está mais organizado, nós podemos sair na frente".

Entretanto, a intervenção do sindicato após o 1º de Maio muda os planos. Ibrahim e seu grupo sentem que podem perder o sindicato a qualquer momento, mesmo não fazendo nada. Então, é preciso parar enquanto ainda têm o sindicato nas mãos. Além do arrocho salarial e do desemprego, eles enfrentam um novo problema. Os patrões, assustados com a mobilização que os trabalhadores foram capazes de fazer na Praça da Sé, contratam policiais para dentro das fábricas, a fim de espiar os trabalhadores, identificar os militantes e, por fim, demitir os que fizessem parte do grupo de Ibrahim..

O clima nas fábricas começou a ficar difícil. Começa a pipocar pequenas greves em algumas empresas, e o sindicato tendo de mediar e negociar para superar os problemas. Até que a Cobrasma, onde havia uma maior tradição de organização, decide dispensar dois membros da Comissão de Fábrica. "E o pessoal, os mais conscientes vinham me ver e dizia 'fala tanto em greve e agora não vão fazer greve?'", diz Ibrahim.

O líder dos metalúrgicos de Osasco acredita que é possível fazer greve e negociar com o governo, como já ocorrera em Contagem no mês de abril. Em maio, em Osasco, a Barreto Keller, empresa de pequeno porte, vive uma greve de onze dias. A paralisação consegue, com a ajuda do Sindicato, um reajuste salarial de 15% e o reconhecimento da Comissão de Fábrica. A FNT se opõe a uma greve mais ampla, mas a decisão é tomada numa plenária no sindicato. Uma greve com ocupação de fábrica, e ocupação das maiores plantas. Nas pequenas, a ideia é parar e encaminhar os trabalhadores para a assembleia permanente na sede do sindicato.

Além do Grupo de Esquerda de Osasco, do movimento estudantil, outros grupos de esquerda, como Polop – Política Operária –, AP, PCB e FNT passam a apoiar a greve, uma vez decidida. Muitos estavam sedentos para combater o regime autoritário e aquela era uma oportunidade de confrontar à ditadura. A preparação da paralisação inclui um planejamento em seus mínimos detalhes. Uma vez que os metalúrgicos estivessem parados em Osasco, a greve deveria se espalhar para São Paulo, Guarulhos, ABC e Baixada Santista, migrando em seguida para outros Estados, até se transformar numa greve geral capaz de peitar a ditadura. Ibrahim tinha feito contato com sindicatos da Baixada Santista, de Contagem, do Rio de Janeiro (estivadores e metalúrgicos), com a oposição metalúrgica de São Paulo, liderada por Hélio Bombardi. Os sindicatos prometem solidariedade, no estilo "vai, fazem, a gente vê como fazer depois".

Localmente, o sindicato e membros das comissões de fábrica pensam que há um grau de organização suficiente para começar a greve, mas não para sustentá-la. Outro ponto positivo que os pró--greve veem é que não houve, até aquele momento, repressão aos movimentos estudantis em São Paulo. A passeata dos Cem Mil é marcata para dia 26 de junho no Rio de Janeiro, sob a liderança de Vladimir Palmeira; a de São Paulo fica sob a liderança de José Dirceu, e a de Osasco, de Espinosa e Roque Aparecido.

"A gente sabia que já estavam infiltrando pessoas dentro das fábricas. Poderia até haver uma provocação. Nessa avaliação dissemos que não dava mais para segurar, vamos organizar greve", conta Ibrahim. Acaba estabelecida a data da paralisação: julho, mês de férias escolares. Algumas fábricas seriam ocupadas, inspiradas nas ações que ocorreram na França em 1968. O objetivo era manter a mobilização, pois o sindicato provavelmente sofreria uma intervenção.

A Cobrasma pararia em primeiro lugar, dia 16 de julho, pela manhã. Seria seguida, à tarde, na troca de turno, às 14h, pela Lonaflex (outra empresa em que havia uma Comissão de Fábrica com forte organização e influência sobre os colegas). No mesmo dia seriam paradas a Barreto Keller e a Fósforos Granada, e seus operários se dirigiriam para o sindicato. No segundo dia, os trabalhadores da Brown Boveri e da Braseixos cruzariam os braços, e, no terceiro, o movimento seria estendido ao restante das fábricas do município. Em três dias toda a peãozada de Osasco estaria em greve, chegando a hora de estender o movimento para São Paulo.

Aos *Cadernos do Presente*, Ibrahim contou que a ocupação da Cobrasma foi detalhadamente planejada, devido às dimensões da fábrica.

> Foi pensada a melhor maneira de impedir a infiltração policial, a saída do pessoal, como reter os funcionários da administração, dominar as vias de comunicação da empresa e como organizar grupos para explicar à massa as razões da ocupação. Essa ação englobava, ao todo, cerca de 200 companheiros pertencentes aos setores mais avançados da Cobrasma.

Um esquema semelhante foi montado para a Lonaflex, em que o principal ponto de apoio eram os comitês e núcleos clandestinos. "Para coordenar o movimento, foi formado um comando geral da greve, ao qual estavam subordinados os comitês a nível de empresa. Somente os companheiros que integravam esses comandos sabiam o dia e a hora do movimento", explicou Ibrahim.

Pensava-se que a repressão ao movimento demorasse pelo menos uma semana para começar, considerando-se a experiência de Contagem, em que o governo negociou por vários dias. Uma semana seria o tempo necessário para que outras empresas, de São Paulo e de outros Estados, aderissem à greve contra o arrocho salarial, unindo forças e rompendo o isolamento político.

Chamada à solidariedade

Muitas reuniões são realizadas. Uma delas no sindicato, na véspera da paralisação na Cobrasma, para discutir a estratégia do movimento, com os membros da entidade ligados à FNT. Da reunião, participam onze pessoas. João Batista Cândido, que não conhece bem o funcionamento dos comitês, duvida da organização: "Tinha 11 companheiros eu falei 'pera aí, com 11 vocês param uma fábrica que para outras?'", pergunta.

Tudo preparado, com os patrões sabendo o mínimo possível sobre o andamento do movimento. O jovem Ibrahim tem o apoio do Grupo de Osasco, das comissões de fábricas (a da Cobrasma sob a presidência de José Groff), das vanguardas de fábrica, das comunidades de bairro, da igreja, dos estudantes (secundaristas e universitários, com o CEO[12] e a UEE).

A Cobrasma tem também, há cerca de meses, um representante do Grupo de Osasco. É Barreto. Ele é alto, magro e musculoso. Apontador de produção na forjaria, trabalhara na Lonaflex. Seu nível de formação permite que ele trabalhe no escritório, mas o que queria mesmo era ficar junto aos operários, com quem falava de greve e da política onde podia: podia ser no banheiro, podia ser na cantina. Tinha nível colegial e o armário cheio de livros, muita cultura e o dom da palavra.

A UEE é encarregada de rodar o panfleto que seria distribuído no dia seguinte ao início da greve, dia 17 de julho, chamando a população à solidariedade. Para isso era necessário entregar a José Dirceu o texto três dias antes, de forma que ele pudesse organizar os trabalhos para rodar 300 mil exemplares num mimeógrafo. Portanto, apesar de distribuído dia 17, não podia narrar os fatos do primeiro dia da greve! Espinosa e Roque são os redatores do texto e escrevem:

> Ontem, às 8:45, um toque extra da sirene da Cobrasma declarou a ocupação da fábrica e o início da greve. O pessoal saiu em passeata, seção por seção, se reuniu no pátio, e os operários decidiram pela ocupação da fábrica. Ao meio dia, a Barreto Keller parou e seus operários foram em passeata pelas ruas de Osasco até o sindicato. Às duas da tarde a Lonaflex foi ocupada na troca de turno... É greve em Osasco.

---

12 Dudu Rodrigues é seu presidente em 1968 e Barreto, seu vice-presidente. Dudu trabalhou na Cobrasma de 1957 a 1963.

Entre as reivindicações estão 35% de aumento, contrato de trabalho coletivo por dois anos e salários reajustados a cada três meses, assim como a readmissão de dois membros da Comissão de Fábrica que haviam sido demitidos.

Ibrahim não pensa ser possível derrubar a ditadura com a greve, mas tem noção do impacto nacional que o movimento pode ter. "Íamos dar uma boa chacoalhada, íamos, né?! Seria um primeiro passo", diz. "Não dava para não fazer [a greve]. Não dava para ir empurrando com a barriga (…) tínhamos que animar a moçada! Pensávamos: *"Essa moçada tem que brigar, tem que lutar, tem que se organizar! Porque, senão, a ditadura vai continuar se fortalecendo!*

O dia D

A manhã do dia 16 de julho, quarta-feira, amanhece cinzenta. Na frente da Cobrasma e de muitas indústrias da cidade, os carrinhos de pipoca, amendoim e pasteis já estão a postos à espera de clientes, os que saem de seus turnos e os que chegam.

Tudo programado. José Ibrahim, presidente do sindicato, dirige as operações com o Comando Geral de Greve, mas não pode dizer que está na direção. Fazer greve é, lembremos, proibido, e o sindicato já tinha sido ameaçado de intervenção. As comissões de fábricas, as vanguardas de fábrica, a direção da coordenação estudantil… Cada um tem seu papel. O medo existe, assim como o desejo de executar o que foi decidido. Medo da repressão, mas desejo de democracia, de lutar contra o arrocho salarial imposto pela política econômica do governo.

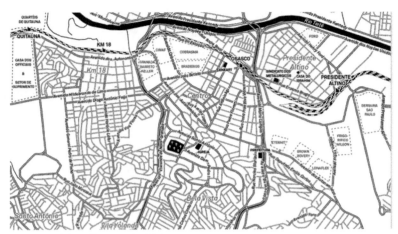

A localização da Cobrasma e outras empresas em greve,
assim que os locais citados

Ibrahim, jovem de 21 anos, não consegue dormir à noite. Quando vê que seu irmão Luisinho, encarregado de buscar o pão na padaria todas as manhãs, acorda, ele se levanta e o acompanha no caminho da padaria, para tomar um café e explicar:

– Hoje vai acontecer isso, isso, isso... Então queria que depois você conversasse com o papai e a mamãe para dizer que não volto mais. Daqui vou para o mundo. A primeira coisa que eles vão fazer é invadir a casa.

Pede a ele que prepare os pais para a situação, pois não tinha coragem de fazê-lo. Voltam para casa, a família toma o café, como de hábito, sem muitas palavras. Todos protegem, de alguma forma, o Zezinho. Os irmãos Jamil e Luisinho são mais próximos em matéria de política e sindicalismo. O primeiro, o mais velho, trabalha na Ford, e Luisinho, na Cobrasma. Jamil vai vê-lo no sindicato mais tarde. Ele tinha a mulher grávida na maternidade, e Ibrahim lhe diz para ir ter com ela. Jamil, no entanto, sabendo que a família dela e amigos davam assistência à esposa decide ficar e fazer greve.

Após o café, Ibrahim vai para o sindicato, duas a três quadras de casa.

José Groff, o presidente da Comissão de Fábrica da Cobrasma, ligado à FNT, trabalha no setor de suprimento, o almoxarifado. Às 6 horas da manhã começa a se preparar, com frio na barriga, para enfrentar o dia. Sabe que iam cutucar a fera com vara curta. Pensa nos militares que dizem ao povo brasileiro que tudo está em paz. Antes de sair, diz à irmã que vai trabalhar, mas não trabalhará. "Não sei, acho que depois vou para a cadeia". Católico praticante pede-lhe que reze por ele. Deve fazer tudo para "segurar" os trabalhadores em greve na empresa. Na fábrica, tem a confiança nos companheiros.

Nos lados do Jardim Santo Antônio, Barreto, trabalhador secundarista, já integrante da VPR, coloca a marmita numa sacola de lona (e uma arma, possivelmente uma velha garrucha de dois tiros). O dia é especial. Sobe na bicicleta e sai pedalando do bairro onde mora em direção ao trabalho.

No centro da cidade, na Cobrasma, são 7 horas. O apito do primeiro turno toca. Pelo portão principal, na Rua da Estação, entram cerca de três mil trabalhadores dos quatro a cinco mil que a empresa têm nos diferentes turnos. Os operários despertam as máquinas, pontes rolantes e caldeiras que felizes soltam sons familiares.

Depois das oito horas, o apito soa novamente, o que não é habitual. Os trabalhadores olham para a direção das caixas de som, intuitivamente, como se o olhar permitisse entender tudo o que estava em jogo. É o momento de cruzar os braços dentro das fábricas, ocupá-la, ao invés de fazer os tradicionais piquetes de greve. Ou seja, seguir o modelo dos trabalhadores franceses. Inácio Gurgel foi o encarredado do apito. Não sabe que horas eram exatamente. 8h20 ou 8h40? O medo lhe impede de olhar o relógio. É o início da greve de Osasco de 1968. O primeiro setor a parar é o de limpeza e acabamento da fundição, como combinado.

Aos poucos, os outros vão parando, numa adesão combinada. Os líderes, os 38 membros da Comissão de Fábrica, devem entrar em ação. Natael Custódio Barbosa, o Paraná – apelido que ganhou porque morava naquele estado quando decidiu, aos 20 anos, em 1963, trabalhar em Osasco, já havia participado de outras greves desde que entrara na Cobrasma como trabalhador braçal. Agora, depois de três anos de estudos de desenho mecânico, é ajustador mecânico no setor de manutenção. É um dos líderes, membro da Comissão, e conta:

> No dia da greve muita gente [da liderança] pulou fora, não fizeram o que estava planejado. Vieram trabalhar, mas não agiram. Ficaram omissos (...) depois de parar a manuntenção e a limpeza fomos, com os colegas que se juntaram a nós sem nunca terem participado de nada, parar as outras unidades.

Os membros da Comissão de Fábrica que entram em ação explicam, informam e convidam para a assembleia no pátio. Munidos de megafone, vão realizar a assembleia que informará os metalúrgicos sobre o processo de paralisação, as reivindicações que estão sendo apresentadas e as palavras de ordem do movimento.

Um dos membros da comissão, encarregado de fechar os portões, tem dúvidas sobre como agirá. Ele liga para Ibrahim, quer saber como vai cumprir a tarefa. A resposta é simples e direta:

– Como? Soldando essa porra!

Os trabalhadores param suas máquinas, em adesão espontânea ou forçada, como no caso dos que precisam de ar comprimido, setor que já tinha parado. Fundição, modelação, forjaria etc... Em 40 minutos, a rádio peão funcionando, os trabalhadores se reúnem no pátio já com os portões controlados pelos grevistas. Ninguém entra ou sai sem autorização. João Batista Cândido cuida de cerrar o portão dos fundos. Os operários menores de idade e as mulheres são dispensados. Ficaram as cozinheiras, sob a coordenação da Maria Santina, encarregadas de fazer a comida, como de hábito. Há mantimentos para uma semana. A palavra de ordem é respeito do patrimônio, calma e disciplina. Cada um deve zelar pelas máquinas e ferramentas sob sua responsabilidade.

Dentro dos planos, Groff liga para Ibrahim, que está no sindicato: "Está feito". Os portões foram tomados e os guardas da empresa foram substituídos por grevistas. No pátio, um palanque é improvisado para a assembleia. A assembleia realizada decide pela ocupação da fábrica por tempo indeterminado, devendo permanecer ativa durante todo o período da greve.

Ibrahim pode, então, convocar a imprensa, comunicar as redes de apoio, como o movimento estudantil e os deputados do MDB, de forma a não ficarem isolados, levando a notícia da greve para o mais longe possível. "Minha tarefa era dar informação para a mídia, avisar, recebê-la no sindicato ao lado de mais três ou quatro diretores que estavam comigo".

Ele informa Neto, que deve parar a Lonaflex às 14h, que a greve começou como planejado, assim como os outros representantes de fábricas. Comunica à Direção Regional do trabalho, sob a responsabilidade do general Moacir Gaya, que uma greve espontânea surgiu na Cobrasma e afirma que está se propondo a negociar. Não convence ninguém, mas cada um representa o seu papel.

O ministro do Trabalho, coronel Jarbas Passarinho, quer tratar o assunto diretamente e se desloca de Brasília para São Paulo, ao mesmo tempo em que envia uma comissão para Osasco com representantes da DRT e da federação sindical patronal.

O presidente do sindicato recebe a imprensa, explica o que está ocorrendo na Cobrasma, diz que se colocou à disposição dos grevistas como mediador e que espera a chegada dos representantes do governo para as tratativas com a empresa. Não pode assumir que está na organização e que tudo foi planejado nos mínimos detalhes, nem ainda revelar que o desejo é fazer a greve se alastrar para outras categorias.

Às 9h30, segundo Miranda, Ibrahim, em companhia dos representantes da DRT e dos representantes do patronato, é admitido numa sala elegante, recém construída, no prédio novo da Cobrasma. Ali fica a direção e o escritório da empresa. Poltronas felpudas e macias. O diretor da empresa, Luís Vidigal Filho os recebe acompanhado de outros diretores da empresa.

Ibrahim apresenta as reivindicações, algumas antigas, como a questão da insalubridade e a da demissão dos membros da Comissão de Fábrica, desrespeitando o acordo de imunidade. Também apresenta as questões gerais, como o pedido de reajuste de salário de 35%, a reposição da inflação a cada três meses e o contrato de trabalho mínimo de dois anos.

Na mesa de discussão, a conversa foi quente. Ibrahim conta que

> O Vidigal foi extremamente grosseiro porque quando o representante do ministério disse, "bom, quais são as reivindicações, qual a motivação da greve", o Vidigal falou assim (o Luisinho, o pai não estava) "pergunta pra esse moleque, esse agitador, que ele é o responsável por tudo isso". Eu me levantei da mesa e disse "estou sendo maltratado. Desse jeito eu me retiro, isso não é negociação". Aí o pessoal disse "não, fica! ". Aceitei. Aí o Vidigalzinho se acalmou um pouco e a gente discutiu.

A diretoria promete estudar uma contraproposta. Ibrahim diz que os dirigentes sindicais encontrarão os trabalhadores em greve e em assembleia permanente, a fim de informá-los sobre o andamento das negociações. Vidigal não gosta da ideia, diz que tem diretores presos, sequestrados na fábrica e poderia acontecer a mesma coisa com eles.

> Um diretor da Cobrasma, o Dr. Alberto [Pereira de Castro, engenheiro, interlocutor da comissão] falou que toparia se tivesse garantias. Ele era o que mais negociava com a Comissão de Fábrica, uma pessoa que tinha sensibilidade social. Dei garantia e fomos,

Conta Ibrahim. Acompanhado de Rossi, do ministério e do Dr Alberto, saem do prédio construído no que era o campo de futebol dos funcionários e cruzam com repórteres, que os acompanham na travessia da rua em direção do portão principal da fábrica.

No portão principal, na Rua da Estação, ocupado pelos grevistas, Ibrahim pede para chamar o comando da greve. Ali, nova dificuldade:

> Quando cheguei fui barrado pelos guardas da segurança que não me deixaram entrar, dizendo que eu tinha de pedir autorização ao diretor da empresa. Este, da janela do escritório, me chamou para conversar. Eu respondi que não tinha por que lhe pedir autorização, pois a fábrica estava em nossas mãos e se os operários me dessem ordem para entrar eu pularia a cerca. E foi o que eu fiz.

A postura de Ibrahim anima os companheiros em greve, que o pegam nos ombros e o conduzem até a assembleia, "enquanto os patrões olhavam pela janela prostrados: já não mandavam na empresa", contou Ibrahim aos *Cadernos do Presente*.

Ibrahim pode entrar, mas os representantes do ministério e da empresa ficam esperando no portão a decisão da assembleia. Ovacionado, o jovem sindicalista explica a situação, no palanque improvisado do pátio da oficina de vagões. Informa sobre o que estava acontecendo fora, o clima de solidariedade, que os estudantes já estavam nas ruas pedindo colaboração para ajudar a sustentar o movimento, que havia apoio de sindicatos e que muitas lideranças já se dirigiam a Osasco a fim de fortalecer o movimento.

Fala da reunião que teve com a direção da empresa e os representantes do governo e pede a aprovação da assembleia para que o grupo possa entrar e conversar com eles. Seria uma espécie de salvo conduto, para que pudessem explicar o que tinham discutido. Propõe a formação de uma comissão para buscá-los. A sugestão é aprovada.

A fala do representante de Passarinho, defendendo a política salarial, não é bem vista. Então ele muda de tática, admite a injustiça da política do governo, e é até aplaudido. Diz que o governo estava intermediando a negociação entre os trabalhadores e a empresa com o objetivo de alcançar uma conciliação.

Dr. Alberto é recebido com palmas. Os trabalhadores confiam nele. Fala baixo e educadamente. Diz que a empresa já estava com as reivindicações e que a diretoria estava reunida para fazer uma contraproposta dentro de 24 horas. Pede, também, que os engenheiros mantidos na fábrica não poderiam ser mantidos como reféns.

Groff explica que não existe nenhum refém, que o grupo de mestres e engenheiros de vários pontos da fábrica, sabendo ser detestados, com medo de receber represálias dos grevistas, para se autoproteger, subiram no andar superior do escritório de modelação e se trancaram, fechando a escada de acesso com equipamentos da oficina. Também é explicado que eles têm telefone no lugar e que poderiam sair quando quisessem, uma vez que ninguém os ameaçara.

Ibrahim conclui dizendo que o sindicato estará sempre de acordo com a decisão das bases, e que as apoia em tudo que for preciso.

Quando o grupo sai, a massa está convencida de que o ministério e os patrões iam negociar. "O comando de greve acompanhou-os até o portão. Eu voltei para o sindicato. No momento de despedida, o Dr. Alberto falou assim pra mim: 'Ibrahim, fique alerta, coisas muito graves poderão acontecer'. Os representantes do governo já planejavam as invasões às fábricas e ao sindicato".

O sindicalista volta para a Rua Erasmo Braga com o grupo de companheiros que cuidam da sua segurança. Era um mar de gente, "uma emoção muito grande". "Mas eu também pensava em outras coisas, queria saber se no dia seguinte a Brown Boveri, a Braseixos iam parar, se ia dar certo. O que podia acontecer?", pergunta-se Ibrahim.

Em São Paulo, o delegado regional do trabalho recebe as informações sobre as conversas. O coronel Passarinho aterrissa na capital paulista e monta seu QG no Palácio dos Bandeirantes. A imprensa, desde a coletiva da manhã, circula pela cidade. Mulheres de operários, que tinham ouvido as informações da greve, entendendo que o pessoal seria massacrado, preocupadas, vão ver o que está acontecendo na empresa. Toninho, o 3/8, um dos membros do comando de greve, foi ter com elas na cerca de arame que separa a empresa da rua da Estação. Pede calma e explica que está tudo sob controle.

Pela manhã também param os operários da Fósforos Granada, sobretudo mulheres, e em passeata descem, à pé, da avenida dos Autonomistas pela rua Júlio Silva. Eles passam na frente da Cobrasma, batem palmas para os grevistas e seguem para o Sindicato dos Metalúrgicos, não o dos químicos, sua categoria. Osram e Barreto Keller também entram em greve. O DOPS registra a informação:

> SECRETARIA DA SEGURANÇA PÚBLICA
> DEPENDÊNCIA — SERVIÇO — SECRETO — DOPS
>
> 403
>
> MINISTÉRIO DO EXÉRCITO
> II DIVISÃO INFANTARIA
> QUARTEL GENERAL
> EMG-2a.SECÇÃO
>
> Em 16 de julho de 1968 (11,50 horas)
>
> 1-Assunto: Greve em OSASCO
> 2-Documento de origem: 4º RI (V.H.F.)
> 3-Classificação:
> 4-Difusão: II Exército
> 5-Referência:
>
> INFORMAÇÃO nº 84/68
>
> 1. - Operários ocupam a Fábrica de Fósforos GRANADA e fazem comício no refeitório no momento (11,50) - A Fábrica pertence a ALVES & REIS.
> 2. - Há previsão de greve amanhã na BROWN BOVERLY. Os diretores da BROWN BOVERY temem piquetes e a ocupação da indústria.
> 3. - TÁTICA :- vão normalmente ao trabalho e depois ocupam as fábricas.
> 4. - Diretores de sindicatos que trabalham na BROWN BOVERLY:
>   - JOSÉ EDUARDO FREITAS ALMEIDA - Setor manutenção;
>   - OTAVIANO PEREIRA DOS SANTOS - Setor caldeiraria;
>   - ADAUTO FERREIRA - Setor Caldeiraria e
>   - VALDOMIRO LUIZ MARCILMA -("GAÚCHO")- Setor manutenção.
> 5. - A Fábrica de lâmpada OSRAM e a Indústria KELLER entraram em greve.
> 6. - Elementos do DOPS/SP estão somente observando.-
>
> São Paulo, 26 de agosto de 1968

Às 13 horas, ordens são dadas para enviar a Osasco veículos Brucutus e soldados… Ibrahim ainda não tem a informação. Tudo marchava segundo o planejado. Ibrahim circulava livremente no carro do sindicato e não havia sinal de mobilização policial.

Minutos após as 14h, Neto liga para o sindicato a fim de informar que a Lonaflex parou, com ocupação, tudo conforme o planejado.

Na Cobrasma, enquanto esperam, os grevistas circulam, conversam, discutem o arrocho, jogam, almoçam. Os líderes organizam. Rotina, restaurante, iluminação, segurança, vigilância para uma eventual ação policial. Não há tempo para conversa, a empresa é grande, quase mil metros entre um lado e outro.

Os operários ficam sabendo que a Lonaflex parou às 14h e que os trabalhadores da Granada e da Barreto Keller pararam e foram para o sindicato. A empresa é enorme. Paraná, cuidando da retaguarda, se sentindo sem notícias, lá pelas 15h30, pula o muro e corre até o sindicato para obter notícias. Fala na assembleia uns três minutos, conta o que estava acontecendo na empresa e volta para a ocupação.

Na DRT, às 16 horas, a greve é declarada ilegal.

Uma viatura da polícia civil estaciona na frente dos portões da Cobrasma. Um homem à paisana quer falar com o "líder" da greve. José Groff, próximo do lugar, o atende. Ele exige o fim da greve. Groff responde:

– Não tenho autoridade para isso! Quem decide é a assembleia. É ela quem delibera. Descontente, o policial chama os trabalhadores de "desordeiros" "malfeitores" e se retira.

No sindicato, Ibrahim recebe a notícia de que a greve foi declarada ilegal e que a Cobrasma e o sindicato seriam invadidos. Liga pra Neto na Lonaflex, porque pensa que a empresa ocupada também sofreria a mesma punição. Sugere que a Comissão de Fábrica se reúna rapidamente a fim de definir o que farão. Sua posição é que não deve haver confronto, pois a empresa é pequena, cerca de 350 trabalhadores, onde seria mais fácil prender as lideranças. De forma que deveriam negociar uma saída organizada, juntos, de forma a evitar prisões.

O final do expediente chega na Cobrasma. O pessoal do escritório se vai. Entre os operários em greve, muitos precisam cuidar de atividades particulares e explicam aos líderes que precisam partir. Pulam o muro para sair da fábrica. Alguns militantes combativos, mais jovens, se irritam e, por molecagem, decidem colocar medo nos que estão no escritório, embarricados. Gritam bem alto, segundo Miranda:

— Vamos botar fogo nessa gasolina, mandar essa engenheirada pelos ares.

Se o grupo se diverte, o pânico aumenta junto ao pessoal que se fechou no escritório. O grupo finge executar a ameaça, mas só queimam um amontoado de estopa num canto, provocando fumaça. Eles não poderiam colocar fogo na bomba de gasolina, Groff tinha cuidado, antes, de fechar as portas do reservatório, pensando na preservação do patrimônio da empresa.

Na prefeitura de Osasco, às 18 horas, o prefeito Guaçu Piteri está de volta de uma reunião no interior do Estado, quando recebe um telefonema do governador Abreu Sodré:

— O que está acontecendo na sua cidade?

Sodré estava disposto a intermediar a situação para evitar o confronto. Ele pede um prazo de 24 horas ao governo federal, mas não o obtém. Segundo Guaçu, o ministro Passarinho se encarrega pessoalmente das operações e dá ordem de intervenção em coordenação com o comando do II Exército e a Polícia Federal. Ibrahim relembra assim, nos Cadernos do Presente, o que ocorreu na sequência:

> A repressão chegou com a noite. A tropa de choque da Força Pública entrou em Osasco trazendo cavalaria, tatus, brucutus e atuando em consonância com o Deops e passando a controlar todas as saídas da cidade. Os soldados cercaram as fábricas ocupadas, exigindo que a massa saísse.

A repressão era prevista, mas não com essa rapidez nem com a amplitude da operação e o aparato militar deslocado. Primeiro ela atinge a Lonaflex, por volta das 20h, onde Neto, da Comissão de Fábrica, negociou uma saída.

A Cobrasma e o sindicato estão cercados por policiais. Os grevistas ficam sabendo pelas 20h30 que a Força Pública, com blindados e forte contingente de soldados concentrados no largo de Osasco, organiza o dispositivo de invasão. Os mais jovens como Barreto, pensam em enfrentá-los com cassetetes, em igualdade de condições. A hora é de revolta e desespero. As lideranças da Comissão de Fábrica, em especial o pessoal da FNT, liderado por Groff, acalma o jogo, explica que a greve é pacífica e que deve assim ser até o fim. O afrontamento não serviria para nada.

Os grevistas decidem permanecer na empresa. Às 21h20, começam a chegar à frente da Cobrasma os soldados da Força Pública, primeiro em caminhões, depois em Brucutus, carros de choque. Também são mobilizados cem membros da cavalaria, viaturas da polícia civil e quarenta investigadores chefiados por Orlando Rosante, para atacar às 21h40. Os caminhões da Força Pública transportam mil soldados fortemente armados, segundo o jornal *Folha de São Paulo*. As tropas estacionam ao longo dos muros da fábrica com os faróis acesos, sirenes ligadas e prontas para a ação. Aspecto de guerra que assusta os operários, que, diante da iminência do ataque, buscam formas de evitar o confronto.

Paraná, que na correria do dia não teve tempo de almoçar nem de jantar, está muito cansado. Resolve deitar no chão da casa de bombas, lugar quente, mas não tem tempo para dormir. É avisado da situação. Ele corre para a entrada, onde vê Barreto, um dos membros do comando de greve e do Grupo de esquerda de Osasco, com megafone nas mãos. Ele armado, sobe num dos vagões da sessão de montagem, o que não estava combinado. Estava há dois ou três metros dos soldados do outro lado da cerca, em companhia do comandante cheio de medalha no peito, que tinha dado cinco minutos para os trabalhadores sairem da empresa.

Megafone nas mãos, Barreto, que, como vimos, servira ao Exército, incita os soldados, numa linguagem militar, dizendo mais ou menos o seguinte:

– Soldados, posição de sentido! Aqui dentro têm milhares de trabalhadores querendo melhorar um pouquinho seus salários. Vocês estão servindo a empresa, aqui tem caras que podem ser seus pais, seus irmãos ou tios. Ao invés de perseguir os trabalhadores, solidarizem-se com eles, juntem-se a nós.

Teria pensado na história dos marinheiros que em 1963 foram prender seus colegas rebeldes em reunião proibida no Sindicato dos Metalúrgicos do Rio de janeiro e se solidarizaram? Barreto não poderá responder, pois será morto com o capitão Lamarca, pelo Exército, em 17 de setembro de 1971, na Bahia.

Para Paraná o grito de Barreto teria sido algo como *"vocês não podem invadir isso aqui, vocês são pagos pelo povo!"* Em todo caso, a cena do discurso em cima do trem é impressionante. Por um momento, os soldados vacilaram frente a um Barreto nas alturas e a massa grevista atrás. O comandante, com firmeza, dá ordem para atacar e os soldados terminaram avançando pela abertura que os Brucutus fizeram na cerca. Os soldados e a cavalaria vão entrando. Não é exatamente uma situação totalmente nova: ela que já havia ocupado a Cobrasma em 1957, no momento de outra greve por aumento de salários.

Assustados, os operários correm em procura de esconderijo. Paraná grita:

– Pra fundição.

Na casa de força, alguém apaga as luzes. Eles conheciam o local e a escuridão os protegia. A tropa de choque não tem o mesmo nível de conhecimento, mas vai entrando disparando, com rajadas de metralhadoras e bombas de efeito moral. É uma operação de guerra! "As soldadescas em enxurrada e fúria cega, animais que perseguem e mordem, saltando, correndo, batendo, ignorando os que cobrem a cabeça, tentam correr, caem..."[13]

Outra cena atribuída a Barreto é a de que ele teria acendido uma tocha e corrido em direção do depósito de gasolina gritando para os soldados: "Ou vocês param, ou vai todo mundo para o inferno!" Os soldados relutam, e enquanto isso alguns trabalhadores grevistas conseguem se esconder ou fugir pulando o muro por alguns pontos estratégicos. O ato não fazia parte da estratégia do comando de greve. Segundo a memória do Paraná,

> Na fundição tinha bomba de gasolina, de álcool e de diesel e uma pilha de tambores de álcool. A fundição era perto de onde os engenheiros estavam trancados e não podiam sair. Eles foram colocados lá e, com medo dos operários, encheram as escadas com cadeiras, mesas para evitar que a gente entrasse. Não tocou fogo na bomba de gasolina, no álcool porque não deixei. Seria uma catástrofe (...) tinha prateleira com nitroglicerina. Seria um desastre, morreriam soldados e operários. Consegui convencer a não tocar na bomba de gasolina.

Dentro da fábrica, no escuro, muitos se escondem. Para quem vem do exterior, o ambiente é assustador. Maçaricos, ponte rolante... Toninho, o 3/8, estava em cima de uma ponte rolante, de onde via a polícia entrando, devagar, em fila, com precaução, num lugar que não conhecia. "Joguei alavanca embaixo, e fugi para outro canto do prédio, pela ponte rolante". Um grupo foi para a forjaria, na qual se esconderam em aberturas por onde passam tubos de oxigênio. De cima da ponte, vê a entrada da cavalaria, e os trabalhadores saindo empurrados pelos soldados. Entre eles está o ex-presidente

---

13 Tese de Santos de Oliveira.

da comissão e membro da diretoria do sindicato João Cândido. Dali, percebe que o Dr. Roberto, do departamento pessoal, indica quem deveria ou não ser preso.

De onde estava não viu os soldados cutucando com baionetas os operários que saiam com as mãos na cabeça, empurrando-os e ofendendo-os verbalmente.

Barreto foi preso quando tentava pular o muro, momento em que começa a entoar o hino nacional com alguns seguidores, mas os cassetetes exigem silêncio. Estava armado, o que lhe valerá um tempo maior de prisão em relação aos seus colegas.

Entre 300 e 600 pessoas, conforme informa a imprensa, foram levadas para a delegacia de Osasco e alguns, os considerados chefes, a exemplo de João Cândido, Barreto, Groff, Toninho 3/8, foram levados para o DOPS. Dia de greve, noite de terror. A polícia não se contenta em desalojar os trabalhadores na empresa e procura grevistas invadindo suas casas.

Vidigal, dono da empresa, dirá em entrevista ao Sindicato dos metalúrgicos de Osasco, anos depois que, antes da greve, tinha encontrado Lamarca, que desejava conhecer os planos da empresa a fim de organizar uma defesa em caso de necessidade, como estava fazendo com as outras empresas da cidade. A intenção era conhecer os pontos estratégicos de cada uma delas. Na Cobrasma, ele vê dois: o centro telefônico e a bomba de gasolina.

Às 22h30 a fábrica está quase vazia.

Caminhões com operários presos partiram a caminho da delegacia de Osasco. Os operários soltos, assustados, aflitos, pedalam na volta para casa. Paraná saiu à pé, depois de escapar de uma triagem dentro da fábrica, com três costelas quebradas e dificuladade para andar, mas não foi para casa. Sabia que, fazendo parte dos líderes, seria procurado pela polícia.

Presidente Altino, desde à tarde, tem o transito do bairro observado, saídas controladas, o destacamento militar a postos e atento.

Lá pelas 22 horas, o sindicato continua cercado pela polícia, e o telefone recebe e fornece informações. No salão, estão em assembleia os grevistas da Granada, da Osram e da Barreto Keller, os estudantes e quem veio dar apoio, inclusive o deputado do MDB David Lerer (que mais tarde foi ao bar comprar sanduíches para todos, mas é impedido de voltar a entrar) e parte da diretoria. Ficam sabendo da invasão da Cobrasma, dos acontecimentos. A decisão de intervenção no sindicato já tinha sido tomada.

O que fazer diante do quadro? Evacuar o sindicato de forma que o interventor possa tomar posse? A assembleia decide que não, que as principais lideranças sairiam para não serem presas e poder dar continuidade ao movimento, enquanto que, outra parte e o público permaneceriam no sindicato. Em texto publicado no blog de José Dirceu, Ibrahim afirmou:

> A decisão nossa era que eu e um conjunto de companheiros íamos evitar a prisão. Não íamos esperar dentro do sindicato que viessem nos prender. A gente saiu porque tinha o nosso compromisso da continuidade da greve nas outras fábricas. Tínhamos um esquema de recuar e assim tirar os dirigentes do foco, esconder. Já era o início da minha clandestinidade. Neste período eu já era ligado ao pessoal da luta armada. Eu e muitos companheiros de Osasco já tínhamos consciência de que a tendência da ditadura era endurecer cada vez mais e diminuir mais os espaços de luta democrática, aumentar a repressão.

A saída é feita pelos fundos, atravessando cercas, passando quintais, a fim de alcançar os trilhos do trem e escapar do bairro cercado. Ibrahim sai com Luisinho, seu irmão. A greve é declarada ilegal, a diretoria é destituída, ele é procurado pela polícia. Deveria procurar um lugar para ficar. Tinha um preparado, onde poderia ir com outros, no bairro de Vila Yolanda, na cidade, caso fosse necessário. Porém, sabendo que Barreto tinha conhecimento do local e tinha sido preso, o lugar foi desativado: norma de segurança. Era preciso pensar em outra solução.

Estava conversando numa esquina, pensando como sair dali, com Luisinho, após ter tomado uma "para reanimar", quando passa o fusca da *Folha da Tarde*. O jornalista o reconhece:

– Ibrahim o que está fazendo aí?
– Estou dando um jeito de sair daqui.
– Se quiser te tiro.

De esquerda, o jornalista o conhecia, tinha feito algumas matérias com ele. O irmão Luisinho quer ir junto. Ibrahim o dissuade: Promete dar notícias no dia seguinte.

O jornalista estava com a namorada. Pede que Ibrahim sente no banco de trás e faça de conta que era o namorado da moça, se por acaso cruzassem com policiais. "Se a gente for passar por alguma barreira vocês se agarram. (...) ele me levou pra casa dele, me disse "hoje é bobagem procurar pelos teus amigos, você não vai encontrar. Mas você dorme em casa e amanhã cedo você se vira", conta o sindicalista. Assim foi feito. Passaram por três barreiras do Exército antes de chegarem à casa do jornalista.

A noite é longa na casa dos Ibrahim. O cachorro Sheik, que tinha o hábito de ficar na frente do sindicato esperando pelo dondo, volta para casa sozinho. A família fica esperando notícias até tarde. Pela tarde, Amira, a irmã caçula e a mais próxima, não tinha prestado muita atenção no que estava acontecendo depois do golpe de 1964 nem se preocupava muito com as atividades do irmão no sindicato, ouve, juntamente com a sobrinha Sandra, no rádio de pilha, as informações sobre as prisões de pessoas do bairro e da cidade que conheciam. "A gente ouviu que a polícia estava invadindo a Cobrasma! Nós fomos para lá, desesperadas. Estava aquele tumulto todo! Aquela coisa horrível!", conta Sandra.

Amira diz que não imaginava muito bem como os soldados poderiam chegar.

> Achava que eles vinham de caminhão, sei lá de que jeito, de carro. E aí eu peguei a minha sobrinha, com o radinho de pilha, escutando a confusão, e nós pegamos a avenida que dá para a Cobrasma, a pé, e demos de cara com os brucutus. Três brucutus! Sem exagero. Um atrás do outro, que a rua lá é estreita. Eu falei: "Gente, pra onde vai esse tanque de guerra?!" Disseram: "Estão indo pra Cobrasma! Estão indo pra Cobrasma!"

Percebendo o perigo, corre em direção à empresa, preocupada com o irmão. Felizmente ele não está lá.. Vão para o sindicato, também cercado de policiais, e não conseguem entrar. Como viram Sheik, que o acompanhava habitualmente, deduzem que Ibrahim estava lá. Voltam para casa, onde Dona Zelvina está preocupada. As outras irmãs vão chegando, Sandra ouve a vó dizer: "Zezinho está envolvido com a esquerda". Ibrahim falava tudo para a mãe, uma pessoa inteligente, perspicaz, sensível. Mas não para o resto da família.

No dia seguinte, uma pessoa avisa a família que Ibrahim e outros estavam em lugar seguro. Quando possível, ele voltaria. Os jornais dizem: "A greve acabou, 600 pessoas presas dentro da Cobrasma, sindicato sob intervenção".

> Eu era o elemento mais procurado daquela época, por isso, sai de Osasco, deixei o sindicato. Mas os companheiros que aqui ficaram continuaram a luta, como nós sabemos. Depois da repressão e da intervenção se reiniciaram as negociações encabeçadas pelos membros da diretoria que puderam permanecer. (…). Mas eu não tive participação porque eu seria preso imediatamente. A força da minha presença era grande.

Com prisão decretada, sem condições de continuar a luta, oficialmente, cai na clandestinidade. O primo Dinho, que tinha um Gordini novo, teria levado-o para a chácara da madrinha em Amador Bueno, possivelmente com Fábio Munhoz. A madrinha, segundo Sandra, parecia cangaceira, tinha um trabuco e teria dito quando Ibrahim chegou e ficou sob sua proteção: "Ninguém entra, senão leva bala!" Ele teria ficado por lá uns dez dias antes de passar oficialmente para a clandestinidade, entrado na VPR.

A greve continua

O movimento de greve, apesar da repressão na Cobrasma e na Lonaflex, continua no dia seguinte, 17 de julho, mesmo com a repressão. Param a Brown Boveri, a Braseixos, a Cimaf e a Eternit, em solidariedade aos trabalhadores da Cobrasma. Além das reivindicações de salários, cada empresa tem as suas, como instalação de refeitório, higiene adequada no local de trabalho etc.

Luisão, que tinha sido demitido da Cobrasma três meses depois de ter terminado sua formação no SENAI, trabalha na Braseixos – depois de ter passado um tempo em empresa de São Paulo – faz parte dos grevistas. A empresa para numa cidade repleta de policiais. "Nós fomos para a frente da fábrica, fechamos o portão e a direção da fábrica, que já estava prevenida, fechou a fábrica". Deste modo, os operários vão para o sindicato. Caminhões cheios de soldados estão estacionados nas proximidades.

No sindicato, os grevistas e solidários à causa enchem o local. Roque Aparecido faz parte dos ocupantes e dirige, sem fazer mais parte dos metalúrgicos, uma assembleia. Cassados os diretores do sindicato, o interventor chega ao local às 16h30, a fim de tomar posse do sindicato repleto de militantes. Encontra resistência por parte deles, voltará no dia seguinte, 18 de julho, acompanhado da Força Pública, com 180 soldados armados de fuzis e de 15 agentes do DOPS, fazendo cerca de 120 prisões, antes de tomar posse.

No final do mês, o ministro do Trabalho teria intervido, no país, em 70% dos sindicatos com mais de 5.000 filiados, em 38% dos que possuíam entre 1.000 e 5.000 e em 19% dos que tinham menos de 1.000 sindicalizados, decapitando o resto do renascimento das oposições sindicais de 1964, segundo Macedo Couto.

Na impossibilidade de utilizar o local do sindicato, as negociações passam a ser feitas na Igreja matriz, onde a polícia também baixa e prende militantes. Os operários encontram abrigo, então, na igreja do Km 18 e, em seguida, no Sindicato dos Químicos do mesmo bairro. Sindicatos solidários se mobilizam contra o uso da força contra os metalúrgicos, pedem negociações, conseguem a mediação da Igreja católica e de membros da diretoria do sindicato que estavam presos, mas são liberados para a ocasião, além dos membros do governo e da federação das indústrias.

Os advogados da FNT, Albertino Oliva e Mário Carvalho de Jesus, assessoram as negociações e defendem os trabalhadores atingidos. "Todos os membros da comissão e do sindicato foram despedidos, sem direito à indenização, por justa causa. Por interferência do Cardeal de São Paulo, a Cobrasma resolveu pagar as indenizações para todos os demitidos, com exceção do Ibrahim", conta Oliva.

Os trabalhadores ficam presos por tempo mais ou menos longo, segundo o que os militares julgam necessário. Barreto[14] fica 98 dias preso e torturado, acusado de incitar os soldados a se juntarem aos grevistas, de ter ameaçado explodir o reservatório de gasolina e de estar armado.

Muitos, para não serem pegos pela polícia, têm de "desaparecer". Como Ibrahim, um certo número, pensando que não existia

---

14 Militante da VPR passa para o MR-8, em 1970, e morre com o capitão Lamarca na Bahia, sob balas do grupo de caça do exercito, dia 17 de setembro de 1971, com 26 anos.

mais espaço para a militância oficial, entra para a clandestinidade, na VPR. Outros, sem poder aparecer, com a polícia no encalço, vão morar embaixo de ponte, depois que o dinheiro arrecadado que lhes permitira alugar quartinho de hotel acaba.

Um fundo de greve, administrado pela FNT, a fim de arrecadar dinheiro, alimentos, roupas, para os grevistas que tinham perdido o emprego, conta com forte apoio popular, de militantes, artistas de teatro e estudantes, além de sindicalistas de outras cidades e políticos da oposição. "Quando houve a greve, houve arrecadação de fundos e parte do dinheiro chegou para a gente, do movimento dos artistas, dos estudantes. Muita gente arrecadou em nome da greve e se perdia por aí, mas alguma coisa chegou, segurou alguns meses pro pessoal comer", conta Ibrahim.

Fonte: Cedoc

A greve ecoa no Brasil inteiro, atravessa fronteiras, influencia o movimento operário, sensibiliza intelectuais... O prefeito Guaçu Piteri, em viagem ao Rio de Janeiro com um carro oficial do município, na segunda quinzena de julho, alguns dias após a greve, se emociona e se orgulha vendo as pichações nos muros: "Osasco é exemplo". Os cariocas saúdam sua presença com sinais de "joia". Os estudantes vão às ruas para incentivar os trabalhadores de outras áreas a seguir o exemplo de Osasco.

Os operários demitidos procuram emprego nas empresas de São Paulo e ABC, mas se dão conta que existe uma lista negra realizada pelo DOPS e associações de RH das empresas. Não bastava ter formação profissional sólida e ser bom trabalhador, as fichas os impedem de serem admitidos. Tiveram que ir para mais longe, contar com conhecidos, ou trabalhar por conta própria.

João Cândido ficou quatro dias preso (DOPS e Polícia Federal) e foi demitido como muitos outros grevistas. Todas as lideranças dentro da fábrica perseguidas e perderam seus empregos. A comissão é praticamente extinta. "Perdi, como outros, o emprego, mas nunca ouvi da boca de ninguém que a greve não levou a nada", completa Joaquim Miranda Sobrinho, que era diretor do Sindicato dos Metalúrgicos de Osasco no momento da greve.

Em outubro de 1968, após sair da prisão, Zequinha Barreto e José Ibrahim, clandestinos e atuando na VPR, escrevem um texto fazendo um balanço da greve no *Manifesto de balanço da greve de julho*, onde ressaltam seus pontos positivos: aumentos (Cobrasma de 15% a 35%; Cimaf, 10% etc.), indenização dos demitidos, atendimento das reivindicações específicas como: higiene, segurança, insalubridade, enfermaria etc.

Para Ibrahim, em depoimento a Rovai, a greve de Osasco foi muito mais politizada que a de Contagem, com mais reivindicações políticas.

> "A greve queria manter e expandir as comissões de fábricas, a questão da liberdade sindical. A gente dizia que só a greve derrubava o arrocho (...), não era um movimento localizado numa empresa, era um movimento que partiu do sindicato! O sindicato que organizou (...), a nossa vi-

são era parar toda a cidade! (...) Osasco tinha que ser o estopim!! Osasco ia começar.

Para Helena Pignatari, professora de muitos estudantes operários, era impossível a greve ser vitoriaosa, mesmo considerando sua audácia "muito mais audaciosa, mais esclarecida do que a greve de 1978 no ABC!", afirma ela.

Os metalúrgicos de Osasco mostraram que sabiam se organizar e afrontar a ditadura e seus soldados, e o movimento tornou-se um marco na resistência contra a política econômica do governo, que se traduzia em arrocho salarial e falta de democracia para os trabalhadores. Ibrahim pensava que a resistência era necessária, mesmo sabendo que ia ser um sacrifício. Portanto, considera que, do ponto de vista político e moral, ela foi vitoriosa.

> Conseguimos quebrar o tabu da ditadura de proibir a greve (...). Foi um exemplo pra todo o país. O governo foi obrigado a negociar, abriu-se uma brecha na legislação do arrocho salarial (...). Nós demos o exemplo, não era possível continuar a aceitar o autoritarismo do governo. A greve de Osasco foi o farol, apontou um caminho pra todo o movimento.

A greve com ocupação de fábrica assustou os patrões acostumados com uma cultura paternalista. Em depoimento de 1979, Ibrahim avaliou que a greve poderia ter adotado uma ocupação momentânea, inclusive para ganhar mais simpatia da população.

A resistência vai se reformular aos poucos, para explodir no novo centro industrial do país, a região do ABC, dez anos depois. A luta vem de longe, lembra Ibrahim. Foi possível em 1968 porque teve a greve geral em 1917. E foi possível em 1978, numa época de abertura, porque Osasco parou em 1968, quando o governo fechava. Os trabalhadores do ABC puderam continuar a luta.

A greve foi um desafio à ditadura civil militar, o maior benefício da greve é mostrar que, mesmo de forma pequena, conseguia se opor à ditadura de forma bastante contundente. (...) de repercussão nacional (...).

A clandestinidade e a militância na VPR

Cassado, com o sindicato sob intervenção, procurado pela polícia, sem alternativas de manifestação pública oficial, Ibrahim entra para a clandestinidade. Adere à VPR, organização que optou, no final de 1968, pela luta armada contra a ditadura.

Criada em março de 1968, em São Paulo, com dissidentes da POLOP – Organização Política Operária e do MNR – Movimento Nacionalista Revolucionário, composto principalmente de sargentos e marinheiros cassados e expulsos das forças armadas em 1964, a VPR obteve a adesão do Grupo de Esquerda de Osasco. Barreto e Roque são recrutados antes do 1º de Maio. Neto, um dia antes, e Espinosa, por volta de junho. Ibrahim se engajou quinze dias depois da greve, após discussão com Espinosa na casa do trotskista Fábio Munhoz. Paraná entra na semana após a greve. Saindo da Cobrasma sem saber para onde ir, cruzou com um pessoal conhecido pelos lados do cemitério do Bela Vista, em Osasco, que o levou para o Crusp, o conjunto residencial dos estudantes da USP, na Cidade Universitária. Após receber cuidados médicos, fica "hospedado" ali cerca de uma semana, protegido por militantes da VPR, que o recrutam.

A organização, em congresso no litoral paulista, em dezembro do mesmo ano, opta pela guerrilha. Em janeiro de 1969, realiza a operação "saída" do capitão Lamarca da unidade do exército de Quitaúna, em Osasco. O capitão vai dirigir a organização e realizar, em 1970, dois sequestros de diplomatas, em cooperação com a ALN (os embaixadores alemão e suíço), a fim de liberar militantes prisioneiros.

A Ação Libertadora Nacional é a outra grande organização de luta armada, criada em 1967, sob a liderança de Carlos Marighella, que, após ter participado da conferência da OLAS – Organização Latino-Americana de Solidariedade, em Havana, Cuba –, rompe com o PCB.

Ibrahim poderia ter ido para a ALN, pois conhecia pessoas que estavam na articulação dela. Esteve, aliás, com Marighella. Antes da greve, seus companheiros tinham colocado a questão do que fazer após a greve, sabendo que haveria a intervenção. Luta armada? Com quem? Marighella ou VPR? Gente do grupo achava que tinha que fechar com Marighella. Ibrahim pensava na VPR, mas pediu, ao seu contato, o Messias, uma conversa com o chefe da ALN, uma pessoa já muito procurada pela repressão. Foi marcado um encontro no centro da cidade, no bairro da Liberdade. Era noitinha, foram caminhando e conversando. Ibrahim queria saber como era a organização do grupo e suas ideias.

Marighella precisava de quadros formados politicamente para integrar a guerrilha no campo. Tinha esquema de treinamento em Cuba, e propõe que Ibrahim escolha um grupo de cerca de vinte trabalhadores para fazer o treinamento lá. Sem consultar o grupo, Ibrahim responde que não. "Nosso horizonte político não cabe ir pra fora", explica. "Queremos retomar o nosso movimento, achamos que a luta armada tem que ser articulada com o movimento de massa, junto com os trabalhadores", continua. E diz: "Eu sou solteiro, mas a maioria tem família, filhos, precisam sustentar família. Como esses caras vão passar um ano fora?"

Teve a mesma conversa com Onofre Pinto e o Roberto Gordo, da VPR, na casa do Joãozinho, em Pirituba. A organização era formada por membros menos politizados do que os da ALN, mas que, para Ibrahim, eram mais práticos e entendiam que é preciso trabalhadores para fazer a revolução. E lhe disseram: "Nós fomos milicos, temos formação militar, não entendemos de luta de massa, quem entende disso é vocês. Vocês fazem essa parte e nós fazemos essa outra. E damos cobertura para vocês atuar". Para Ibrahim, esse era o cenário "perfeito": "Na época, era o que eu queria. Ter estrutura".

A decisão foi tomada. Ibrahim reconhecia que a organização de Marighella sabia fazer ações, expropriar recursos, mas a VPR estava mais apta a se alinhar com seu projeto de continuar a luta dos trabalhadores.

Na clandestinidade, o militante recebe "nome de guerra". Ibrahim, em momentos diferentes, vai usar Pereira, Carlos ou Peninha. Foi morar em aparelhos localizados em Osasco, Carapicuíba, São Paulo, ABC... Ele fica um tempo no ABC, depois se muda para São Paulo, mais próximo de Osasco.

Na organização, monta e dirige o comando urbano, encarregado da agitação, da propaganda, da organização operária e do movimento estudantil. Pensa que a tomada do poder passa pela organização das massas, não somente pela ação armada. Figura conhecida, não pode circular muito, o faz com muito cuidado, com disfarce e mudança de penteado. Dessa forma, esteve em Osasco várias vezes para panfletar e aconselhar os colegas que continuavam nas empresas, a fim de ajudá-los na formação da chapa de oposição, após a intervenção no Sindicato. "Vinha de carro fazia o agito e caía fora", conta.

A VPR tinha três comandos: ação armada e rural; logística; e urbano. Inicialmente era dirigida pelo ex-sargento Onofre Pinto, também responsável pela ação armada encarregada dos assaltos a banco, ou "desapropriação" na linguagem dos militantes. Ibrahim vai ser responsável do setor urbano que é "independente da ação direta, da luta armada". Os diferentes comandos com estruturas separadas se reúnem neste período sob a direção de Onofre Pinto.[15]

---

15 Preso depois de Ibrahim, também foi trocado contra o embaixador americano. Os dois se exilaram em Cuba. Passou pelo Chile e pela Argentina de

O setor urbano é encarregado da coordenação das unidades regionais, dos movimentos de trabalhadores e estudantes. A VPR tem boa base em colégios e nas universidades, especialmente na USP. A intenção de Ibrahim é reorganizar o movimento e a discussão nos espaços urbanos. O pessoal da VPR entendia que precisava ter uma combinação entre ações armadas e o movimento urbano. O desafio de reorganizar as forças era grande. "Tinha muitos companheiros perseguidos, não podiam voltar para casa. Tinha companheiros que dormiam debaixo de pontes. Teve companheiro que a gente levou um mês para localizar, não tinha sido preso, se virou para ir para casa de amigos, parentes (...) mais de 200 companheiros, da linha de frente [do movimento de greve], que tinham consciência política, foi pra luta armada", conta Ibrahim.

Ibrahim desenvolve um trabalho meticuloso de juntar pessoas em aparelhos para decidir de ações. Contava com uma pequena gráfica, para imprimir panfletos, funcionando com o pessoal do movimento estudantil.

> Então, conseguimos, num prazo curto, reorganizar as forças com aparato de atuação na cidade. Aparelhos para guardar gente (...). Nosso trabalho era recontatar pessoas que sabíamos essenciais à nossa proposta e (...) recrutar outras pessoas, base de apoio, retomar contatos nas fábricas. Montamos esquema de cursos de educação política para trabalhadores. Fizemos vários em Osasco e região, na zona sul [de São Paulo] e no ABC.

Contavam com um grupo de pessoas para realizá-los. Num desses cursos, uma professora da USP tinha que lecionar para ope-

---

onde voltou clandestino com um grupo de militantes para o Brasil. Desde então se encontra desaparecido na fronteira, região de Meridiana, provavelmente assassinado com os companheiros pela repressão. Ver "Onde foi que vocês enterraram nossos mortos", de Aluízio Palmar, 2005.

rários da região da Pedreira, em Santo Amaro. De família rica, elegante, bonita, quis saber como se vestir e se apresentar para os trabalhadores. "De forma simples", lhe explicaram.

Então, ela foi ter com a empregada e lhe pegou emprestado suas roupas. A empregada não entendeu nada, mas a professora não pôde explicar.

Trabalhando desde sua entrada no grupo, em meados do segundo semestre, Ibrahim já contava com cerca de 120 quadros, ou seja, pessoas preparadas para as mais diferentes ações. A ideia era montar um movimento de massa forte, que desse respaldo às ações armadas. Assim que cumprisse a etapa em São Paulo, Ibrahim deveria ser substituído em sua função, de forma a poder fazer o mesmo trabalho em outros estados, começando por Minas Gerais, onde tinha contato com os metalúrgicos.

Em outubro, no momento do XX Congresso da UNE, em Ibiúna, Ibrahim decide encontrar José Dirceu, a fim de obter o dinheiro arrecadado pelo movimento estudantil, em nome dos grevistas, que não havia sido ainda repassado. Ibrahim recebe pressões de companheiros para cobrar o líder da dissidência estudantil comunista de São Paulo. "Na minha desconfiança é que, como eles eram um grupo, precisavam também de dinheiro pra fazer as coisas deles. Não que embolsaram de forma desonesta, mas guardaram porque também precisavam de dinheiro (…), mas não achei justo. O dinheiro foi arrecadado em nosso nome".

O mensageiro volta dizendo que Dirceu respondera que não tinha satisfação para dar a ele. Ibrahim acha a resposta malcriada, e como estava chegando a data do Congresso da UNE, e a VPR decidira apoiar o pessoal de Minas para as eleições, chapa que tinha o apoio do Colina, ele iria ao congresso denunciar o comportamento do Dirceu, o que poderia ser decisivo para ele. Então foi organizado um comando armado para levá-lo até Ibiúna. Tinha o Bacuri, apelido de Eduardo Leite, e dois outros. Bacuri dirigia o carro e o comando. Chegando perto, aguardam o momento em que o plenário montado, o pessoal de Minas anunciasse sua presença e sua fala. "Então, desceria o cacete no José Dirceu".

Entretanto, uma pessoa da VPR que estava dando cobertura na estrada avisa que tropas do Exército estão se aproximando. "Naquele momento o Bacuri decidiu "vamos sair" (...). Saímos. Vimos tropas cercando o lugar para pegar todo mundo. Conseguimos sair". Um pouco mais e seriam todos presos com o carro cheio de armas.

Mais tarde, conversando com José Dirceu, que também foi liberado na negociação do sequestro do embaixador, Ibrahim chegou à conclusão de que era difícil ter o controle da arrecadação. Todo mundo arrecadava para a greve de Osasco, e não era possível Dirceu saber exatamente quanto foi arrecadado e quanto tinha de ser repassado.

José Barreto, que depois da saída da prisão se junta à VPR, conhecendo a família Ibrahim, por vezes, durante este período de clandestinidade, tarde da noite, atravessa a porteira do quintal, sabendo que o terreno dá acesso aos dos tios e avó na rua dos fundos. A família de Ibrahim deixava lanches para ele. Por vezes, pedia pão com ovo. Parte ele comia ali mesmo, parte levava para os outros – Amira, que conta essa história, nunca soube para quem.

Em dezembro de 1968, o governo militar instaura o Ato Institucional n°5, diminuindo ainda mais as liberdades individuais, eliminando o *habeas corpus*. A partir de então, as polícias podem prender e coagir os cidadãos de forma ainda mais arbitrária. O governo pode destituir, licenciar, aposentar funcionários de empresas públicas e de universidades; colocar fora de combate, reformar militares e membros das polícias militares. O regime passa a ter poderes quase absolutos para punir arbitrariamente aqueles que considera inimigos. São anos de chumbo que se iniciam com prisões, torturas e mortes.

No congresso da Praia Grande, em dezembro de 1968, a direção da VPR opta pela lua armada. Em janeiro de 1969, ela recebe a adesão de Carlos Lamarca, que tinha voltado ao 4º Regimento de Infantaria do Quartel de Quitaúna em 1965 e fora promovido a capitão em 1967, onde criou a célula clandestina dentro das forças armadas, com ligação com Onofre Pinto e Roberto Gordo.

Sentindo que a situação não podia mais durar, que estava correndo riscos importantes, Lamarca enviou a mulher e os dois filhos para Cuba (com a ajuda de Marighella, em setembro de 1968) e decide intensificar sua participação na VPR. Organizou sua deserção para o dia 26 de janeiro de 1969, mas parte com o sargento Darcy, o cabo José Mariani e o soldado Roberto Zanirato dois dias antes, já que o plano fora descoberto, levando numa Kombi do exército tudo que pôde colocar dentro: 63 fuzis FAL, algumas metralhadoras leves e munição, bem menos do que pretendiam.

Sai "expropriando" armas do quartel para a luta armada. A organização tinha planos de ações de grande repercussão, como jogar morteiro no Palácio do Governo no Morumbi ou o sequestro do governador Abreu Sodré. A intenção era criar um caos. Ibrahim é contra. "Seria desencadear uma reação desproporcional com nossa capacidade de resistir". Para ele, era um erro estratégico, uma loucura naquele momento. "A repressão não vinha somente pra cima de nós. Eles iam aproveitar isso aí e fechar o pouco de espaço que tinha. Seria do ponto de vista político um retrocesso. Todo mundo seria atingido, inclusive os setores avançados da burguesia, o MDB, a oposição consentida. Era fortalecer a linha dura, um tiro no pé!" Se opôs, discutiu com os setores aos quais tinha acesso a fim de convencê-los que as ações deveriam ser adiadas até que tivessem condições mais favoráveis. A decisão de se opor foi tomada em uma grande reunião com pessoas de seu setor, realizada num aparelho no ABC.

À procura dos militantes

Oito dias depois da greve, a polícia, na procura de Ibrahim, vigia a casa dos pais durante 40 dias. Amira conta: "Tomou conta da minha casa. Fizeram mil perguntas pra nós, para o meu pai. Eles queriam saber sobre a participação do meu irmão numa organização, a VPR. A gente não sabia mesmo, mas, se soubesse, com certeza, a gente não ia falar nada! Queriam saber se ele mantinha nossa casa com dinheiro de algum lugar". Situação desagradável, o pai, sem poder agir de outra forma, brincava. Oferecia até café pros "filhas da mãe".

Um cartaz de procurados pela polícia, Ibrahim é o do centro, ao lado de Devanir José de Carvalho, do MRT – Movimento Revolucionário Tiradentes, 1968-1969.

A família de Ibrahim teve menos problemas com os militares do que outras. Somente uma das irmãs, a Ana, seria presa, por 24 horas, ainda assim mais tarde, depois da festa que fizeram para o aniversário de Ibrahim na prisão Tiradentes. Ela era funcionária, trabalhava na Receita Federal, onde disse que sabia que o irmão seria liberado em troca do embaixador. Como tudo era policiado, vigiado, "dois policiais chegaram à paisana, e simplesmente retiraram ela de lá. Disseram: 'Você está presa!'. E ela: 'Como estou presa?!'. E eles: 'está presa!' Levaram-na para a rua Tutoia, onde fizeram muitas perguntas, uma pressão psicológica. A família ficou sabendo porque um amigo a viu num carro de polícia na Rua Antônio Agú, quando ela pediu para avisar a família. Não levaram pai nem mãe de idade avançada.

Zelvina, sabendo o que a polícia fez com a família do Roque e outras, fez um buraco no quintal, onde queimou e/ou enterrou as coisas do filho. Mas nunca entraram na casa da família, somente vigiavam e seguiam os membros da família.

A família de Ana Gomes também era vigiada. Ela foi uma das três mulheres presas no sindicato. Trabalhadora da Osram, foi liberada após ter explicado que estava lá por acaso, tinha ido procurar o irmão, pois sua mãe estava muito preocupada. Eram militantes, juntamente com seu irmão Osni, Mauro, membro da Comissão de Fábrica da Lonaflex e o Neto, Manoel Dias do Nascimento. Todos entraram na VPR. Ana namorava Roque Aparecido, com quem se casa em outubro. Ela entra então na clandestinidade, vai morar num aparelho e militar tempo integral na VPR.

Na casa de Ibrahim, Amira, após ter descoberto que o irmão era de esquerda, o vê como um herói. Não tem noção do que isso significa, do perigo que ele corre, do sofrimento que a família pode ter. Em depoimento a Rovai, ela conta:

> "Eu achava que ele estava lutando pelos direitos dos operários, das pessoas mais fracas. Não tinha a ver com guerrilha. Isso para mim era uma atitude nobre dele! Por isso que eu gostei! Mas depois veio o resto e eu vi que o negócio era mais difícil. E a minha família recebeu tudo isso muito bem, tirando dois cunhados. Eles eram chefões da Cobrasma. Eles queriam morrer! «Não, não é meu cunhado»! Para os outros, meu irmão era um terrorista, que sequestrava e matava.

Os vizinhos apoiavam a família, mesmo não entendendo direito a situação. "Receberam aquilo como uma coisa que aconteceu conosco e que poderia ter acontecido com eles".

A prisão

Clandestino por mais de seis meses, Ibrahim viveu em vários "aparelhos", e outros lugares, inclusive na casa de sua irmã Terezinha, no bairro osasquense do Campesina, por cerca de uma semana. Somente Terezinha, sua sogra, o marido Edson (que trabalhava na Cobrasma) e Zelvina sabiam que ele se encontrava escondido num quarto dos fundos.

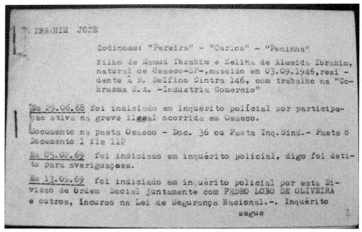

Fonte: DOPS, 1969.

Quando foi preso, no domingo, dia 2 de fevereiro de 1969, morava no aparelho da VPR, um sobrado, do bairro paulista Caxingui, próximo ao Butantã, com o casal Roque Aparecido da Silva e Ana Gomes. Eles tinham um sistema de aviso se houvesse perigo. A luz de cima estaria acesa se houvesse problemas e apagada se tudo estivesse tranquilo. Na noite de sua prisão ela estava acesa.

Teve um dia cansativo. Reuniu-se com Espinosa pela manhã e devia encontrar Roque na hora do almoço. Escapou de dois cercos e procurou moradia para uma companheira que teve seu aparelho caído. Foi levá-la na casa "de uma pessoa que era simpatizante da organização: "Quando cheguei lá a polícia estava interrogando a pessoa. Era a Lélia Abramo". Teve que procurar outro lugar. Também teve notícias de prisões de companheiros. Estava voltando para casa, à noite, muito tenso, estressado.

Rui Valdir Zarapuco ofereceu a Ibrahim carona após uma reunião na região do ABC. Levou-o até um determinado ponto, já que, por questões de segurança, não podia saber onde ele morara. "No caminho, Ibrahim conta que está preocupado com uma possível queda de Roque, pois ele não apareceu no ponto da hora do almoço. Rui combina com Ibrahim que ia tomar um café e esperar que ele fosse em casa e voltasse para dizer que tudo estava bem.

– E se você não voltar?
– É porque o Pereirinha se fodeu.

Combinado. Ibrahim, o Pereirinha, segue seu caminho. Como de costume, para no bar da esquina para se inteirar do ambiente. O Corinthians tinha jogado. Ibrahim pergunta como foi a partida. Já era conhecido por ali, pede um Velho Barreiro. "Tinha fome, não tinha comido nada naquele dia por causa da correria. "Tomei minha cachacinha, saí pra fora com o copo na mão, e a luz estava acesa". O cansaço faz Ibrahim se confundir com o sinal. Ou acreditar que Ana tinha se confundido. Em entrevistas, deu essas duas versões para o episódio. "Na verdade, não quis acreditar. Estava querendo chegar em casa, tomar um banho e cair na cama. Cheguei, fui me aproximando, estava normal. Na casa geminada, o vizinho estava com a vitrola no jardinzinho, a moçada escutando música. Dei boa noite, peguei a chave e fui entrando na casa. Quando meto a chave na fechadura, abriram a porta, já foram me agarrando, me puxaram pra dentro de casa".

Roque estava lá, sentado na poltrona, algemado, todo machucado. Tinha sido preso de manhã e mostrava marcas das violências sofridas o dia todo antes de "abrir" o aparelho onde morava com Ibrahim e Ana. Preso, não pôde comparecer ao encontro marcado ao meio-dia. Era um indício que poderia ter sido preso, já que encontros desses eram cumpridos à risca.

Preso pela manhã num ponto de ônibus do bairro, Roque sabia que Ibrahim estava numa reunião, que ia ficar fora o dia inteiro. Então pensou que deveria ir logo para casa, não sabendo quanto tempo iria aguentar as torturas policiais. Abriu o ponto. Em casa, Ana está. Faz uma representação. Já dissera aos policiais que sua mulher não sabia nada de sua militância. Em casa, faz um drama, pede desculpas à esposa, diz que a tinha enganado, "confessa" a militância clandestina. Ela, na frente dos policiais, demonstra raiva, "Como é que você faz uma coisa dessa?", reclama. "Enfim, os caras revistaram a casa não tinha nada lá, a gente não deixava nada lá comprometendo: armas, documentos... Revistaram a casa, não tinha nada, foram embora comigo". Deixam Ana livre. Ela tem tempo de acender a luz e deixar o sinal de perigo ligado para Ibrahim.

Roque tem uma versão um tanto diferente sobre o episódio. Segundo ele, Ibrahim viu a sinalização de perigo, uma toalha na janela, a cerca de 200 metros da casa. Ao se dar conta da provável prisão de Roque, não encontrou forças para resistir. "Já estava tão mal psicologicamente que não fugiu. Na verdade, ele se entregou sabendo que o aparelho tinha caído. Pensou, pensou, 'eu não aguento mais essa vida, vou chegar aí, ser preso e acabou'".

Ibrahim e Roque são os primeiros da organização a serem presos. Seguiram Onofre Pinto o Diógenes Oliveira, do setor da logística. No momento da prisão, Ibrahim faz parte do comando geral da VPR, com a responsabilidade do comando urbano. O comando geral neste momento é assegurado por Lamarca. Luisão, clandestino, tem informação da prisão e das torturas.

As torturas começaram ainda na residência, continuaram na Rua Tutoia, edifício de três andares próximo ao quartel, no bairro Paraíso, na região do parque Ibirapuera. Também continuaram no DOPS. Como era um dos comandantes, a repressão queria saber onde estava Lamarca e os outros. "De certa forma já tinha me preparado psicologicamente para uma situação dessas. Tinha convicção de não falar, como de fato aconteceu", diz Ibrahim.

Quando o estavam levando da casa, passando na frente da Padaria Flor do Caxinguie um dos policiais falou: "Acabou sua carreira de agitador, de terrorista". Passando na Padaria Flor do Caxingui. Aqui, vale a pena registrar um depoimento mais longo de Ibrahim:

> – Olha, já que acabou minha carreira de agitador, de terrorista, eu gostaria muito de comprar um maço de cigarros – na época fumava Continental sem filtro – e tomar um conhaque. Aí o cara que estava com eu do lado disse: "Cara folgado, acabou de ser preso e está querendo tomar um conhaquezinho e comprar cigarro!" Logo em seguida, o cara que estava dirigindo falou assim: "Olha, eu acho que a gente podia parar porque também estou precisando comprar cigarro e está meio frio, aí podia tomar uma". Peguei e falei logo: "Ali na frente tem uma padaria". Aí eles resolveram parar. Estava algemado. Botaram um casaco na minha mão. E disse: "Não faça nenhuma gracinha". Eu falei: "Estou preso, como é que vou fazer uma gracinha, estou algemado". Aí entramos, pediram um continental e um Dreher. Eu falei: "Dreher não, eu quero é São João da Barra". Aí o cara, o dono da padaria, me deu um São João da Barra. Eu tomei, acendi o cigarro, o cara me acendeu. Aí eu raciocinei. Aqui já me fortaleci, recuperei meu equilíbrio, agora estou firme para enfrentar qualquer parada.

Foi direto para a tortura. Tomou choques elétricos, foi para o pau-de-arara. Ficou quebrado: costela, braço. "Teve muita gente que me viu assim e dizia: "Esse cara, eu era muito magrinho, muito franzino, não vai aguentar, vai morrer". Quando eles me colocavam na cela, eu não aguentava ficar em pé".

O cerco em torno das organizações tinha começado a se fechar, porém Ibrahim – que era procurado pela polícia, depois da greve – pensava que demoraria a ser preso, já que dispunha de muitos lugares para se esconder e a polícia não tinha informações sobre o seu paradeiro.

Porém, a busca por ele pela polícia é intensa. Como é responsável pelo comando urbano da organização, acaba sendo obrigado a se expor. A prisão de uma pessoa que tinha sido seu segurança e que não pôde "segurar a onda" foi fatal. Estava nas mãos do exército e do Fleury.

Ana Gomes conseguiu se safar após a encenação da "jovenzinha recém-casada" que não sabia de nada. Com 21 anos e cara de criança, os policiais a deixam em casa. Não sabiam que a casa de seus pais em Presidente Altino era um lugar onde os grevistas costumavam se reunir, onde o Barreto, entre outros, frequentava. Ana não conhecia a família de Ibrahim. Vai conhecê-la e avisar que ele tinha caído.

Roque foi preso, assim como seus irmãos João, Liceu e José. João foi baleado, após perseguição. Entrou num taxi, pediu para o motorista leva-lo para a casa de sua irmã Iracema, enfermeira, na Vila Isabel. "Só que o motorista, sem que ele percebesse, ligou o pisco alerta do carro. Depois foi à delegacia mais próxima e fez a denúncia. A minha casa era nos fundos do quintal. Alguém bateu na janela, às onze e meia da noite. Era o João: 'Iracema, me acuda!'", conta ela.

A polícia apareceu e levou os irmãos João, Liceu e José, além do pai e do marido de Iracema, Adolfo. Iracema ficou em casa como isca, caso aparecesse mais gente. João, assim como Iracema, não era metalúrgico, mas apoiara a greve. A família era amiga de Barreto, que tinha a chave da casa de sua mãe.

Não apareceu ninguém, e Iracema acabou sendo levada para o DOPS e, depois, para oQG do II Exército no Ibirapuera. "Perguntavam quem era o médico que prestava socorro, para quem eu costumava dar os primeiros socorros... 40 horas de interrogatórios ininterruptos!... E eu sem comer, sem beber e sem dormir. Um jogo de enlouquecer! Tive que fazer tratamento psicológico".

O pai trabalhava na pocilga do quartel, era veterinário e deu depoimentos a um tenente que considerou que ele não tinha nada a ver com o que estava acontecendo. "Soltou meu pai, meu marido e eu. O Zezinho e o Liceu ficaram presos". Iracema é solta na madrugada. Sobe à pé a avenida Brigadeiro Luís Antônio, em direção à Paulista para pegar o ônibus e voltar para casa. "Quando eu ia chegando, vi minha filha sozinha.. Estava indo. Ninguém tomou conta dela! Isso tudo foi terrível. Os militares ficaram três meses vigiando minha casa".

João ficou preso por 57 dias, sob tortura. Queriam informações sobre Lamarca, mas também de outras lideranças. Muito mal, foi levado para o hospital do exército, onde Iracema conseguiu visitá-lo. "O pior momento foi esse encontro. E ver o João em pele e osso no hospital antes de ele morrer". Morreu nas mãos dos militares. Iracema consegue que o corpo fosse velado em casa.

"Um terror o que fizeram com a gente!", lembra ela. A casa é inteiramente revistada. "Jogaram tudo quanto é livro, tudo quanto é papel, tudo quanto é roupa de gaveta. Jogaram tudo, reviraram tudo! Na casa da mãe, a porta foi aberta com um machado.

Antes, Iracema tinha levado, numa mala, para a casa da sogra, panfletos, livros e tudo o mais que pudesse ser considerado aos olhos da polícia. Colocou-a sob a cama. "Minha sogra nem imaginava o que era aquilo. As coisas que achei que complicavam mais a vida dele, queimei. Havia um terreno do lado de casa. Lá, eu fiz a fogueira".

Passaram por muitas dificuldades. João morto, Roque na prisão. Liceu e José, o mais novo, de cerca de 15 anos, foram liberados. Liceu, que trabalhava no setor de planejamento da Brown Boveri, perdeu emprego e estava para ser despejado. A mãe, doente, foi internada. "Não havia dinheiro. Meus dependentes no convênio tinham que pagar à parte. Ela ficou 95 dias internada, sem saber de nada, e eu levei dois anos para pagar a conta. Fui atrás do INSS do João. Pensava nos direitos do meu pai e da minha mãe. Prestei concurso de inspetor de aluno para poder manter as despesas".

Osny Gomes, irmão de Ana, vai para o Rio, enviado pela VPR. Depois, por sua conta, segue para o exílio. Ana foi presa, mais tarde, por nove meses, no presídio Tiradentes. Solta, parte para o exílio, inicialmente no Chile. Sua mãe guardou o violão de Barreto, que não foi possível voltar. Somente 30 anos depois a mãe pôde entregá-lo a Odorico, seu irmão. Ana se lembra sempre dele com seu violão e as chinelas havaianas no pé.

A procura do filho

O sofrimento da família Ibrahim começa. Sabendo da prisão do filho, a mãe e a filha Amira partem à sua procura. "Durante os primeiros quinze dias ninguém sabia da minha prisão. Para efeito da polícia, eu não estava preso. Só depois é que começou a sair nos jornais", após mobilização da igreja procurada pela família.

Elas pegam o trem descem na Júlio Prestes e pegam a direção do DOPS. E lá, sempre a mesma resposta: ele não está. Sandra, a sobrinha, quando pode, acompanha a tia e a avó. "Quando ele foi preso, nós passamos vinte e oito dias, eu, minha tia Amira, minha mãe e minha avó, atrás dele. Chegávamos na Polícia do II Exército na rua Tutoia, eles diziam: 'Não está aqui'. Chegávamos no DOPS, 'Não está aqui'. Assim, ficávamos andando de um lado pro outro".

> Houve uma vez em que eu e minha mãe estávamos lá no exército, não sei bem onde é, lá no Ibirapuera! Aí nós entramos. Mandaram a gente parar. Veio um cara e mandou a gente parar. Mas nós continuamos. E ele perguntou: "O que é que vocês querem?". E nós: "Nós queremos o meu irmão! O meu irmão Ibrahim". Ele respondeu: "Vocês parem aí, se não nós vamos te metralhar!». Eu parei e minha mãe seguiu!! Eu peguei a minha mãe e nós paramos!! Aí colocaram a gente numa gaiolinha, num negócio lá, numa casinha e ficaram fazendo um monte de perguntas. E disseram: "Ele não está aqui! Vocês nunca mais enfrentem um quartel! Por pouco vocês duas não foram fuziladas!", contou Amira a Rovai.

Um dia, à tarde, Sandra e Amira estão no bar de Mahmoud que, já nos seus 70 anos, tinha o hábito de tirar uma soneca das 13h30 até as 15h, mais ou menos, quando o movimento estava calmo, deixando as duas moças no seu lugar. Não gostava que elas ficassem no bar quando tinha gente bebendo, mas nos momentos mais traquilos, não tinha problema. Lá pelas 15h ele acorda, momento em que Zelvina tem o café e bolo prontos para o lanche. Um moço pergunta:

– É aqui a casa dos pais do José Ibrahim?

Zelvina, quando ouve o nome do filho, corre ver o rapaz.

– Vim porque ele estava muito desesperado, querendo que a família soubesse onde estava.

O rapaz diz que o filho está vivo, na polícia do Exército. E lhe dá um bilhete que Ibrahim havia escrito. "Quando estava na Tutoia, um soldado jovenzinho recruta chegou pra mim: 'Puxa vida! Eu acompanhei. Meu pai também era metalúrgico, morava na Lapa. Meu pai falava muito de você. Fiquei muito triste'". Um dia, quando estava de guarda, o rapaz perguntou o que poderia fazer para ajudá-lo. Ibrahim queria mandar um bilhete para a mãe. Escreveu, deu-lhe o endereço e pediu cuidados, porque a casa poderia estar vigiada. No bilhete disse onde estava e as providências que tinha que ser tomadas. O soldado embrulhou direitinho e colocou no sapato. Quando voltou num outro dia, estava contente, a missão fora comprida.

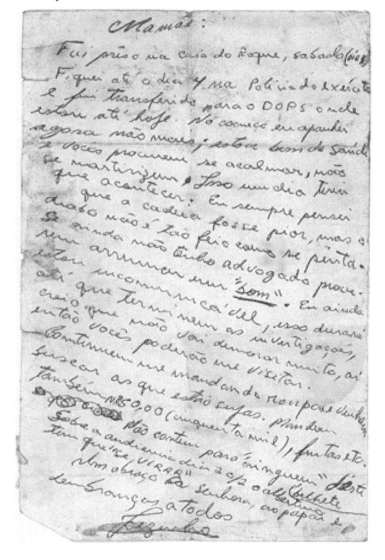

A família nunca soube o nome dele. Zelvina queria tanto poder agradecê-lo, porque era um sofrimento muito grande. Já velhinha, ia de um lado para outro, sem saber se o filho estava morto ou vivo, quando sabia que estavam matando e torturando muita gente.

Voltam à rua Tutoia, mas sempre a mesma resposta: "Não está!" Até que um pracinha do II Exército diz, tomando cuidado para ninguém perceber, para esperá-lo num bar próximo que queria falar com elas. Lá, disse-lhes que Ibrahim estava no DOPS, que teriam que bater o pé, insistir. "Fomos lá, quase fomos presas". Por fim, alguém reconhece: 'Ele tá, quem falou?'"

Depois da prisão, Ibrahim fica incomunicável por um certo tempo, sem direito à visita de advogado, de família, de ninguém. Só sai da cela pra interrogatórios. Uma prisão não legalizada. A polícia quer saber muito dele, com o objetivo maior de capturar Lamarca. Segundo Sandra:

> A gente já estava, assim, desesperada! (…). Aí teve um dia, que estávamos eu, minha tia Amira e minha avó… Minha avó era de idade… sabe?! Naquele dia, a gente estava tão desesperada, que a gente começou a chorar muito! Eu e ela! A gente começou a chorar muito! E aí

veio uma pessoa que veio me paquerar, Júlio de Campos! Me paquerar! Ele era investigador. O pai dele era delegado. Ele ficou com dó de ver a gente, de ver minha avó... Aí falou que ia lá no quarto andar, que tinha um delegado... aí o doutor Ricardo, que era um delegado, desceu e veio falar com a minha avó e com minha tia. Disse: "Olha, seu filho está aqui, seu irmão está aqui. Só que ele está incomunicável. E não sei quanto tempo ele vai ficar aqui. Mas está aqui. Agora, se vocês quiserem, podem fazer um bilhete que a gente entrega, pra ele saber que vocês estiveram aqui."

Cada uma escreve um pouquinho. "Escrevemos: 'O papai está bem. O vovô está bem'. Essas coisas assim... 'Você está bem? Fica tranquilo. Está todo mundo bem. A gente vai vir aqui sempre!" Zelvina e Sandra também escrevem poesias para ele.

Amira escreve: "Graças a Deus a gente te encontrou. Nossa! Foi muita luta pra te encontrar. Espero ver você logo. Nós estamos do seu lado. Nunca vamos largar você! A gente vai estar te ajudando. Você vai sair dessa". Amira conta que a família já imaginava o que ele estava passando. "Ele já tinha sido muito torturado! (...) Ele escreveu. Escreveu dizendo que estava muito bem... Imagina que o bilhete dele não passou por trinta, né?! Que era pra gente não se preocupar." Ibrahim também conta quem são seus companheiros de DOPS. "Isso foi muito bom! Porque a gente já contou para a tropa inteira, para a família inteira que ele estava ali! Ele fez já de propósito. 'Está aqui o Roque, o filho de Júlio Medáglia, o marido da Marilia Medalha'. E aí a gente foi repassando esses bilhetes para as famílias."

A família tem agora a certeza que ele estava vivo. Às vezes, elas ficam o dia inteiro lá para entregar alguma coisa e receber um bilhetinho. Tudo é revistado e provavelmente lido. As boas coisas que levam, como geleia de uvas e quibe, "desaparem". Elas veem horrores. Um dia, em que esperam a possibilidade de ver Ibrahim, veem

Roque descer todo machucado. "Esse dia foi muito triste! (...) O Roque me abraçou muito, muito!... Eu não consigo nem falar!... (...). Eles deixaram ele me abraçar! Deixaram porque não esperavam, sabe?". Sandra tem cerca de 14 anos e Zelvina já está pelos 67. "Eles [os policiais] ficavam assanhados. E a gente aproveitava e se enfiava em tudo quanto era canto! E nesse dia, o Roque veio todo machucado!" Outro dia, desce uma moça toda machucada. Ela sangra por baixo. "Com o Júlio César, que me paquerava". A moça, que mal conseguia ficar em pé, pedia "pelo amor de Deus para ir ao banheiro". "E aí levei ela ao banheiro... E ela não conseguia falar. Ela dizia: 'Olha, me machucaram muito, muito!! Olha como eles me machucaram!!'", lembra Sandra, em depoimento a Rovai.

A família de Roque procura-o. Inclusive no DOPS onde ele está incomunicável. Fica nessa situação por cinco meses e dezessete dias. "Tinha um delegado, no quarto andar do DOPS, que deixava o Roque escrever bilhetes, mas mandava revistar tudo. Do Roque não vi nem sombra! Só bilhetes", explica a irmã Iracema, que numa das esperas para obter informações do irmão, viu Ibrahim. Ele estava no elevador da sala de tortura "com os tiras": "Estava branco, branco, branco! Magro!".

Um dia, Sandra, Amira e Zelvina são chamadas para ir ao tal quarto andar, onde ficavam o delegado Milton Fernandes, o delegado principal e o Gabim. "Era o andar das torturas. Ficamos nervosas, sem saber o que ia acontecer. Chegando lá, delegados, investigadores, o café. Pediram pra gente sentar e oferecem café. Com álbuns de fotograia em mãos, pedem para a avó olhar as imagens e identificar os amigos do filho. "Minha avó pega o álbum, eu sentada de um lado, a tia Amira do outro, vendo as fotos e não podia deixar passar nenhuma expressão". Vários ela conhece: Roque, Espinosa, Barreto. Zelvina olha e termina sem dizer nada. "Dá mais uma olhadinha", pedem os policiais. A avó olha e responde: "Moço, vou falar uma coisa pro senhor, meu filho é tão bom que todo mundo é amigo dele. Agora não tenho como falar pro senhor aqui". "Minha vó era muito esperta. Eles ficaram olhando pra ela com aquela cara de besta, aqueles cabelos branquinhos, pequenininha, toda curvadinha, falando todo mundo é amigo do meu filho. Não tem inimigo, não", lembra Sandra. Ela conta outro episódio de forte tensão:

> Passando um certo tempo, sabendo que o vô estava doente, Dr. Milton chamou a gente na sala dele. Entramos. A gente nunca sabia o que ia acontecer, o que iam falar... as três sentadas naquele sofá enorme de couro, ostentação. Vocês fiquem calmas, vou trazer um café pra vocês. Minha vó começou a ficar desesperada, eu comecei a chorar.

A notícia, no entanto, é boa. O delegado disse: "Pode vir aqui a semana que vem. Pode vir a família todinha, que vocês vão ver o Ibrahim". Depois, a família entende porque não podia vê-lo antes: o torturado tinha de se "refazer" antes de ser reapresentado aos familiares.

Por fim, revê-lo! Partem com muitas sacolas, cheias de comida e roupas para ele e os amigos. As três mulheres, Zelvina, Amira e Sandra, são baixinhas, mas pegam o trem com sacolas enormes. "Os vizinhos mandavam coisas: 'Olha, manda isso aqui pro Zezinho! Manda esse bolo pro Zezinho!' Mandavam bilhete, oração", conta Sandra.

Ao chegarem, uma sala enorme. Segurança por todos os cantos. A maior parte da família está lá. Ibrahim entra algemado, ladeado por três guardas. O delegado pede para que as algemas sejam retiradas e dispensa os guardas. Com as portas fechadas, a família pode se jubilar: "Foi uma alegria tão grande! Tão grande! E foi abraço daqui, e foi choro de lá... E a gente revistando ele pra ver se estava inteiro. Ele dizia: 'Eu estou bem, menina! Estou bem, graças a Deus! Aqui eles me tratam bem'".

Ainda que refeito, Ibrahim está num estado físico deplorável, braço quebrado e problemas nos joelhos. Não sabe exatamente por quanto tempo ficou sob tortura. Teve um momento que eles pararam. Soube depois que a mãe foi falar com o cardeal de São Paulo Dom Evaristo Arns, que se mobilizou. "Entrou em contato com generais para pedir em meu favor", conta Ibrahim. A própria VPR faz contatos políticos para tentar preservar a vida de Ibrahim. "O perigo era matar, morrer na tortura". Mas eles pararam. Parece que veio uma ordem, 'chega, já bateram demais nesse aí. Chega!' E eu falava pra eles: 'Todo mundo já sabe que eu estou preso'. Eu abria pontos, que tinha um encontro com dirigente com fulano em tal lugar, assim, assim. Ponto frio era uma forma deles me tirarem dali (…) quando achava que não ia segurar mais".

Num determinado momento da tortura, Ibrahim achou que corria o risco de começar a a falar coisas. O medo de fraquejar o fez traçar um plano. "Resolvi que não ia denunciar companheiro para passar a mesma coisa que estava passando. Não suportaria, não era do meu feitio", explica. Então, decide se atirar do viaduto Major Quedinho. "Disse que tinha um ponto lá. Eles organizaram todo o esquema para pegar a pessoa no viaduto". No caminho, Ibrahim tem dúvidas. Pensa: "Eu tenho 22 anos toda uma vida pela frente! Quem sabe não é a minha hora, quem sabe aguento mais um pouco?" Estava no dilema quando o levam para o ponto. Pensa na mãe, irmãos, tudo que ia deixar. Em dez minutos de reflexão, decide não saltar. Chegam ao local do ponto fictício. Com tanto tempo passado depois da prisão, as pessoas sabiam que ele caíra, seus pontos estão suspensos. É a desculpa que vai dar aos policiais.

Mas aí passa alguém que o reconhece. Um vizinho de Presidente Altino, colega de infância, passando por acaso. Brincando, o cutuca, pergunta o que estava fazendo ali. Ele não sabe que Ibrahim está preso. "Eu falei meu, você acabou de se foder. Todo mundo em cima dele. Aí já levaram pra um canto, revistando", conta. "Aí falei 'pô! esse cara não tem nada a ver, é fulano de tal, mora no meu bairro. É filho do dono da lavanderia":

Os caras não queriam saber. Me levaram e ele também. Quando viram que era um engano, vieram pra cima de mim. Eu falei 'porra, como é que vocês querem prender gente se fizeram aquele escândalo todo! Se a pessoa estava se aproximando no cuidado vendo se estava tudo certo, aquela parafernália que fizeram assustou todo mundo.

Chegou um momento em que pararam as torturas. Mas ainda o tiravam da cela para interrogatórios. Passaram à tortura psicológica. Noite, dia, perdia a noção do tempo. Quanto tempo teria passado? Uma eternidade para Ibrahim. O período mais difícil de sua vida.

Na hora de ir embora, o pai Mohamed lhe diz: "Eu não venho mais te visitar. Não dá pra vir, não criei filho pra deixar preso. Me dói muito o coração deixar você preso. Eu prefiro não vir, a não ser que você queira, você achar que é importante ter uma conversa comigo, alguma coisa assim, então você peça. Eu venho, mas vir aqui depois te deixar aqui, não dá". Ibrahim, na prisão, evita chamar o pai. "Não senti a necessidade, quis poupar o velho". Aquele foi, assim, o último encontro com o pai.

Ibrahim se lembra de um dia em que o pai, sabendo por Zé Preto que o filho estava decidido a encabeçar a chapa do sindicato, espera sua volta do trabalho e, apesar de não ser de falar muito, diz: "Moleque, vem cá, vamos bater um papo". Foram conversar do outro lado da rua, perto do poste, na frente do bar. O pai fala: "Olha, vou te dar um conselho, eu conheço o que é isso, das duas uma: ou você não faz as coisas direito, não cumpre teus compromissos, ou então sabe o que vai acontecer? Vai preso. Se quiser ir, vai firme".

A família pode vê-lo outras vezes. O delegado, Dr. Milton Fernandes, manda Sandra, Amira e Zelvina subirem. Tem uma queda por Amira. "Um dia o Zé estava com o dedão machucado. Minha avó perguntou: 'Zezinho, o que você fez no dedo?' E ele: 'Ah, mamãe, é que estava jogando bola na cela e bati!'. Que nada! Eles tinham enfiado um estilete debaixo da unha dele!", lembra Sandra.

No DOPS, durante seu período incomunicável, Dr. Milton, por razões pessoais, se interessou por sua situação. Quando tinha plantão à noite, mandava tirá-lo da cela para interrogatório. Na verdade, era para tomar café e conversar. Inicialmente teve desconfiança, pensava que ele queria tirar informações. Depois, levantou as guardas sabendo que, sem ter filhos, tinha um sobrinho de quem gostava muito, parecido com ele, paraplégico, após um acidente. Conversar com ele era conversar com o sobrinho. "Um dia ele me falou: 'quando você sair, eu também vou deixar de ser delegado do DOPS'... não aguento mais'", diz Ibrahim.

No final das contas, Amira avalia que a família foi privilegiada, com exceção da irmã, que ficou presa por vinte e quatro horas, quando se pensa nas famílias de Roque e Espinosa. A casa deles nunca foi invadida, ninguém da família foi torturado, com exceção de Ibrahim, enquanto que o Espinosa teve o pai, de idade, molestado. No DOPS, não foi destratada. "O delegado, quando pegava para conversar com a gente, falava assim: 'Não sei por que o seu irmão foi entrar nisso! Uma família tão bonita... Uma família tão unida'. Nós dizíamos: 'Mas, doutor, é um ideal'. Ele dizia: 'Não! Vocês têm que tirar isso da cabeça dele!'"

Preso inicialmente na Tutoia, Ibrahim segue depois para o DOPS. Cerca de cinco meses após a prisão é encaminhado para o presídio Tiradentes, onde militantes de todas as organizações se encontram, inclusive seus companheiros da VPR, particularmente Roque, com quem passa a conversar na hora do banho de sol. É acusado em mais de vinte processos desde a greve de Osasco. Como integra a direção da VPR, é considerao coautor de muitas ações da organização, inclusive de ações armadas, como assaltos a banco. Ibrahim fica preso até setembro de 1969. Nunca é chamado a depor oficialmente. "Eles me acusavam da greve de Osasco, do 1º de maio, de ter ligações com a VPR, enfim, uma série de questões. Mas eu nunca tive oportunidade de me defender disso. A intenção era me comprometer com as ações armadas que estavam acontecendo", diz Ibrahim. Ele diferencia o tempo no DOPS do tempo no presídio:

> No presídio o regime era diferente. Tinha a disciplina, mas tinha banho de sol todos os dias, recebia visitas no pátio uma vez por semana. Era mais tranquilo, não tinha pressa de sair da cela (...) eram os carcereiros quem vigiavam, enquanto que no DOPS eram os soldados do exército, com fuzil, metralhadora e luz acesa direta até pra dormir. Vira e mexe ia olhar, batia a porta, acordava assustado.

Brincava que ali na prisão ficariam gordinhos e coradinhos; não sabiam quando poderiam sair. Diz isso aos que chegam pensando que vão sair logo. Para guardar o moral, fazem ginástica, leem muito e conversam. Nas visitas, a família trazia o que ele gostava: abacate, mexerica e laranjas em que Amira injetava, em uma apenas, cachaça! "Eu sabia qual era a laranja preparada", orgulha-se Ibrahim.

No Tiradentes, cozinhava. "Aprendi a cozinha na cadeia – antes não fritava um ovo –, com o velho Frati". Rolando Frati, do comitê estadual do PCB, também é sindicalista. Formam uma dupla. No pavilhão, há muitos presos políticos, mais de cem pessoas. A cela de Ibrahim tem entre vinte e trinta pessoas. "Tinha a cela dos mais velhos, advogados presos por ser simpatizantes, Antônio Furnari, Peroni, pessoas que tinham vinculação com grupos de esquerda, mas não eram da pesada", conta. "A maioria era gente da pesada. Tinha uma cela que tinha gente que participaram de ação direta, chamava a cela 'dos terroristas'".

Onofre Pinto, preso pouco depois de Ibrahim, fica na mesma cela que ele. Leonardo da Silva Rocha, da ALN, escreve poesias e contos admiráveis; Diógenes José de Carvalho também passa pela cela. Todos foram muito torturados. Dulce Maia, "a primeira mulher a ser presa, foi muito torturada, sofreu muito". Ela fica numa cela perto de Ibrahim, e eles chegam a conversar.

Durante parte do tempo da prisão de Ibrahim, as portas ficam abertas por algumas horas do dia, quando os presos podem circular e conversar. Como fora do presídio, é importante negociar. Depois de algumas reivindicações, os presos passaram a ter de duas a três horas das tardes livres, quando podiam circular, trocar ideias e notícias. "Na minha cela tinha um rádio portátil, que não podia ter, mas acabou entrando esse radinho, aquela coisa assim: tinha carcereiro mais ou menos simpático. Conhecia os que eram simpáticos, que podiam comprar cigarros, aparelho de barbear... a gente dava um troquinho a mais. Dinheiro que vinha da família. Numa dessas entrou o radinho".

A família pode visitá-lo. Os amigos e vizinhos mandam recado e coisas. Uma amiga da família faz uma blusa de flanela, a que Ibrahim usará no momento da saída para o México. Para comemorar seu aniversário, no dia 3 de setembro, a família pede autorização para organizar uma festinha, quando uma professora do Sesi do Campesina, provavelmente Maria Baccega, liga para Amira e diz: "Preciso encontrar com você e com a tua mãe. Que horas que eu passo aí pra pegar vocês? A gente precisa se encontrar". "Eu já sabia que era a respeito do meu irmão. Conversei com a minha mãe e marcamos o horário". Elas se encontram numa praça fora de Osasco. A professora pede que elas sentem e esperem uma pessoa que viria falar com ela. Era o Neto, o Manuel Dias do Nascimento, militante da VPR, que estava na clandestinidade.

Neto explica: "Vai acontecer uma coisa que vocês vão ficar muito abaladas, mas vai dar tudo certo. Vai ser raptado o embaixador americano. Em troca dele, vão pedir presos políticos. E o teu irmão, teu filho está no meio". "A gente disse: 'Não! Não faz isso! Porque é perigoso! Ele falou: 'Não, já está feito! Já está feito! Vai acontecer!'". A conversa ocorre um dia antes do aniversário de Ibrahim. Amira diz: "Não, Neto, mas está sendo preparada uma festa amanhã, é aniversário dele". E ele: "Continua do jeito que está!". Amira insiste: "Mas Neto, vão pensar que a gente está fazendo essa festa de propósito!" E ele: "Continua do jeito que está! Eu só estou dando uma satisfação pra vocês e teu irmão já está sabendo".

Na prisão Tiradentes, uma cerca separa os presos comuns dos políticos. O diretor do presídio está de acordo com a festa: "Tudo bem, só não pode bebida alcoólica, e nós vamos revistar, como fazemos sempre, tudo o que vocês trouxerem", teria dito, segundo Sandra. O que deveria ser um bolo virou festa. O seu Menk, amigo da família e dono de um frigorífico, deu um leitão inteiro assado. Quibe, bolo, refrigerante, cada amigo mandou uma coisa. Fizeram a festa. O pessoal do presídio montou uma mesa no pátio e todos os presos puderam aproveitar. Sandra passou por "namorada" de vários para que pudessem descer até o pátio. Do Maranhão, que era um menino do movimento estudantil daquele Estado, a namorada do Frei Beto! O que sobrou da festa foi dado para os presos comuns.

Neste momento o Brasil é governando por uma junta provisória formada por militares das três forças,[16] o presidente marechal Costa e Silva fora afastado da presidência por problemas de saúde e as Forças Armadas estão divididas em matéria de sucessão.

No dia seguinte, como todo o país, a família fica sabendo que o embaixador foi sequestrado e que em troca estão pedindo quinze

---

16 De 31 de agosto de 1969 a 30 de outubro de 1969, quando o general Emílio Garrastazu Médici assumiu o poder. A junta provisória é formada pelo general Aurélio de Lira Tavares, ministro do Exército, pelo almirante Augusto Rademaker, ministro da Marinha, e pelo brigadeiro Márcio Melo, ministro da Aeronáutica.

presos políticos, inclusive Ibrahim. Teve quem dissesse que a festa foi realizada porque os presos sabiam do sequestro e que Ibrahim seria pedido em troca. Em Osasco, o clima era de alegria. Muitos foram se chegando a Presidente Altino, lotando a rua e o bar. Ouvem-se gritos: "O Zezinho vai sair!", "Saiu o nome do Zezinho no rádio!", "O Zezinho vai sair da prisão!" Sandra relembra: "O bar lotado, os vizinhos, a família preocupada. Querem voltar ao presídio e procuram ajuda do advogado Dr. Serpa. Ele não topa: "Eu?! Não vou de jeito nenhum, porque tenho medo de sofrer um atentado!", segundo Sandra. "Nunca me esqueço da covardia dele!".

Na Tiradentes, havia uma pessoa encarregada de ouvir as notícias que saíam na rádio, nos horários de menor vigilância. Era o "diário da cela". "Foi numa dessas que tivemos notícia do sequestro", lembra Ibrahim. Era setembro de 1969, dia 4. O embaixador dos Estados-Unidos, Charles Burke Elbrick, é sequestrado, no Rio de Janeiro, pelas organizações MR-8 – Movimento Revolucionário 8 de Outubro e ALN. Exigiam a libertação de quinze presos políticos e a divulgação na televisão de um manifesto revolucionário.

No presídio, a lista dos quinze começa a ser feita. Fábio Munhoz, amigo de Ibrahim, do movimento estudantil e da VPR, que o teria ajudado a entrar para a clandestinidade depois da greve, preso há mais tempo em outra cela, é conhecido dos carcereiros. Como não é da pesada, pode passar informações. "O Fábio circulava, era muito preparado, esperto, era o cara que fazia circular muita informação. Ninguém desconfiava dele", conta Ibrahim. Fábio bate na porta, Ibrahim está lendo: "Se prepara, você está em todas as listas que o pessoal está fazendo aí. Todo o presídio pensa que você sai".

– Não quero pensar nisso agora, mas estou preparado –, responde Ibrahim.

Quando sai a lista definitiva, ele volta informar Ibrahim. "Você está, acabei de escutar". Havia outros radinhos de pilha em outras celas. De vez em quando faziam revista e o radinho tinha que ser camuflado.

Mãe, irmã e sobrinha, sem saber o que fazer, vão para a Tiradentes. Sandra conta:

> De longe, dava para ver as janelinhas, as grades... E a gente só via eles pondo a mão e gritando! Sabe, a gente não sabia o que pensar! A cabeça da gente atordoada! E a gente queria ver ele, queria falar com ele. Imagina que eles iam deixar! Mas a gente achava que iam, entendeu? E lá, pedíamos: "Pelo amor de Deus! Deixa a gente entrar! Deixa a gente entrar! Deixa eu falar com ele! Deixa eu ver!"

Dia 6, sábado, Ibrahim é tirado da cela juntamente com João Leonardo da Silva e Rolando Frati, seu companheiro de limpeza e cozinha na prisão.

Levam-nos para o DOPS. "Quando saímos o pessoal da cela cantou a Internacional, fizeram uma festa". No pátio, recebem flores do alto. Ibrahim teme que aconteça o pior, tem medo, frio na barriga. Se a repressão conseguisse pegar o embaixador, o que ia acontecer com eles? Morreriam todos, certamente. A ação de sequestro é de grande envergadura, com leitura de comunicado na televisão... o país inteiro fica sabendo da ação para libertar os militantes.

Quando estavam fazendo o check-in na portaria da carceragem, viu uma jovem que não conhecia, que o achou muito pálido. Ela lhe oferece uma barra de chocolate. Era Maria Augusta Carneiro, que partiria com ele para o exílio. "Não conhecia ela. Estava ali fazendo a ficha e trouxeram ela. 'Quer uma barra de chocolate?' Eu quero, estou com fome".

A maioria dos prisioneiros pedidos em troca do embaixador é de São Paulo e são "agrupados" no DOPS. José Dirceu, Vladimir Palmeira e Luís Travassos estão presos na Baixada Santista. São levados para o Campo de Marte, de onde seguem todos os "paulistas" para o

Galeão, no Rio de Janeiro. Esperam muitas horas. A tensão é imensa. Sob o sol, algemados, sem saber o que está acontecendo, ameaçados de serem jogados no mar, perguntam-se por que não os embarcam, já que o avião estava lá. A decisão de embarcar terminou chegando. Antes, porém, foram para frente do avião, Hércules 56, para a fotografia que vai correr o mundo. Alguém disse para mostrar as algemas. Na fotografia, quem mais mostra é José Dirceu. Ibrahim está do seu lado, é o terceiro da esquerda para a direita, de pé.

Ibrahim lembra desses momentos da seguinte forma:

> Depois ficamos sabendo que os fuzileiros navais não queriam que a gente fosse liberada. Houve muita tensão entre os militares. Havia divisão. Uns achavam que tinha que fazer a troca e outros, mais duros, que tinha que fuzilar todos nós e o embaixador ia pro saco. O governo não podia aceitar. Acabaram aceitando por pressão internacional. Saiu na imprensa que os americanos enviaram um avião cheio de gente pra garantir. A gente sabia que tinha alguma coisa no ar, porque todo mundo algemado, todo mundo em fileira esperando (...), horas terríveis, no sol. Não dava nem pra dizer que queria ir no banheiro.

São colocados no avião de carga, além de José Ibrahim, Luís Travassos, José Dirceu, Onofre Pinto, Ricardo Vilas Boas, Maria Augusta Carneiro Ribeiro, Ricardo Zarattini, Rolando Frati, João Leonardo da Silva Rocha, Argonauta Pacheco, Vladimir Palmeira, Ivens Marchetti e Flávio Tavares. Algemados, pés amarrados com corda, cada um guardado por dois soldados do exército armados. Partem, sobrevoam horas e horas o território brasileiro. Param em Recife, onde o avião pega Gregório Bezerra, e em Belém, para embarcar Mário Zanconato, que, uma vez dentro do avião, pergunta para onde vão. "Para o México", ouve. Começa a assobiar a Internacional. Gregório, comunista histórico, dos tempos da ANL – Aliança Nacional Libertadora –, reprimida por Getúlio Vargas em 1935 – olha espantadíssimo. Segundo Ibrahim, a entrada de Gregório no avião foi uma "maravilha":

> O velho entra com a cabeça erguida, complimentou todo mundo, se dirigiu particularmente à Maria Augusta [única mulher], companheira, faz um gesto pra ela e a gente, todo mundo nervoso, amedrontado, e esse cara entra com essa bravura, esta firmeza.

Seguem em direção do México, único país que aceita recebe-los, em nome da tradição revolucionária que deu abrigo a diversos comunistas, entre eles Leon Trotsky e Fidel Castro. Seriam liberados lá, segundo o acordo entre o governo e os sequestradores. Eram militantes de diferentes grupos: MR-8, ALN, VPR e Dissidência de Niterói do PCB.

Ele têm medo, até o último momento. Enfim, aterrissam no México na manhã do domingo, 7 de setembro. Levou um certo tempo, depois do pouso, para que a porta do avião fosse aberta. A polícia mexicana, na presença do ministro Luis Echevarría (que posteriormente foi eleito presidente) entra no avião e ordena que os militantes sejam desamarrados e as algemas sejam retiradas. "Teve um lance engraçado. Algemas em espanhol é 'esposas'. Aí ele entrou e disse 'saque las esposas'. E quem estava no meu lado disse: 'Não deixaram as esposas vir, não! As esposas ficaram lá'".

Os quinze presos políticos, agora livres, no primeiro sequestro do tipo realizado no país, são levados então para o hotel onde dão entrevista coletiva, exibida na televisão. "Era o acordo, de forma que dissemos estamos aqui em liberdade". Cumpriram a parte do acordo, de forma que o embaixador foi liberado em seguida.

Foi a primeira viagem de avião de Ibrahim. "Eu nunca tinha saído de Osasco, ou seja, tinha viajado uma, ou duas vezes, pro Rio de Janeiro, viajado pra alguns outros lugares aqui perto [São Paulo]. Eu era um operário metalúrgico de Osasco. E aí eu fui pro exílio, em troca do embaixador. Então, para mim foi tudo novo".

Depois da entrevista coletiva, onde Ibrahim é um dos que falam, dois grupos se formam, o dos estudantes e o da luta armada. Gregório, do PCB, encontra-se no meio. Ibrahim e João Leonardo vão para o hotel em seguida, pedem uma garrafa de tequila e a derrubam. "Poxa, estava numa secura de meses na cadeira. Derrubamos a garrafa e fomos dormir". A partir deste momento, sentem-se livres.

Amira e a mãe não viram a partida de Ibrahim, mostrada na televisão. Elas estavam no aeroporto. "Foi muito triste, muito chocante!... Tinha tanto boato que eles não iam chegar lá". "Diziam que eles iam chegar no México e iam ser mortos! Eles iam ser mortos ou iam explodir aquele avião", relembra. "Então, a gente ficou num desespero aqui, né? Só sossegou quando o avião chegou no México. Mas depois, silêncio. Nenhuma notícia". Amira até buscou ajuda na Cruz Vermelha Internacional. Mas nem a Cruz Vermelha podia ajudá-la.

II
O exílio

Chegando ao México, o grupo recebe assistência médica e hotel para ficar. Mas o país não pode acolhê-los. Devem procurar um outro. A polícia mexicana e o ministro são responsáveis pela integridade dos brasileiros. "Para cada um de nós tinha dois a três policiais para nos guardar", conta Ibrahim. E a segurança não era pró-forma.

Um dia, ele arruma uma "namoradinha", hospedada no mesmo hotel. "Queria ir ao cinema com ela. Fui pegar um taxi e a polícia chegou e me disse: 'Vou indicar um táxi e vou com você'".

– Não é necessário!
– É minha responsabilidade. Tranquilo! Você vai ao cinema? Deixo vocês no cinema, deixo acabar a sessão e venho de volta.

A moça, que tinha parentes na Cidade do México, quer apresentar Ibrahim à família, num almoço de domingo. Foi a mesma coisa. "Os policiais me chamavam de Pepe. José lá é Pepe. Era Pepe daqui, Pepe dali. Um deles, um dia, me trouxe uma garrafa de tequila de primeira e me disse 'queria tomar esta tequila contigo'. Era de bom coração, não era pra tirar informações, nem nada", diz

Ibrahim. "Lógico que muita gente falava 'cuidado, pode ser agente da CIA, pode estar a serviço'. Eu não vou ver fantasma de todo jeito. O cara trouxe uma garrafa de tequila, tem prazer em tomar, bater papo comigo". Mas tomar tequila não significa baixar a guarda. "Eu sou esperto, se vier com perguntas que achar inconveniente, paro a conversa. Que nada! O cara queria conhecer coisas do Brasil: futebol, carnaval, cacete e tomar tequila comigo".

A estadia no México é de alguns dias. A polícia tem a orientação de vigiar, cuidar bem deles e de cobrar a busca de lugar de acolho. O grupo escolhe a alternativa que considera a mais segura, a do governo cubano, de Fidel Castro, que manda uma carta dizendo que teria muito prazer em receber os exilados como hóspedes e coloca um avião à disposição. As exceções foram Flávio Tavares, que tinha a família morando no México e um convite de trabalho num jornal mexicano, o Ricardo Villas Boas, músico, que teve um convite para ir a Paris; e Gregório Bezerra, que aceita ir para Cuba somente para receber tratamento de saúde, pois desejava seguir para a União Soviética.

O pessoal da ALN tinha um esquema de treinamento em Cuba, e muitos militantes do grupo já estavam lá. "No meu caso, eu enturmei, fui pra Cuba porque não via outra opção, não tinha referência da Europa, era peão de Osasco. Pensar em Paris? Não tinha jeito, não era nenhuma referência", conta Ibrahim. "Cuba sim, era o farol da América Latina, então logicamente tinha o maior tesão de conhecer Cuba, era a oportunidade, mas também não tinha outra opção. Imagina um jovem como eu, 22/23 anos, saiu de Osasco, estava no exterior, não tinha ninguém, só meus companheiros. Onde a turma for, eu vou".

Os anos cubanos: treinamento, trabalho e amor

Os brasileiros são recebidos em Cuba como heróis, no dia 29 de setembro de 1969. Tem salva de canhão, presença de Fidel e de outros comandantes da Revolução Cubana. "Fomos para uma sala de reunião e tivemos uma conversa de umas três horas". Fidel falou que os brasileiros eram hóspedes de Cuba "Vocês são representantes do povo brasileiro e vamos tratar assim. Não temos relações com a ditadura brasileira, vocês são o povo brasileiro", teria dito o líder cubano. "Primeiro fomos para uma mansão de praia que tinha toda a infraestrutura para albergar a gente: cozinheiro, limpeza, manutenção. Cada um tinha o seu quarto, casa imensa para abrigar só os treze". Os exilados são examinados por médicos. Um problema comum aparece nos dentes. O choque elétrico da tortura na boca e na língua derrete as obturações. São muitos que precisam de tratamento dentário. Também são muitos com problemas no menisco, devido a sessões em que ficaram pendurados. "Os cubanos queriam me operar lá. Eu não quis. Pau-de-arara, porrada no joelho, [isso] me afetou os ligamentos e eu nunca quis fazer operação, mas tive que parar de jogar futebol, que era uma coisa que gostava", conta Ibrahim. Ele também teve costelas quebradas e, durante o tempo em que ficou em Cuba, desenvolveu uma doença de pele, por razões psicológicas, que fizera cair as unhas dos pés e das mãos.

João Leonardo da Silva, Maria Augusta e Ibrahim, em Cuba, ouvindo Fidel Castro, 1969. Fonte: CMS

Eles têm toda a assistência necessária. Vários dirigentes da revolução visitam os brasileiros. "A Célia Santos, uma mulher famosa no primeiro grupo de Fidel", programa um almoço com os cozinheiros. No menu, Lagosta! "Comer lagosta em Cuba é normal, eles têm muita lagosta", explica Ibrahim. Num outro momento, preparam uma caipirinha para um dirigente, que se refere ao drink como "esquisito". Ibrahim e Leonardo, ainda não familiarizados com o espanhol, ficam constrangidos com o elogio – não entendem ainda que "esquisito" quer dizer "muito boa".

Os brasileiros dão muitas entrevistas para a rádio e a TV cubanas. Depois, passada a primeira fase de adaptação, de recuperação, há os momentos de futebol na praia, nessa grande casa distante de Havana. Depois de uns dois meses, eles começam a pedir aos cubanos coisas para fazer. Mudam-se para Havana, onde o grupo se divide. Ibrahim, Onofre, Vladimir e Maria Augusta formam um grupo e se mudam para Vedado, bairro tradicional da classe média alta cubana no período pré-revolução. O pessoal da ALN vai para uma casa em outro bairro. Travassos, ex-presidente da UNE, permanece num hotel, mas visita o grupo de Ibrahim com frequência.

Têm cesta básica. Os cubanos levam cigarros, charuto, roupa de cama. A roupa também era lavada pelos hospedeiros. Alguma coisa a gente fazia. Eles diziam: "Não se preocupem, vocês não precisam trabalhar, aqueles que quiserem estudar, vão estudar".

Em meados de janeiro, encontra Marília Carvalho Guimarães, a Miriam da VPR do Rio de Janeiro, na casa onde morava. Marília tinha chegado a Cuba dia 4 de janeiro de 1970, com seus dois filhos – dois e três anos – no avião da Cruzeiro do Sul, o 114, sequestrado no Uruguai por um grupo de militantes brasileiros. Tinha sido presa e, quando foi solta, para não cair nas mãos da polícia, entra na clandestinidade. Seu grupo decide que ela tinha de sair do país e organiza o sequestro. Por Ibrahim foi amor à primeira vista, diz Marília: "Me apaixonei perdidamente".

Em Osasco, enfim, a família recebe a primeira carta de Ibrahim após sua partida. Chegou aberta, e vindo da Suíça! O Brasil dos militares tinha cortado as relações com Cuba, de forma que ele mandava a carta para a Suíça, e alguém de lá postava para o Brasil. Era um esquema da VPR para driblar o bloqueio. A família fica tranquila ao saber que ele está livre e em segurança. "Nas cartas ele contava que trabalhava e que era o maior amigo do Fidel Castro! Fidel Castro e ele eram dois irmãos! Ele adorava meu irmão. Cuidou muito bem dele, tratou dele", conta Amira.

Durante o período que morou em Cuba, Ibrahim viveu com Marília em Havana. Primeiro na casa do grupo, que era grande, onde os cubanos a enviaram, de forma a que os filhos Eduardo e Marcelo pudessem brincar, correr e permanecer em contato com a comida brasileira. Depois, chegaram a Cuba os militantes trocados pelo embaixador alemão, via Argélia: Tercina (a tia), Damaris, Japa e Dulce Maia, da VPR, presa em 1969. Dulce admirava Ibrahim. Humanista, defendia o socialismo, mas não se engajou de forma partidária. Lutava pela democracia, contra a ditadura.

Depois desse período, Ibrahim e Marília mudam-se para um apartamento. Na espera da volta à Pátria, continua a luta. "Fiz todos os treinamentos, os treinamentos que os cubanos ofereciam para as organizações guerrilheiras que faziam resistência nos países da América latina. Então, fiz treinamento rural, treinamento urbano, fiz tudo. Tudo que eu tive direito e tempo de fazer, eu fiz", conta ele.

Muitos só estudam marxismo e leninismo. Outros ficam cerca de um ano e vão embora, sobretudo os autoexilados, sem compromisso com a revolução cubana. Para alguns, em Cuba, não há nada o que fazer. Marília que pensa o contrário: "Eu, por exemplo, fiquei em Cuba pelo único motivo que se no Brasil estava com dois filhos pequenos disposta a morrer pelo Brasil, o que ia fazer em Paris? Já conhecia. Cuba precisava de mim, do meu conhecimento". Marília achava que só valia a pena voltar se fosse para o Brasil. "Muitos cubanos tinham ido embora. 10 anos de revolução era pouco tempo para reestruturar um país. Médicos, professores tinham ido embora, faltava mão de obra especializada".

Ibrahim e Marília trabalham. Acreditam que trabalhar faz diferença. "Se você trabalhava, via o mundo diferente; estava contribuindo, fazendo uma coisa útil, é diferente de quando você trabalha e volta pra casa e vê a pessoa ver televisão o dia inteiro. Fica difícil se relacionar com ela", avalia Marília. "90% dos exilados em Cuba não trabalhavam, ficavam discutindo o dia todo, discussões políticas ou não, ficavam no hotel sem fazer nada". Ibrahim quer trabalhar, voltar à ativa e conhecer a revolução assim. Os dirigentes cubanos preferem que ele se dedique a estudos, leituras e passeios. "Não via outra forma de conhecer a revolução se não fosse no meio do povo, se não fosse indo para as fábricas, escolas, vendo como vivia o povo. Então, em Cuba foram três anos de aprendizado.

Começou numa metalúrgica pequena, sem tecnologia, com máquinas antigas. "Estranhei muito, mas entendi que eles estavam numa fase. A sociedade cubana não era industrializada, Cuba era um país que vivia do turismo e da cana-de-açúcar, não tinha industrialização". O cenário é estranho para o operário especializado, que tinha feito uma série de cursos técnicos e frequentara o SENAI. "Aquilo ali para mim era muito atrasado, mas eu entendia o estágio deles, entendi que ia levar muito tempo pra Cuba chegar ao ponto que nós tínhamos chegado, isso nos anos 1969 e 1970".

Certa vez, quis conhecer uma experiência de inseminação artificial em gado, com técnicos soviéticos. Pediu ao ministério do interior, responsável pelos exilados, para acompanhar a experiência. A pessoa que fazia a relação entre o ministério e ele, que era chamada de OLAF, entrega a Ibrahim uma passagem e diz: "Está aqui a passagem. Você chega lá e o pessoal vai te buscar para [te levar] à fazenda. Tá vendo, você me encheu tanto o saco que acabei conseguindo".

Ibrahim também trabalha por meses numa unidade do exército cubano, fora de Havana. Gostava de treinar tiro esportivo com uma pistola 22. Sua tarefa era testar as armas. "O pessoal praticava tiro esportivo para competição. Até que ganhei uns campeonatozinhos. Nessa fábrica de armas, o bom é que a gente consertava armas, calibrava bem, limpava e depois ia pro campo de tiro para ver se tudo bem".

Marília, entre outros trabalhos, por um período, é locutora da Rádio Progresso, onde tem acesso a telex, agências de notícias e correspondentes estrangeiros que levam e trazem informação.

Também trabalham no corte de cana, que era um dos desafios do povo cubano. Uma grande campanha visava a atingir milhões de toneladas de cana cortada. Montaram brigadas internacionais, com pessoas do mundo inteiro. Ibrahim entra numa delas, ao mesmo tempo em que Maria Augusta e Vladimir. Integram a brigada com franceses, japoneses e americanos. Ficam dois meses cortando cana, tentando conhecer melhor a população cubana. Fazem muitas amizades. A participação é importante, mas a meta não é atingida. "Aprendi muito, lia muito, tudo que conseguia", conta Ibrahim. "Os grandes romances latino-americanos, Gabriel Garcia Marques, os colombianos, cubanos... Com o prêmio Casa das Américas, muitos autores passam por Cuba. Ibrahim conhece pessoalmente poetas e escritores em recepções – Gabriel García Marques e Mario Vargas Llosa, entre outros. Num período em que tinha entre 22 e 23 anos, Ibrahim busca aproveitar tudo que a revolução cubana oferece. É um período muito fértil. "Mas, com o tempo comecei a dizer ao OLAF que estava pensando em sair de Cuba. Eles dizendo 'fica aí, lá fora você não vai ter segurança' (...). Eu brincava com eles: daqui um pouco caso com uma cubana – tinha muitas namoradas – e aí que não saio mais", conta Ibrahim.

A relação com o Brasil é complicada. Devido ao fechamento imposto pela ditadura, não há relações entre os dois países. As cartas para a mãe continuam tendo de passar pela Suíça para chegarem a Osasco. As cartas da mãe também têm de dar essa volta ao mundo – e passar pelo olhar atento da inteligência cubana. Um dia, OLAF entrega-lhe uma carta da mãe. Um xerox. "Cadê o original", pergunta Ibrahim. "Leia a carta primeiro", responde OLAF. "Minha mãe falava que toda noite rezava por esse homem tão bom, Fidel Castro, que tinha me amparado, não sei o que, que ela rezava pela saúde dele, agradecia muito o que ele estava fazendo pelo filho dela". OLAF, então, explica: "Não me contive, peguei o original e mandei para o general, não pude resistir, mandei".

Fidel respondeu e mandou junto com a carta uma caixa de charutos. "Não sei como isso chegou, mas o Fidel agradeceu! Disse que não acreditava em Deus, mas que ele agradecia muito, porque de qualquer forma tinha alguém que se lembrava de rezar por ele", conta Sandra. "Você viu como é linda essa história dele?! Eu fico muito emocionada, porque o Fidel adorava meu tio!"

Em Cuba, banido, Ibrahim não tem documento de identidade. Pede um aos cubanos, mas nada de obtê-lo. Um dia, participa de uma entrevista coletiva com a imprensa alternativa, para jornalistas do mundo inteiro, numa estância turística. Tudo tranquilo, é para falar de Brasil. Na volta, Marta oferece uma carona. No meio do trajeto, Ibrahim percebeu que ainda há ônibus circulando e resolve facilitar a vida dela. Desce e pega uma linha que o deixará em frente de casa.

Mas acontece algo inesperado: uma patrulha do exército para o veículo. "Eles foram direto em mim. Estava sentado atrás. 'Documentos?'. Não tinha. 'Acompanhe-me'." Ibrahim é colocado num jipe. Ninguém fala nada. "Eu queria saber para onde estavam me levando e por quê. 'Você vai para o príncipe'. Deve ser um lugar bom", pensei. Levam-no para um local perto do mar e o colocam numa cela cheia de gente. Ele pede explicações, para falar com um comandante do lugar. Diz que é brasileiro. Não tem resposta.

Trazem um café e um pedaço de pão. Ibrahim não aceita: antes da comida, quer explicações.

Amanhece. Às 9 horas, o levam para uma sala, onde está o comandante do presídio. "O cara se apresentou, pediu desculpas. 'O teu OLAF já entrou em contato e tenho ordem de te liberar'. Não saio daqui, o OLAF que venha me buscar. 'Não, mas a gente te leva'. 'Não! O OLAF que venha me buscar, eu quero explicação. Aí o cara: 'tá, então vou chamar'."

Passou um tempo, estava lá o OLAF. Que, enfim, explica o que houve: uma fuga de prisioneiros, que, para fugir, mataram três guardas e um senhor do serviço de limpeza. Houve um cerco e Ibrahim acabou ficando dentro dele. "Demorou pra te identificar, pra te localizar. Os teus amigos ficaram muito preocupados não te vendo voltar pra casa dormir, sabendo que não era do teu feitio faltar a um compromisso", explica o OLAF. Esses amigos entram em contato com a Marta, que diz ter deixado Ibrahim no ponto de ônibus. Os documentos realmente fizeram falta.

Certa vez, perguntaram a Ibrahim como era a prisão cubana, quando comparada com a brasileira. "A mesma merda!", disse. "Não tem diferença nenhuma! Prisão é prisão". Conseguiram pegar os fugitivos e OLAF queria que ele fosse ver o julgamento, sabendo que eles iriam ser julgados e, provavelmente fuzilados. Ibrahim respondeu:

– Agradeço muito, tive uma péssima noite, não quero ver fuzilamento nenhum de ninguém.

Despediu-se e foi embora.

Durante esse período em Cuba, a infiltração do Cabo Anselmo, ex-presidente da associação de marinheiros da revolta de março de 1964 vem à tona. Afastado do cargo após o golpe, ele fora a Cuba em 1967, passara a integrar a VPR e, simultaneamente, a colaborar com os órgãos de repressão. Sua traição resulta na prisão de numerosos militantes, inclusive de sua companheira, Soledad, morta pela repressão em Pernambuco.

Quando começam a acontecer os assassinatos de pessoas saindo de Cuba, em especial após o caso de Aderbal Coqueiro, que voltou sozinho e foi assassinado no Rio, o governo cubano parou com a volta dos brasileiros, até saber o que estava acontecendo.

Marília conta sobre Anselmo:

> *Ele participava das reuniões, passava na minha casa (morava em Miramar), na casa da Tia, da Damaris e da Marina do Lamarca para saber se as crianças iam bem, pegava as crianças no colo... Ninguém podia imaginar que aquele cara estava do outro lado.*

Coqueiro, antes de regressar ao Brasil, passara uma madrugada inteira na casa de Marília e Ibrahim. Conversaram a noite inteira. "Todo mundo desconfiando de todo mundo", conta Marília.

Marília e Ibrahim, no entanto, confiam um no outro. A união é um tanto incomum: Ibrahim é um "proleta", Marília é uma burguesa que acha que sua classe complica tudo. "O Ibrahim me ensinou a descomplicar a vida", diz ela. Ao mesmo tempo, aceita o "desbunde" – "todo mundo tem o direito de desbundar uma vez na vida", diz ele, "o que não quer dizer que você vai deixar de ser revolucionária". Ao mesmo tempo, consegue identificar e é tolerante com incômodos típicos da origem de classe de Marília, como a falta de um tampo de privada: Precisa de tempo para se acostumar". Marília pensava que proletário devia ser duro, mas descobre que Ibrahim, que ela chama de Ibra, "era de uma ternura absurda". Quando percebe que a revolução no Brasil seria muito complicada, Ibrahim começa a pensar num partido de trabalhadores, já em 1971. "Não tinha nome, mas um partido de trabalhadores. Se não conseguisse mudar o Brasil com uma guerra de guerrilha, [o caminho] seria a organização de uma sociedade civil com um partido que fosse de trabalhadores. Na realidade, o ideólogo do PT é Ibrahim", diz Marília.

No Chile

No Brasil, a repressão procura acabar com toda a resistência ao regime. Prende, tortura e mata. Três grandes líderes são executados: Carlos Marighella, em 1969, e Joaquim Câmara Ferreira, o Toledo, seu sucessor na ALN, em 1970; Lamarca, da VPR e depois do MR-8, em 1971. São os anos de chumbo.

Quando Salvador Allende assume o poder em final de 1970, Ibrahim pensa estar na hora de partir de Cuba para o Chile para tentar reorganizar seu grupo e planejar o retorno ao Brasil. Onofre Pinto, o primeiro responsável militar de sua organização, tinha saído de Cuba com esta intenção. Não dá, porém, mais notícias. "O que eu tinha que fazer em Cuba já tinha feito", diz Ibrahim. Cuba estava sendo muito solidária. "Mas minha questão era com o Brasil, com meu povo. Ir pro Chile significava uma experiência diferente. A Unidade Popular tinha ganhado as eleições, tinha elegido o presidente". Ibrahim tanto insiste que o governo cubano acaba providenciando a partida. Marília, a namorada, decide ficar. "Nossa vida era revolução, decidimos nos separar, eu ficaria em Cuba". Assim, depois de cerca de três anos em Cuba, o ex-presidente do Sindicato dos Metalúrgicos de Osasco parte da ilha de Fidel. Lá ele viveu as melhores experiências de sua vida. A entrada no Chile, no entanto, não comporta romantismo. É preciso cuidar das coisas práticas. "Me fizeram uns disfarcezinhos, me deram um passaporte que não era o meu nome, botaram uma fotografia". Tem uma condição: depois de uma semana, Ibrahim tem de devolver o documento frio. Passam ainda alguns contatos em Santiago e uma mala de roupas.

No fim de 1972, todas as organizações de esquerda brasileiras e da América Latina estão no Chile. Ibrahim não tem mais vínculos com a VPR, esfacelada a essa altura. Mas tem a intenção de reencontrar os companheiros de militância e organizar um grupo.

A desconfiança é grande entre os antigos militantes da VPR. A questão do cabo Anselmo é central. "Por causa dele, morreram muitas pessoas". Muitos foram companheiros de Ibrahim. Poderia ter acontecido com ele. Além disso, pelas regras da organização, Ibrahim deveria ser um dos últimos a voltar, por ser uma figura conhecida.

O cabo, além disso, recrutara muita gente para a VPR. Quem, desses recrutados, é traidor e quem é de confiança? Como essa avaliação é difícil, muitos deixam a organização por razões de segurança.

Por esses tempos, Ibrahim já tem uma visão crítica do regime soviético. "Havia falta de liberdade na União Soviética. Não era aquele socialismo que queríamos. A gente tinha uma visão do socialismo democrático muito próximo da chamada socialdemocracia que tinha em vários países da Europa", diz ele. Agora, no Chile de Allende, essa via parece ser possível. Allende acredita na via eleitoral, é uma tentativa de construir o socialismo sem a luta armada.

Em Santiago, Ibrahim se sente mais próximo do Brasil. Devolve o passaporte com que viajou e volta a ficar sem documentos. O Chile vive uma grande efervescência. O povo apoia o governo, com a ativa participação das empresas cooperativas comandadas pelos trabalhadores, o avanço da reforma agrária e mobilizações de massa. Há uma forte polarização, mas a direita – "sempre foi golpista" – não dorme em serviço: para derrubar o governo, ela aposta no caos econômico, o que gerava escassez de produtos. Até leite em pó é negociado no mercado negro. Os produtos desaparecem. O povo passa por dificuldades, mas mantém o apoio a Allende.

Ibrahim mora inicialmente na casa, na periferia de Santiago, de Nelson Chaves, um dos militantes liberados após sequestros de diplomatas que se seguiram ao do embaixador Charles Elbrick. Ele e a esposa trabalham fora o dia todo. No inverno de 1972, Ibrahim fica gripado. A gripe vira uma pneumonia. "Nessa casa, conheci uma figura que foi o Thiago de Melo, o poeta, exilado. Ele era adido cultural no Chile e foi cassado no golpe de 64. "Numa das vezes em que foi visitar a casa, viu o meu estado, praticamente sem cuidados, recém-chegado, sem contatos. Thiago tinha estudado até o quarto ano de medicina. Não se formou médico, mas sabia das coisas. Ele diz a Ibrahim: "Se você ficar aqui, você vai morrer. Melhor ir para minha casa porque lá dou um jeito". Thiago morava no centro de Santiago, num bairro de classe média, Previdência. Thiago chama um médico, que diagnostica uma pneumonia dupla. Ibrahim relembra: "Estava mal, precisava ter um tratamento de emergência dos pesados: antibiótico, injeção e uma superalimentação". A dedicação do Tiago neste período de debilitação impressiona o sindicalista. O poeta, solidário, bota despertador para tocar e administra os remédios na hora exata, mesmo nas madrugadas. "O Thiago selou uma amizade muito grande entre nós". Depois fizeram muitas coisas juntos.

Saindo da sua pneumonia, Ibrahim começa a contatar os companheiros. Roque, que chegou em 1971, trocado pelo embaixador suíço, está engajado com os chilenos, trabalhando numa espécie de SENAI. Ele também conta com o suporte de Thiago de Melo. "O Tiago me ajudou muito, tinha uma visibilidade da sociedade chilena muito boa. Fui fazendo os meus laços... muitos brasileiros. Contatei o Diógenes, que tinha militado comigo [saído com o sequestro do cônsul japonês], e vivia junto com Dulce Maia na época, Carlos Maia (...) e o Manuel Dias do Nascimento, companheiro que lutou comigo em Osasco. Ele e a família dele". Ibrahim conta que já estava "nadando de braçada" e que a experiência foi muito interessante. "E a gente sabia que vinha o golpe".

Sempre que tinha um portador indo para Cuba, Ibrahim escreve para Marília, contando o que está acontecendo e explicando as graves dificuldades de organização da VPR. "Ninguém se entendia, ninguém queria aceitar ninguém; todos queriam ser o líder. Se não aceitasse, dizia que tinha desbundado", lembra Marília.

Em Osasco, toca o telefone. É o próprio Ibrahim que liga para a família em Presidente Altino. Do Chile, a ligação é feita para a casa do vizinho Miguel, porque a família de Ibrahim não tem telefone em casa. Miguel prontamente chama dona Zelvina, para que ela fale com o filho. É só alegria.

A mãe decide, então, ver o filho Zezinho no país estrangeiro. Nunca viajou para longe, muito menos para fora do Brasil. Nunca pegou avião. Mas para o Chile ela pode ir! Juntou seu dinheirinho e vai. "Minha mãe pegou a bolsa dela e foi pro Chile! Assim! Ela disse: 'Eu vou ver meu filho!'. Pegou, foi arrumar as papeladas dela, o passaporte. Sozinha! Nunca tinha saído de casa. Era mulher de roça! Pegou o avião e foi parar lá no Chile! A primeira vez ela foi sozinha. Depois, meu irmão Jamil foi com ela", conta Amira.

Em contato com pessoas do Partido Socialista chileno, Ibrahim começa a trabalhar no que chamavam de cordão industrial Vicuña Mackenna, na periferia de Santiago. "Num momento me juntei com um brasileiro e dois argentinos e montamos uma pequena metalúrgica. Trabalhamos em quatro. Pegava serviço de empresa metalúrgica chilena", conta. Também encontra Athos Magno Costa e Silva, um dos militantes que fez parte, com Marília, do sequestro do voo 114 e tinha vivido na mesma casa onde moraram em Cuba. Athos conhecia Tereza, que sabendo que Ibrahim estava no Chile, queria conhecê-lo. O encontro foi marcado. Tereza estava sozinha. Era récem-casada com Paulo Riberio Bastos, do MR-8, "desaparecido" após sua prisão pelo exército na Urca, Rio de Janeiro, em julho de 1972. Com medo que acontecesse algo com a filha, o pai a enviou para o Chile. "Começamos a conversar e a partir daí começamos a namorar e ficamos juntos durante 10 anos. Tivemos um filho juntos, Carlos Eduardo", conta ele. Tereza, também do

MR-8, era estudante de sociologia no Brasil e também foi presa, ficou menos na cadeia.

No Chile, os sintomas do golpe estavam no ar: greve dos caminhoneiros, boicote econômico, manifestações de militares, críticas incessantes ao governo na imprensa escrita e na TV. "Você sentia que estava em gestação o golpe de estado. Eu tomei o cuidado, no caso eu e a Tereza, de sairmos da casa onde morávamos, um bairro afastado de Santiago, um bairro de classe média", conta Ibrahim. Ali, a maioria era contra o governo e não gostava de estrangeiros. "Saía muito na imprensa sobre estrangeiros que ajudavam o governo", diz Ibrahim.

Dois a três meses antes do golpe, Ibrahim e Tereza já vivem no centro de Santiago, onde a população é mais heterogênea e há gente de esquerda e de direita. A saída é providencial: horas depois do golpe, em 11 de setembro de 1973, a casa do bairro de classe média foi invadida.

No dia do golpe, o amigo Luís Cardoso, o Luisão, dos primeiros anos de SENAI, da Cobrasma e de militância na VPR, estava em Santiago, voltando para o Brasil após uma visita para contatos. Luisão, que continuava na organização do movimento sindical em Osasco, sabia que Ibrahim tinha ido pra Cuba. Quando soube da chegada dele ao Chile, conseguiu organizar sua visita de contato ao país.

Ibrahim o acompanha até a rodoviária, para se despedir. Saem às 5h30 de casa, à pé, conversando. Luisão entra no ônibus. Saindo de Santiago, ele vê o movimento de tropas e pensa que aquilo já era o golpe. Quis ligar na primeira parada, numa cidadezinha, e avisar o amigo, mas não consegue: todas as comunicações já estavam cortadas. Mas teve sorte: seu ônibus foi um dos últimos autorizados a atravessar a fronteira do Chile em direção à Argentina.

Luisão leva cartas. Uma delas é para Paulo de Mattos Skromov, que nunca a recebeu. Luisão é preso no seu retorno com a carta microfilmada que lhe fora enviada por Ibrahim.

O aviso de Luisão não era necessário. Já na volta da rodoviária, Ibrahim vê o movimento de tropas. "Acordei a Tereza, que nesta época estava grávida. Cheguei pra ela, falei: "'É o golpe, vi as tropas nas ruas'. Cheio de tanque, essa coisa toda". Tereza tinha bons documentos, mas os de Ibrahim eram "fajutos". O que significa que ele corre muito risco de ser pego pelo novo regime.

Começa uma verdadeira caça aos estrangeiros pelo regime ditatorial. É preciso procurar abrigo numa embaixada, a fim de sair do país. Ibrahim passa dias em parques tentando contato, e volta para casa sempre antes do toque de recolher. A preocupação maior é com a mulher grávida. Entra em contato com os pais dela, que moravam no Rio de Janeiro, pedindo para vir ficar com a filha, pois ele precisava sair. Mas o aeroporto de Santiago está fechado nas três primeiras semanas após o golpe: ninguém entra e ninguém sai do Chile nesse período.

Até o golpe, Ibrahim tinha recursos provindos da empresa metalúrgica. Depois de 11 de setembro, a empresa é invadida e saqueada, de forma que a questão da sobrevivência é cada vez mais material também. O casal conta com a solidariedade dos amigos. Thiago de Melo, até antes de viajar para a Argentina, o ajuda, assim como amigos chilenos que levam para eles mantimentos e dinheiro. Os sogros não chegam. "Uma bela manhã tocam na porta, a Tereza vai olhar, abre a janelinha, e fala pra mim: 'Zé, a polícia'. Fodeu, né?" Eram vários os policiais. "Eles entraram, olharam a casa, não vasculharam, só olharam, pediram documentos. A Tereza mostra o documento que tinha, o passaporte brasileiro. Aí pediram o meu".

Quando a mãe viera visitar Ibrahim, ele pediu que ela trouxesse seus documentos. Veio com dona Zelvina a carteira de trabalho. Sem alternativa, Ibrahim pega o documento. "No Chile não tinha carteira profissional, eles não conheciam esse tipo de documento. O cara olhou, abriu, viu a fotografia. Na minha opinião percebeu que não era passaporte, me entregou e falou assim: 'Essa casa já foi *allanada*', invadida e vasculhada? Eu falei: 'Ainda não'. Ele falou: 'Não é o meu papel'." O *allanamiento* é feito, em tese, só pelo Exército, explica o chileno: "'Vou noticiar que nesta casa moram estrangeiros e que não foi *allanada*'. Escutei. Falei obrigado, *muchas gracias*. O cara me deu a dica. Na minha opinião, era que o cara não era favorável ao golpe, viu a nossa situação, a Tereza grávida".

Não dá para ficar mais tempo, a polícia vai voltar. De forma que decidem, sabendo que os pais de Tereza iriam chegar logo, que ela ficará na casa dos amigos chilenos e ele irá buscar refúgio numa embaixada.

Um amigo chileno, militante do Partido Socialista de Allende, na busca por uma embaixada constata que, 21 dias após o golpe, elas estão lotadas. A única possibilidade é a do Panamá. "Eu seria um peso pra qualquer chileno que tivesse que me guardar na casa dele. Eles estavam atrás de estrangeiro. Saía na rádio, na televisão... os estrangeiros que queriam matar chileno, os estrangeiros que foram treinados em Cuba. Eu era o típico", lembra Ibrahim. "Tinha vindo de Cuba, feito todos os treinamentos lá, era o cara. A polícia brasileira da ditadura estava lá também, colaborando, atrás de brasileiros, ajudando a caçar".

É outubro, e Ibrahim vai tentar entrar na embaixada do Panamá. Pegaria um ônibus, desceria um pouco depois da embaixada para ver se estava tudo certo e, sendo o caso, voltaria caminhando até a entrada do prédio. Tinha de entrar sozinho. Mas Tereza, mesmo grávida, quis ir junto, pelo menos pra ver se ele conseguia ou não entrar:

> Chegando perto percebi o movimento. Tinha duas camionetes, tipo Kombi, carregando e descarregando. Pensei: "Agora não tem recuo, agora ou vai ou racha".

Quando fui chegando perto do portão da entrada da embaixada, uma casa térrea, mirei o portão e fui. E aí os caras me seguraram. Os caras que estavam no carro descarregando pularam pra cima de mim. Nisso já tinha aberto o portão, tinha um jardim na frente. Já tinha entrado, me embolei com eles. Esse pessoal era da polícia chilena, que estava ali vigiando, disfarçados. E quando tentei entrar, foram pra cima de mim. Só que eles tentaram me pegar dentro do jardim e ali tinha a maior força do mundo, o pessoal que estava na embaixada".

O pessoal percebe a movimentação. Grita, bate no vidro, e Ibrahim segue tentando escapar. A camisa é rasgada, uma das mangas é arrancada, e ele consegue escapar. A porta está aberta, graças aos companheiros que estão lá dentro sem necessidade. "Eu me joguei para dentro da embaixada, aí trancaram. Quando me joguei, na minha cabeça ainda não estava na embaixada. Tinha um corredor e tudo que tava na minha frente eu fui levando. Até que cheguei no fundo e parei". Alguém providencia uma cadeira para Ibrahim se sentar. Do lado de fora, Tereza e dois amigos chilenos estão aflitos. Mas se tranquilizam quando Ibrahim está dentro do prédio.

Como represália à entrada de Ibrahim, a polícia chilena, no mesmo dia, dá tiros de fuzil no teto da embaixada. O embaixador sente a pressão. No dia seguinte, o diplomata chega nervoso e diz ter recebido protestos do governo chileno. Chama Ibrahim e diz: "Você não vai poder ficar aqui, vai ter que sair, aqui não pode ficar". "Falei primeiro que era um absurdo: 'Estou sob vossa proteção, daqui não saio, se sair é minha morte'". O embaixador responde: "Ou você sai ou eu saco 'la baina'". "Baina" é bandeira. Isso significava carta branca para o governo chileno invadir o prédio. "Eu saio da sala dele me reuni com o pessoal: 'O cara quer que eu saia'". Monta-se uma comissão, com representantes de diferentes nacionalidades, para conversar com o embaixador. Esperam para ser recebidos.

Ibrahim fazia parte. Cheio de crianças, mulheres grávidas. Era um absurdo, nem pensar em tirá-los de lá. Ele se emocionou, chora. Dentro da embaixada, chegam as notícias de massacres no Estádio nacional, inclusive a da morte do cantor popular chileno Victor Jara, que teve primeiro os dedos cortados e, em seguida, recebeu golpes, pontapés e teve de ouvir gritos de "canta", "canta". A história é chocante. Jara, cambaleando, fala para a plateia fazer a vontade do comandante que lhe tinha cortado os dedos. Levanta os braços para mostrar as mãos ensanguentadas e começa a cantar o hino da Unidade Popular com o coro dos prisioneiros. Soa uma rajada de balas e o corpo de Victor cai. "Coisas terríveis que a gente sabia que estava acontecendo".

A embaixada do Panamá está superlotada. "Para se ter uma ideia, pra sentar fazíamos rodízio. Prioridade para as mulheres, as pessoas mais idosas, as mulheres gravidas, as crianças. Pra dormir, pra fumar..." Tudo precisa ser organizado e priorizado, do espaço à alimentação. São centenas de pessoas, não é possível nem ao menos andar pelos corredores. Teotônio dos Santos, um dos autores mais importantes entre os que pensaram a teoria da dependência, também um dos estrangeiros que estavam na embaixada do Panamá, que dá uma solução. Ele aluga sua casa, que ficava perto da embaixada, para o Panamá, por um valor simbólico. O embaixador, assustado, acaba aceitando. "Aí fomos transferidos desse lugar pequeno para o lugar mais amplo que tinha um quintalzão, uma área de vidro", conta Ibrahim. No fim de outubro, começo de novembro de 1973, os refugiados da embaixada conseguem embarcar para o Panamá. Dois aviões são necessários para transportá-los. Viajam em primeiro lugar as pessoas com problemas de saúde e as mulheres grávidas. Ibrahim pega o segundo avião.

No Panamá

Enquanto Ibrahim está na embaixada, os pais de Tereza chegam ao Chile e cuidam da situação da filha. Ela, quando pode, parte para o Panamá, via Colômbia. O filho está prestes a nascer. Ibrahim desembarca no país pouco depois. Seu grupo é recebido no aeroporto pelo presidente do Panamá, Omar Torrijos. Torrijos era um militar de esquerda, um general populista, na definição do próprio Ibrahim, que peita os Estados Unidos quando o assunto é o canal. Simpático, ele dá boas-vindas aos refugiados, diz que a passagem teria de ser transitório, mas que os militantes contariam com apoio do governo durante todo o tempo que precisassem ficar.

Os refugiados são enviados para o interior do país, numa região considerada mais segura pelo governo. Afinal, os norte-americanos tinham bases militares ao lado do canal, na capital. De forma que Ibrahim está a cem quilômetros da mulher que espera seu filho. A primeira batalha é conseguir estar com ela na capital. Tereza tem alguns contatos, e um casal que tinha passado pelo Estádio nacional no Chile lhe dá apoio. Consegue, enfim, autorização para alugar um apartamento. Ibrahim consegue, então, mudar-se para lá. "Cheguei já tinha um apartamento alugado, pequenino, pra gente morar". O casal não tem dinheiro para fazer o parto, que ele quer que seja o mais seguro possível, devido ao drama vivido pela mulher. A família panamenha, Júlio e esposa, tem o pai médico em um grande hospital. "Quando cheguei na cidade do Panamá tinha duas opções [para a Tereza dar a luz]: o serviço público ou o privado. Na minha cabeça não tinha que ser no serviço público que sabia que tinha sido péssimo". Mas com que dinheiro?

Nesse meio tempo, no Brasil, sua mãe, com sua procuração e o advogado Dr. Oliva, ganha o processo contra a Cobrasma e recebe seus direitos trabalhistas negados após a greve, de forma que vai poder pagar para fazer o parto no grande hospital. Ibrahim pede à sogra que leve o dinheiro ao Panamá o mais rápido possível, pois o bebê não tardaria a nascer. Ela então adianta a viagem e chega no dia do nascimento. Ibrahim tinha acompanhado Tereza ao hospital no dia anterior. A mãe de Tereza vai direto para lá. Como o genro não tinha dormido a noite toda, o aconselha a ir descansar. Ele vai para casa, toma banho e volta. Ainda espera algumas horas para ver o filho nascer.

Ibrahim aprecia o fato de Tereza ter sido atendida num bom hospital. "Graças a Deus, porque o parto foi complicado. Demorou horas e horas. O menino estava enrolado no cordão umbilical. Claro, foi o estresse da Tereza, um monte de coisas". Carlos Eduardo nasce no dia 21 de novembro de 1973.

É um momento feliz, após a tristeza da morte do pai Mahmud, ocorrida alguns dias antes, em 9 de novembro, nos seus 74 anos. Mahmud morre após dez anos tratando uma leucemia. Já sabia conviver com a doença. Em Presidente Altino, é o filho mais velho, Jamil, quem vai tomar conta do comércio do pai.

Registrar o filho não é possível. Ibrahim, neste momento, está banido. Não tem mais a nacionalidade brasileira, é um apátrida. O argumento jurídico é "esdrúxulo": "Foi o mesmo decreto que os republicanos usaram para banir a família real do Brasil que eles desencavaram. O banido é considerado morto civil", explica Ibrahim. "Ou seja, eu não existia como pessoa". O documento que tinha durante todo o período de exílio era o de apátrida, emitido pelas Nações Unidas.

Como a Tereza tinha documentos, Carlos Eduardo foi registrado como panamenho. Somente de volta ao Brasil, após a anistia, pôde pedir a nacionalidade brasileira. O dinheiro da sobrevivência vem do comércio ambulante: Ibrahim vende maçãs no semáforo. Não é só Ibrahim que tem o problema. Em situação semelhante, muita gente que saíra do Chile e precisa encontrar um país que recebe refugiados. "Quem tinha origem italiana estava buscando a embaixada Italiana. A maioria queria França. O único continente que poderíamos ir era pra Europa", lembra. Um cubano ligado ao serviço de inteligência o procura e diz: "Volta pra lá, a gente ajeita e você volta". Mas Tereza não quer: "Eu não vou pra Cuba, não sei como é que é, não vou poder voltar pro Brasil". "Ela não quis, bateu o pé, não!". "Respeitei a posição da Tereza. Eu tinha um medo do cacete de ir para a Europa. A América Latina eu dominava, mas ir para outro continente desconhecido pra mim era complicado", diz Ibrahim.

A decisão de respeitar a posição de Tereza é acompanhada, no entanto, de uma insegurança sobre o que fazer. "Tereza tinha um outro nível intelectual que o meu. Tinha nível acadêmico. Eu era peão", explica Ibrahim. "Aí foi engraçado porque eu fiquei numa lenga-lenga desgraçada pra decidir e quando comecei a procurar embaixada, com o documento de apátrida (...), começaram a dizer que a cota estava feita, não queria mais ninguém". Ele procura Itália, França, Alemanha, Inglaterra, lugares onde a Tereza gostaria de ir. O filho, Carlos Eduardo, tem entre vinte e vinte e cinco dias de vida. Conversando com o compadre Marco Mouro, padrinho de Carlos Eduardo que também passara pelo Chile e era vizinho no Panamá, vem uma alternativa. "O consulado da Bélgica está dando visto, só que você tem que pagar 50 dólares para o secretário do consulado. Eu já fiz". Nem Mouro nem Ibrahim querem ir para a Bélgica, mas não há outra opção. É pra lá que Ibrahim, Tereza e Carlos Eduardo vão.

No tempo no Panamá, Ibrahim e Tereza se casam. Ainda no Chile, na embaixada do Panamá, os pais de Tereza, quando conseguem viajar, foram lhe fazer uma visita no portão da embaixada do Panamá onde estava refugiado. Foi lá que se conheceram. Levaram até um pernil de porco. Vendo a filha grávida, querem que eles se casem antes do nascimento do neto. Mas, como? Ibrahim era apátrida e ela estava casada com um marido desaparecido.

No Panamá, tiveram a ideia de fazer o casamento na igreja, com um cerimonial de casamento. O Júlio, amigo panamenho do casal, conhecia um padre, da teologia da libertação, que também esteve preso no Estádio nacional. Júlio fala com ele para fazer o casamento. Ele topa. Casamento com festa, tendo Marco e Ruth como padrinhos. "E o padre aparece lá em civil! Eu falei, não, assim não! Ninguém vai ver que você é padre! Tem que botar aquele negócio, a bata! E o padre se virou pra conseguir (...) e aí foi feito o casamento", conta Ibrahim.

Nos três meses no Panamá, Ibrahim encontrou-se com Mario Japa, Shizu Ozaya e Maria do Carmo. Soube que o casal de amigos, de militância da VPR, Diógenes Oliveira e Dulce Maia, já estavam morando na Bélgica. Uma carta do casal o deixa mais seguro para enfrentar a Europa. Ibrahim pede o número do telefone, diz que está indo com mulher e filho e, assim, começa uma nova fase do exílio.

Na Bélgica

O comitê de solidariedade Bélgica-Brasil é muito atuante. Quando soube que tinha uma demanda de um casal de brasileiros com uma criança de 40 dias, ele metalúrgico, ex-presidente do Sindicato de Metalúrgicos de Osasco, que enfrentara a ditadura e foi trocado pelo embaixador norte-americano, um casal de metalúrgicos socialistas da Bélgica, de Nivelles, a 40 km de Bruxelas, perto da fronteira com a França, do lado francófono, se candidata para receber a família: "Somos metalúrgicos do partido socialista, estamos no comitê de solidariedade Belga-Brasil, a gente gostaria de receber este casal".

Quando chegam ao aeroporto de Bruxelas, em 9 de janeiro de 1974, os amigos e o casal de Nivelles os esperam. "Havia esse movimento na Europa toda. Tinha as organizações de solidariedade que recebiam. O golpe do Chile traumatizou enormemente, havia um movimento de solidariedade muito grande". A família brasileira e a dos belgas se entendem rapidamente. Ibrahim, Tereza e Carlos Eduardo seguem com eles para Nivelles. Ibrahim e Tereza ainda não tinham imaginado as dificuldades. Não falam francês, faz frio (menos de 10° C, contra os 40° C que fazia no Panamá). O filho pega uma pneumonia. Vão ver o médico, mas os operários belgas não podem acompanhá-los: estão trabalhando. A comunicação só acontece graças à boa vontade dos interlocutores. Era preciso se fazer entender na consulta, comprar remédios na farmácia, superar a barreira linguística. "Aprendi o francês assim, no combate. Se o cara fizesse uma pergunta, já me atrapalhava, mas tinha que me comunicar", conta Ibrahim.

A família não tem roupas adequadas. Mais uma vez, conta apenas com a solidariedade dos belgas, que arrumam vestimentas para que os três enfrentem o inverno Europeu.

Uma das primeiras coisas que faz é regularizar sua situação como refugiado político. Antes tinha o documento da Acnur – agência da ONU para refugiados –, o "laisser passer" de refugiado político. Para obter os novos, a pessoa é interrogada pela polícia belga, a fim de verificar se ela é realmente perseguida. Um conhecido da família tem dificuldades para obter o estatuto de refugiado. "Chegou botando banca – não estava orientado –, dizendo que participou de assalto a bancos, tiroteios... A polícia disse que aquilo era bandido. A gente gozava pra caramba", lembra Ibrahim.."Gaúcho dando uma de macho, que tinha feito e acontecido" – quando tinha de dizer que tinha sido preso e era perseguido político por suas ideias.

O governo panamenho pagou a passagem, tudo para que eles saíssem. "A gente sabia que era um financiamento da ONU". Foi no Panamá que conseguiu o documento de apátrida. Como é a situação psicológica de uma pessoa que o país não reconhece? "A questão era bronca, aumentava a bronca contra a ditadura. Não era meu país, o povo, mas um regime autoritário. Nunca reconheci o direito deles de fazer isso..." Não estão autorizados a fazer isso, mas fazem porque têm a força. Nunca me causou um grande problema (...) dava mais forças para continuar na luta. Demorasse o tempo que demorasse, Ibrahim tinha certeza que aquele período ia passar.

O pedido de refugiado é aceito. O governo belga reconhece a situação e as Nações Unidas fornece o passaporte de refugiado político. Com ele, Ibrahim vai poder trabalhar. E era preciso. Jean--Marie, o amigo de Nivelles, procura um conhecido da fábrica, um diretor de uma empresa multinacional canadense, a Omark-KSM que tinha três crianças na mesma escola de seus filhos. "Ele falou de mim e o cara falou assim: 'Ele é metalúrgico, tem essa profissão, ponho na fábrica, vamos ver'."

Um mês depois, ainda não falava a língua, mas com os conhecimentos na área metalúrgica, foi admitido para fazer manutenção de máquinas, um cargo de operário não especializado. O trabalho é em três turnos. Começa no das 10 horas. "Seis horas de trabalho: no Brasil, eram quase nove horas". Ainda não sabe falar francês, tem problemas de comunicação:

> Mas as pessoas procuravam se aproximar de mim. Aos poucos foram conhecendo minha história. Pra você que vem da guerra, guerra civil do Chile, na empresa meu convívio foi muito bom, uma solidariedade enorme. Pouco a pouco as pessoas foram vendo que era um bom peão, que na Europa o cara aprende apertar parafuso desse jeito, se der um outro tipo de parafuso com outra rosca, se atrapalha."

No Brasil, Ibrahim tinha que fazer de tudo. "Os caras falavam: 'Você é engenheiro', 'Não, só tenho curso profissional'. Tinha um problema numa máquina, eu ia lá. Antes o trabalhador tinha um problema, parava até que o técnico viesse arrumar. Rapidinho eu ganhei um certo prestígio profissional dentro da empresa e aí abriu uma vaga no controle de qualidade".

Um dia estão trabalhando no período noturno e começa a cair neve. "E os caras 'pô, ta nevando' O quê? Neve? Os caras estavam fazendo lanche tipo duas três horas da manhã. Neve, não conheço, nunca vi! E o cara começou a comentar: 'Ele nunca viu neve, ele nunca viu neve'." E todo mundo saiu para ver a neve, quase ninguém mais trabalhou naquela noite. "Fomos brincar na neve. Todo mundo se divertindo comigo e eu brincando na neve. Um frio do cassete", lembra.

Na empresa, Ibrahim constata que havia uma tecnologia que ele não conhecia no Brasil. Era o início da robótica: "Estou falando de 1974, 1975. Era o início da robótica na Europa, a informatização na área da metalurgia e esses conhecimentos eu não tinha, então eu tive que ir adquirindo, mas eles também não tinham, todo mundo foi adquirir".

A política da empresa permite que qualquer operário se candidate às vagas novas que surgem. O encarregado o indica a uma delas. Ibrahim topa, mas havia decidido não tomar a iniciativa. "Tinha cara lá que tinha 10, 7 anos de empresa, bem mais velho que eu", lembra. "Não vou forçar a barra". O brasileiro tinha cerca de seis meses na empresa, não sabia nem se comunicar direito em francês, mas não podia dizer não ao chefe. Passou no teste, assumiu o cargo e teve um bom aumento de salário.

Com as economias que tinha feito, resolve que é hora de alugar uma casa. Fala para o casal, que lhe propõe ficar mais tempo com eles, a fim de juntar mais dinheiro. Mas ele queria ter sua casa e morar mais perto do trabalho. De onde morava, ia, inicialmente, para a zona industrial de ônibus. Depois, conseguiu uma lambreta emprestada. No inverno, sob neve, tinha de colocar corrente nas rodas para poder andar os cinco quilômetros. "Imagina um peão de Osasco dirigindo uma lambreta na Bélgica com meio metro de neve!", brinca. Uma experiência bem diferente da pedalada que dava de bicicleta de Presidente Altino até a Cobrasma, na rua da estação. "Pior era fazer o turno das 10 da noite". O farolzinho da lambreta, a neve caindo, a distância até chegar em casa. "De um lado, vida de cão, por outro lado, em liberdade, não tinha repressão, e estava ganhando minha vida. Segurava a onda, isso dava força, não era um país hostil, mas solidário".

Os belgas de Nivelles têm pouco conhecimento sobre o Brasil e a América Latina, que começa a ser visível na Europa após a queda do Allende. "Confundiam Brasil com Argentina. Brasil era um pouco de futebol, após as copas de 1958 e 1970, samba e futebol", explica Ibrahim. Mas, se o assunto fosse política ou geografia, a "peãozada" que trabalha com ele tem pouco "Eu tinha que explicar", lembra o brasileiro. "Os negos até começaram a ler questões internacionais. E depois vinham comentar comigo, traziam recortes de jornal. Passei a ser uma pessoa. Eles gostavam de mim. Sou fácil de fazer amizade".

Durante a noite, os operários levam caixinhas de cerveja, que bebem na temperatura ambiente. Ibrahim acha o hábito estranho e, ao mesmo tempo, engraçado. "Todo mundo levava sua caixinha de cerveja. Eu não levava, cultura minha que aquilo não podia. (...) O cara trabalhava na máquina me chamava, 'José, vem tomar uma cerveja comigo'. Vinha (...), era uma garrafinha. Abria na mão. (...). Eu ficava olhando se tinha gente, olhava prum lado, para o outro (...), até mesmo na hora do lanche todo mundo tomava sua cerveja". Ibrahim tinha receio de fazer a mesma coisa dentro da fábrica, mas constata que belgas não se intimidam. "Em qualquer momento, quando sai do trabalho às 5 da tarde, quando pega o turno das 6 da tarde... Passa na padaria, nos botecos, todo mundo tomando cerveja, os que estavam indo trabalhar e os que estavam saindo como se fosse café da manhã", comenta ele. "Uma cultura de peão para suportar o frio e depois vira costume. A cerveja é da cultura belga (...), principalmente a peãozada. Classe média curte mais o vinho, em determinadas horas".

Foram necessários uns seis a oito meses para Ibrahim poder comunicar razoavelmente em francês. É um período muito importante na sua vida: "Depois de muito tempo tive estabilidade, emprego bom".

Nesse período, sindicaliza-se e faz campanha de sindicalização. "Tinha gente que não gostava de sindicato". Filia-se à Confederação de Sindicatos Cristãos, central "que era forte na região e fazia o melhor trabalho", conta. "Tinha muito pouca representação e eu peguei amizade com os caras que eram delegados sindicais (…) que começaram a me levar pro sindicato. Dei palestras. Eles faziam cursos de formação sindical". Ibrahim faz palestras sobre sindicalismo na América Latina, fala sobre a situação do Brasil e do Chile. E, assim, vai se entrosando.

Constata as diferenças entre o sindicalismo brasileiro e europeu. "No Brasil, pra você ter negociação no local de trabalho, é muito difícil, não existe, quer dizer, o sindicato, para entrar numa empresa, para discutir o problema de uma empresa, tem muita dificuldade, porque ele está de fora", explica. "Na empresa não tem uma organização, não tem um braço do sindicato. Isso é o que acontece no geral. No caso da Bélgica e na Europa em geral, tem o braço do sindicato, muitas vezes é essa organização no local de trabalho que já está negociando. Às vezes nem passa pelo sindicato, porque se resolve ali mesmo. No caso do Brasil, não".

Depois, conhece a outra central, a FGTB – Federação Geral do Trabalho da Bélgica, onde também começa a atuar. "Eu era convidado como uma pessoa que conhecia o movimento sindical da América Latina, do Brasil particularmente. O Brasil sempre foi um país importante, uma referência para a Europa na América Latina. A resistência aqui no Brasil sempre foi muito importante", diz.

A vida pessoal também melhora. "Me convidavam para aniversário, para churrasco". Ibrahim ganha presentes, é bem tratado pelos colegas. "Os caras procuravam me agradar. Solidariedade de peão. Não podia falar um 'ai', que estava precisando de alguma coisa, que estava com dificuldade, que aparecia alguém: 'Pode deixar que isso eu faço'. Esse período na fábrica foi muito bom, até para aprender sobre a Europa", diz. "A Bélgica foi um período bom da minha vida".

Visitas

Sandra é a primeira pessoa da família que vai visitá-lo. Quis vê-lo no Chile, mas Ibrahim o aconselhou a não ir, pois o golpe contra Allende era iminente. Quando ele deu a notícia da possibilidade de ir para a Bélgica, Sandra já estava casada com Fauler, um publicitário da Editora Abril que foi convidado para trabalhar na Rádio BBC de Londres. Sem conhecer a proposta, ela lhe disse que queria ver o tio na Bélgica. "Falei pra ele: 'Vamos embora. Nem que seja pra ficar dois meses, mas vou ver meu tio!'. Ele me perguntou: 'Você quer morar na Europa?'. Respondi: 'Quero'. E ele: 'Então, a proposta que recebi é pra trabalhar na BBC de Londres'. Não deu quinze dias, nós estávamos em Londres!", conta ela.

As coisas acontecem quase ao mesmo tempo. Sandra estava havia pouco em Londres quando recebe o telefonema de Tereza com a data da viagem da família do Panamá para a Bélgica, passando pelo aeroporto londrino de Heathrow. Sandra não pensa duas vezes. Vai para Heathrow carregada "Lá estava eu seis horas da manhã no aeroporto! Fiz feijoada". Não foi uma tarefa simples: "Andei naquela Londres inteira para comprar feijão... Era caríssimo! Carne seca, essas coisas... Só que a Tereza, na visão dela, o que ela fez? Avisou: 'Vou chegar em Heathrow a tal hora, no voo tal'. Só que era só uma conexão!". Consequência: Sandra não pode ver o casal nem o sobrinho. "Chorei tanto!! Chorei o dia inteiro porque não consegui ver meu tio!" Como nem Tereza nem Ibrahim falavam inglês ou francês, Sandra fica o dia inteiro sem saber notícias deles.

Sandra tinha com ela um número de telefone Liga e consegue falar com Ibrahim. Era o número da família belga que os recebeu. "*Dois dias* e eu já estava na Bélgica!" Assim que chega à estação e vê o tio..."Mas eu chorava tanto!... Abraçava tanto ele!! E falava: "Tio

Zezinho..."! As pessoas não entendiam nada!... Pareciam dois loucos se abraçando e chorando!". Eles ficam a noite toda conversando.

Em Londres, quando a saudade batia, ela partia para Bélgica. Depois, Ibrahim, Tereza e Carlos Eduardo foram visitá-la. "Quando o Zé chegou no aeroporto em Londres, com o passaporte vermelho da ONU, todo mundo, os policiais, a Scotland Yard, todo mundo de olho naquele homem com o passaporte vermelho!", lembra Sandra. "Eu falava: 'Tá vendo o que a gente passava lá em Presidente Altino quando você estava preso? É isso!' Tinha policial da Scotland Yard à paisana! No zoológico, sempre tinha alguém seguindo ele".

O casal Sandra-Fauler terminou se mudando para Nivelles, a mesma cidade de Ibrahim. Na verdade, a mesma casa, uma grande, para toda a família. "Lá era o reduto dos exilados... Ia Vladimir Palmeira, a Maria, a mulher dele... Ia todo mundo lá!", lembra ela. Às vezes, fazia frio de três graus negativos, mas Tereza, carioca, aquecia a casa até os 40° positivos. "Ficavam jogando baralho, comendo queijo, tomando vinho. Aproveitando a vida!... E, lógico, articulando! Articulando, articulando as coisas todas!" Nesses tempos, Sandra encontra Roque em Paris. Você não imagina a emoção de ver aqueles que sobreviveram!" E pensava no Barreto, que tinha sido morto...

Em Nivelles, a mãe Zelvina o visita. Viúva, fica com o filho cerca de seis meses, na primeira vez. Na segunda, cerca de um mês. Sandra já não está mais na cidade. Está grávida. Como toda a família quer ver o nascimento e conversar com o marido. Juntos, decidiram ter a filha no Brasil, onde planejam ficar por dois meses. Depois, voltariam. Assim, ela está indo para o Brasil quando a avó viaja para Bruxelas. Sandra e Zelvina combinam um encontro em Portugal, mas uma greve de controladores de voo impede que elas se vejam: o voo de Sandra termina não descendo em Lisboa, enquanto o de Zelvina fica bloqueado por dois dias na capital portuguesa. A avó tinha escrito uma carta à Sandra dizendo que iriam a Paris para "badalar". Sandra termina não voltando à Europa, por conta da relação conturbada com o marido.

Zelvina adora a cidadezinha antiga de Nivelles. Lá, visita monumentos da Idade Média, mas também observa as plantações de batata e beterraba nas imediações. Ela visita outras cidades do país, como Bruges e Bruxelas. Fica encantada.

A segunda estadia dura apenas um mês. Uma ferida na orelha que não cicatriza faz Ibrahim procurar um médico. Ele constata, após alguns exames, a ocorrência de um câncer de pele. O filho dá um jeito de mandá-la de volta ao Brasil, a fim de fazer os tratamentos necessários.

Quando completa um ano em Nivelles, mais ou menos, Ibrahim começa a achar que não dava mais para ficar no interior, longe dos conhecidos. Também achava que já tinha ficado tempo demais longe do Brasil. Numa carta ao sociólogo Herbert José de Souza, o Betinho, irmão do Henfil, a quem trata por "meu chapa" e que deve ter encontrado no Chile – Betinho se encontra, nesse momento, 3 de fevereiro de 1975, exilado no Canadá – fala do trabalho de subsistência na fábrica, das dificuldades da vida na Europa e afirma não ver a hora de voltar. Conta que Tereza, anda remando "contra a maré" e que ele deve parar o 1º ano de faculdade, uma vez que o serviço social da universidade cortou a ajuda. Quer saber sobre outros exilados políticos, diz que fundou um comitê antifascista e que o filho está ótimo, lindo e vivíssimo.

Fonte: CPDOC, 1975.

Ibrahim quer ir para Bruxelas, a capital onde vivem os amigos. Eles se organizam pela anistia no Brasil. "E eu lá em Nivelles, trabalhando em três turnos. De vez em quando o pessoal de Bruxelas ia me visitar. Não dava mais, tinha que estar no lugar da atuação política, embora estivéssemos bem instalados, comprado carro, um fusquinha 68, alemão, amarelo".

Tereza arrumara um trabalho de meio período em Nivelles. E faz universidade em Bruxelas. Tinha interrompido o curso no Brasil, por causa da repressão, e conseguiu regularizar a fim de entrar no terceiro ano em ciência política. Obteve uma bolsa de estudos, criada para refugiados políticos, com facilidade. "Eu trabalhava, ela estudava e o menino ia pra creche", conta Ibrahim. "Na Bélgica tem esse negócio. Com seis meses, você já pode botar o bebê na creche. Então saía de manhã, quando podia era eu, quando não podia era ela. Deixava o bebê na creche e pegava no final da tarde. Dava pra eu trabalhar, para ela estudar, a gente se adequava a essa situação, mas comecei a me encafifar com a história de que já tinha passado o meu período em Nivelles, que tinha que ir para Bruxelas".

Para Tereza, era melhor viver em Bruxelas. Carioca, estava habituada a viver numa grande cidade. Nivelles de apenas 15 mil habitantes lhe parecia um tanto minguada demais. Mas como conseguiriam viver na capital, ele sem trabalho e ela só com uma pequena bolsa? Dariam um jeito. A decisão estava tomava: iam pra Bruxelas.

Ibrahim procura o chefe e diz que vai pedir as contas.

– Você arrumou outro emprego? – pergunta ele.

– Não!

Iria procurar outro em Bruxelas. "O cara não se conformava. Aquele diretor que tinha me admitido mandou me chamar". A empresa tem a intenção de transferir Ibrahim, como chefe de controle de qualidade, cargo ainda mais importante, com maior salário, para uma unidade maior que estavam construindo em outro lugar. O brasileiro agradece, mas tinha que continuar seu caminho. Ninguém entendeu, ele estava bem na empresa, tinha bela perspectivas. "Chutei o pau do barraco e aí fui embora pra Bruxelas".

Na capital

Não é fácil encontrar casa para morar na capital belga. "Tinha muito racismo na época, ninguém gostava de alugar pra estrangeiro", diz Ibrahim. "Estrangeiro era mal visto, latino-americano pior ainda". Bruxelas é uma cidade grande e hostil para com os estrangeiros. Um casal de amigos de Bruxelas tenta ajudá-los. Quando dizem que a casa era para uma família brasileira, recebem sempre uma resposta curta e direta: "Não alugo para estrangeiro".

Um dia os amigos leem um anúncio no jornal e ligam. A pessoa que atende explica as características do apartamento, o valor e as condições do aluguel. Antes de marcar encontro para visitar o apartamento, os amigos explicam que é para brasileiros. A resposta, dessa vez, é inesperada:

– Ainda bem, não gostaria de alugar para belgas. Estou precisando alugar, mas iria me incomodar bastante se fosse para uma belga.

É um sobrado de dois quartos perto do centro de Bruxelas, Rua Mareyde, n° 7. O dono mora no apartamento de baixo e, no andar de cima, com escada independente, está o apartamento que quer alugar. Espanhol, com crianças, seu modo de vida é diferente: mais "barulhento", certamente não agradaria a um belga. Ibrahim gosta do apartamento, de sua situação geográfica, mas o preço do aluguel não é barato. Como tem algumas economias, vai poder bancar o aluguel durante alguns meses, enquanto arruma trabalho. O espanhol fica feliz quando fica sabendo que os brasileiros têm um filho. Os seus "adotaram" Carlos Eduardo como amigo. No apartamento, Ibrahim pode receber amigos de passagem. Um deles é Leonel Brizola.

Rua Mareyde, nº 7, em 2017. Foto: Antônio Lira

Brizola, José Ibrahim, Carlos Eduardo e Tereza, em Bruxelas.
Foto: arquivo da família

Em Bruxelas, começa a organizar a vida. Consegue uma bolsa do ministério do trabalho belga por nove meses. Além de Diógenes Oliveira, Dulce Maia encontram-se na Bélgica o cabo Mariane, Vladimir Palmeira, Marco Mouro, Ruth Mouro, Athos Pereira, Dagmar Pereira. Conhecem também Andeson Clayton, Darci Rodrigues, Antônio Barbosa Lira e outros.

A Bélgica recebeu, entre 1974 e 1976, cerca de 8.000 refugiados brasileiros, chilenos, nicaraguenses, entre outros latino-americanos. Muitos não dispõem de orientação e têm famílias passando necessidades. Ibrahim pensa, então, numa organização que possa ajudá-las a enfrentar a burocracia e a polícia belgas. Por sua iniciativa, a Casa da América Latina vai ser criada em 1976. "Fui fundador e primeiro presidente, fiquei de presidente até a partida". A Maison, que em 2016 é dirigida por David Cusatto Lira,[1] é o desenvolvimento do Seul – Serviço Europeu dos Universitários da América Latina, organização criada pelo rei belga nos anos 1930 a fim de reunir empresários belgas com negócios na região. Fechado durante a Segunda Guerra Mundial e reaberto em 1966/7, o Seul funciona até 1974 como um serviço de apoio aos estudantes (cerca de 160 estudantes são bolsistas do governo Belga), na Avenida Legrand, perto da Universidade Livre de Bruxelas.

Com a participação dos militantes exilados, sob a coordenação de Ibrahim, a Maison de l'Amérique Latine é criada oficialmente em 4 de dezembro de 1976. Ela passa a organizar ações de solidariedade política e social se transforma aos poucos num lugar de referência para os comitês de solidariedade. É independente do governo, mesmo se recebe dele, e de outras instituições, subsídios. A casa tem parceria com a ONU e realiza uma série de atividades no seu espaço da Rua de Suède, em Saint Gilles, no sul de Bruxelas.[2]

---

1 Exilado chileno, chegou a Bruxelas com 19 anos.
2 Em 2016 ela funciona da rue du Collège, n° 27, em Bruxelas.

Prudente, ativa e moderada, participa de todos os movimentos que denunciam a violação dos direitos humanos e que estejam relacionadas com sindicatos. Para David Cusatto Lira, Ibrahim e Vladimir Palmeira foram os dois mais importantes líderes brasileiros em Bruxelas na época.

É na Casa da América Latina que vai se realizar o 1º Encontro dos Refugiados Brasileiros, com representantes do mundo inteiro, sobretudo da Europa, com a presença de cerca de mil pessoas, em três dias. O pernambucano Antônio Lira, que tinha conhecido Ibrahim em 1974, um dos muitos exilados militantes da Maison, lembra que o ex-governador do Estado, Miguel Arraes, esteve presente, entre tantas figuras. "O comitê de refugiados era bastante democrático, tinha o pessoal mais radical do PC, passando pelo pessoal de guerrilha (ALN, MR-8, VPR), o pessoal maoísta... Mas tinham um ponto em comum: a anistia. Todo mundo brigava por ela, independentemente de suas ideias".

Muitos belgas ajudam, trabalham em prol da democracia brasileira e sul-americana. Advogados defendem suas causas. O mundo sindical belga, FGTB e a CSC, por exemplo, instituições que tinham sido contatadas antes por Ibrahim e José Domingos Cardoso, o Ferreirinha, indicam postos de trabalho aos exilados. A casa representa todos os refugiados com problemas políticos, dá informações e apoio e faz pressão para que o governo belga receba não somente chilenos, mas também brasileiros, uruguaios, argentinos etc. – todos os perseguidos da América Latina. De forma que consegue trazer da Argentina 150 pessoas que se encontravam presas, correndo risco de vida. "Era muito grave, a ditadura brasileira e a chilena em termos repressivos eram incomparáveis com o que aconteceu na Argentina, onde 30.000 pessoas são contadas desaparecidas. Lutamos para que os vistos fossem divididos com outras nacionalidades", conta Lira. Inêz Oludé da Silva, brasileira de Recife, presa na Argentina, faz parte do grupo de 150 pessoas que chegam no dia 22 de setembro de 1976. Ela escreve no livro organizado por Eliete Ferrer, 68 – *a geração que queria mudar o mundo*: "Saímos, graças à luta dos companheiros uruguaios anarquistas, aos Tupamaros, aos irmãos colorados, a Dom Helder Câmara, a José Ibrahim, a Juarez de Maia, a Antônio Lira, à ação da Anistia Internacional, à minha mãe, aos meus irmãos, a Roberto Freire, a Luiz Paulo Viana".

Manifestações e atos são realizados para denunciar a ditadura brasileira. Numa grande exposição em Bruxelas, o governo pretende mostrar o Brasil como "o país do milagre econômico". Mas o que repercute, graças aos ativistas, são as denúncias de tortura e de cadeias cheias de prisioneiros políticos. Os comitês pela anistia reúnem trabalhadores, estudantes, juristas. O tribunal Bertrand Roussell, com grandes figuras internacionais, julga a ditadura militar. Ibrahim participa de duas sessões do tribunal, uma em Roma e outra em Bruxelas.

Victor Vivallo é outro frequentador da casa. Chileno, tem 20 anos quando chega a Bruxelas, juntamente com uruguaianos, argentinos e outros patrícios após o golpe de Pinochet. Solteiro, criara diversos espaços culturais para trabalhadores rurais, desenvolvendo programas de alfabetização e de saúde. Conhece Wladimir Palmeira, o líder estudantil de São Paulo, Athos Pereira, que é casado com uma chilena, Ibrahim – quando um amigo, sabendo de sua reputação de jovem sindicalista, quer entrevistá-lo para uma revista latino-americana na Europa.

Ele vê Ibrahim como uma pessoa íntegra e coerente politicamente. "Falava de forma tranquila, calmo, tinha uma certa empatia, sempre capaz de buscar o consenso. Numa casa onde os chilenos eram maioria e desejosos de obter a direção da casa".

Entre outros sul-americanos, Ibrahim encontra em Bruxelas Hugo Godoy, uruguaio que conhecera em Santiago. No Chile, ele coordenava ateliês de formação rápida, capacitando pessoas ao trabalho como costura, carpintaria e metalurgia leve. Entre os formadores, muitos brasileiros como Ibrahim, operário qualificado pelo SENAI, que coordenava os professores da área metalúrgica.

Com o golpe de 1973, Hugo busca refúgio na embaixada do Panamá, onde reencontra Ibrahim. Partem juntos para o Panamá, mas perdem o contato até o reencontro na Casa da América Latina em Bruxelas. "Um centro que era de estudantes e Ibrahim soube transformar num lugar de esquerda, um centro cultural onde passa milhares de refugiados da América Latina", lembra ele. Para Hugo, Ibrahim falava, como muitos brasileiros, com muitas cores. Era um grande orador, assim como Vladimir Palmeira.

Muitos almoços são realizados na casa, e outros em encontros no apartamento de Ibrahim. Conversa, feijoada, preparação de eventos. "Na casa de Ibrahim quem cozinhava era ele", conta Inêz Oludé da Silva. "Ele era uma pessoa muito amigável, gostava das pessoas. De fala mansa, sorridente, gostava de reunir na casa dele. A Tereza era uma princesa, os pais vieram visitá-los várias vezes. Era um casal fora do comum", diz Inês. "A mãe do Ibrahim toda pequena. Era muito engraçado, o Ibrahim gostava de contar a história do casamento com Tereza. O operário casado com a princesa. O pai de Tereza foi vestido de cavaleiro de Malta com a espada, fazendo aquele teatro".

Sempre que pode, Ibrahim liga para sua família e fala com a mãe Zelvina. Ela segue tratando o câncer de pele e dá informações de toda a família. Em 1975, Ibrahim recebe a visita de Roque Aparecido da Silva, companheiro de Osasco, da VPR e da prisão. Exilado na Suécia, Roque está indo para Paris, a fim de se inscrever em um mestrado em sociologia. Passa por Bruxelas para ver Ibrahim, após alguns contatos telefônicos. "A gente tinha várias divergências da avaliação do movimento da greve", lembra Roque. "Também não tínhamos muitas concordâncias com o papel que a gente deveria ter enquanto exilados". Roque não concordava com a decisão do comando de greve de colocar Ibrahim na clandestinidade logo na noite do primeiro dia de greve, após a invasão da Cobrasma e a intervenção declarada do sindicato.

Roque também tem uma avaliação diferente sobre a situação dos sindicatos no Brasil. Para ele, o movimento sindical estava crescendo e, nesse cenário, Ibrahim, embora desejasse isso, teria dificuldades para se recolocar como liderança. "Eu estava mostrado pra ele que enquanto exilado ele não tinha essas condições", diz Roque. Roque considera que as lideranças que estão surgindo no Brasil tinham uma relação com a realidade e com as bases no país que ele e Ibrahim haviam perdido. A avaliação de Roque o faz priorizar os estudos, e não a relação com outros exilados. Em Paris, ganha a vida trabalhando como porteiro num hotel.

GAOS – Grupo de apoio à oposição sindical

Sabendo que muitos sindicalistas como ele vivem na Europa, Ibrahim procura aglutiná-los. Rolando Frati está na Itália; José Barbosa e Manoel da Conceição, na Suíça; ele e José Cardoso, o Ferreirinha,[3] na Bélgica. Depois, Ferreirinha vai para Paris, onde também se exilam Luís Cardoso, o Luisão, Afonso Delellis e Flores (Sindicato dos Metalúrgicos de São Paulo).[4]

Eles formam então um grupo que, em 1977, se chama Gaos – Grupo de Apoio à Oposição Sindical. O grupo faz um trabalho de divulgação na Europa e no mundo da resistência brasileira e busca construir redes de solidariedade e apoio à oposição sindical brasileira. As reuniões acontecem em Paris, num espaço na Rue Montholon cedido pela central sindical francesa CFDT – Confederação

---

3 Operário metalúrgico do Rio de Janeiro, membro da Pastoral operária e ex-presidente nacional da JOC. Na volta do exílio, como Ibrahim, ajudou a criar o PT e a CUT e foi presidente do Sindicato dos Metalúrgicos do Rio de Janeiro.

4 Ver *Trabalhadores Exilados: A saga de brasileiros forçados a partir (1964-1985)*.

Francesa Democrática do Trabalho. Eles aproveitam a possibilidade de formação proposta pela central sindical e trazem membros da oposição sindical no Brasil para sessões de formação. A CFDT proporciona uma miríade de contatos de centrais sindicais do mundo inteiro, que passam a ser informadas sobre a luta dos trabalhadores brasileiros sob a ditadura. Onde puderam entrar, foram. Fechadas ao Ocidente, não conseguem estabelecer relações com as centrais comunistas dos países do Leste europeu. Nos Estados Unidos, Ibrahim não pode ir, não obtém o visto. O sequestro do embaixador que permitiu sua saída da prisão é a razão para a recusa norte-americana.

Os trabalhos realizados pelo grupo culminam com o Encontro da Oposição Sindical em Bruxelas, na Casa da América Latina, nos dias 31 de abril e 1° de maio de 1979, sob a direção de Ibrahim. "Foi um trabalho de muito sucesso", diz Ibrahim. O apoio da CFDT foi fundamental. Ele permitia não só a realização das reuniões, mas também o deslocamento dos sindicalistas. "Isso aí foi uma costura muito longa, duraram uns dois a três anos para organizar", relembra.

O encontro aproveita uma reunião internacional de sindicalistas em Bruxelas, o que inclui também uma delegação brasileira. Entre trinta e quarenta delegações presentes, entre elas a dos membros da CFDT (Roger Briesch, Denis Jacquot e Alfred Moutet) e da CISL – Confederação Internacional de Sindicatos. "Todas as centrais, da França, da Itália, da Espanha, Portugal, dos países nórdicos, do Japão, todos os que estavam [no encontro internacional] foram para o nosso", segundo Ibrahim. "Isso aí foi uma coordenação entre nós e a CFDT e a UIL – Unione Italiana del Lavoro, que nos ajudou nessa empreitada".

Na esquerda da mesa, Alfred Hervé Gruyer e Luis Cardoso, o Luisão. Ibrahim segundo da direita para a esquerda, 1979. Foto: Ari Cândido

A imagem que tinha os europeus da resistência no Brasil está ligada, sobretudo, à luta armada, ao movimento estudante e à atuação de intelectuais. Não se vê muito o papel dos trabalhadores. Uma visão parcial, que ignorava parte importante da luta. "Nós jogamos um papel importante nessa briga, nessa luta de reconquistar as liberdades democráticas e particularmente as liberdades sindicais", avalia Ibrahim. Para a realização do encontro, "todo mundo participou": militantes na França, na Itália, na Espanha e comitês da anistia que existiam em toda a Europa. "Por isso que ele foi um sucesso".

A essa altura, Ibrahim já tinha realizado outras manifestações, inclusive trazendo uma delegação de sindicalistas de oposição. Fez inúmeras palestras sobre sindicalismo brasileiro e a situação política na América do Sul em sindicatos, centrais sindicais e comitês pela anistia na França, Alemanha, Suécia, Dinamarca, Holanda, Luxemburgo, Itália, Espanha, Portugal, Suíça. Nessas oportunidades, encontra-se com Arraes, Brizola e outras figuras conhecidas da esquerda brasileira.

O movimento pela anistia realiza, no Largo de Osasco, um dos pontos mais frequentados da cidade, manifestações para chamar a atenção da população. Zelvira, mãe de Ibrahim, com mais de 70 anos, cabelos brancos, faz parte do grupo que milita pela anistia. Como Zuzu Angel, é incansável. Quer trazer seu filho de volta para sua terra. Ela, Iracema, irmã de Roque, entre tantos ativistas, colhem assinaturas pedindo anistia. Para angariar fundos e pagar a despesas, os militantes que lotam as prisões fazem pulseiras e colares que são vendidos nos eventos.

Próximos da volta: uma luz no fim do túnel

Antes do Encontro de Bruxelas, Ibrahim dá uma entrevista para as páginas amarelas da *Veja*, publicada na edição do dia 12 de abril de 1978, com o título: "Não queríamos o poder: o líder da greve de Osasco fala de 1968 e analisa a questão sindical". A entrevista é feita por Sérgio de Oliveira, que esteve na Bélgica para entrevistar "o mais jovem e notório dirigente sindical do país". O jornalista quer sua análise e suas opiniões sobre "o sindicalismo de seu tempo e de hoje num momento em que a questão operária ocupa cada vez mais as atenções de políticos, empresários e do próprio governo brasileiro".

O líder sindical de 1968 fala das medidas do governo instalado em 1964, da necessidade de se construir um sindicalismo moderno no Brasil, com comitês de fábrica, independente do governo, sem a herança populista. Pensa que, em 1968, avaliou mal a disposição do governo e dos patrões de negociar. Ibrahim critica o líder nascente, Luiz Inácio da Silva, o Lula, que, no sindicato desde 1969 e até 1977, passara despercebido: "Durante todo este tempo o Sindicato dos metalúrgicos de São Bernardo permaneceu totalmente desmobilizado – e não se pode dizer que os operários estavam contentes. O sindicato tem que defender o emprego, as condições de trabalho e o poder aquisitivo dos trabalhadores. E, no meu entender, o sindicato de São Bernardo não vinha cumprindo este papel", diz ele à *Veja*.

Ibrahim diz que espera que surja um partido que defenda o interesse dos trabalhadores, já que os em construção não lhes dão voz. Pensa que é preciso definir com os trabalhadores o programa e que existe espaço para que mais de um partido político defenda os interesses de sua classe.

O que pensam os sindicalistas do ABC da entrevista de Ibrahim? Jacó Bittar, dessa nova geração de sindicalistas que fundou, em 1973, o Sindicato dos Petroleiros de Campinas e Paulínia vai a Bruxelas e fica hospedado em sua casa. É um enviado de Lula e Olívio Dutra. "Na minha opinião essa visita foi para me sondar. O que o cara tá pensando já vai ter anistia, vai voltar pra cá, como é que volta? Como vai ser?" E a posição do Jacó: "A nossa ideia é assim, você vai ser muito bem recebido por nós. Agora chega devagar, de mansinho... Logicamente vai ocupar teu espaço, mas respeita o lugar dos outros. Chega aqui, vai dar uma de grande liderança, esteve preso, fez a greve de 68, tal. Chega aqui com a bola toda, e nós?" Ibrahim diz que, diante dessa posição, disse a Jacó: "Eu vou me reinserir na luta, vou respeitar vocês que estão fazendo um trabalho de renovação, com essa ideia do novo sindicalismo. Eu me somo. Podemos ter problemas, divergências com certeza, mas não vou lá para me confrontar, (...) disputar posição com vocês".

O sindicalista osasquense já pensava na construção de um partido para defender as causas dos trabalhadores, um partido de trabalhadores. Discute a questão com Jacó Bittar. "Tudo isso discutimos". Ibrahim marca encontro com o GAOS em Paris para apresentar o petroleiro e trocar ideias sobre a situação do sindicalismo brasileiro, do que estava acontecendo e germinando.

Depois do Encontro de Bruxelas, Ibrahim sabe que a anistia não deveria mais tardar. Enquanto não chega, continua no trabalho e na militância, a mulher na universidade e o filho na escolinha. Pensou em não voltar? "Não, de jeito nenhum!"

Um dia, a mãe liga, diz que o pessoal está animado com as perspectivas da anistia, o pessoal da igreja, D. Paulo Evaristo Arns. No outro dia, o telefone toca. É seu advogado. "Meu advogado, Idibal Piveta, e de muita gente, fala: "O pessoal está pensando que você deve voltar. A anistia não chegou, mas o pessoal pensa que você deve vir", diz Piveta. Que completa: "Você vem, vai ser preso, vai ter muita gente te esperando, eles não podem te segurar e aí abre caminho".

– Boi de piranha? – pergunta Ibrahim.
– Sim – responde Piveta.

O plano é provocar um fato político e forçar a anistia. O banimento de Ibrahim havia sido revogado no final do ano anterior. Ibrahim pede dois dias para pensar. Consulta Tereza, que diz que a decisão é de Ibrahim, ela apoia o que ele achar melhor. Ibrahim decide voltar! Liga para Piveta, para combinar a data. Ele precisa de dez dias para resolver tudo: sair do trabalho, vender suas coisas, entregar a casa... Tempo também para que no Brasil os camaradas possam se organizar, para acolhê-lo numa manifestação. Marcam a saída de Bruxelas para dia 25 de maio, com chegada no dia seguinte, domingo.

Ibrahim vende o carro e algumas coisas de valor. O resto dá para os amigos. Pediu ao consulado brasileiro da Antuérpia um passaporte e obtém um *laisser passer*. Na Acnur, assina um documento dizendo que volta de livre e espontânea vontade.

Informado da volta de Ibrahim para o Brasil, a TV belga prepara um documentário. Filma Ibrahim nas ruas de Bruxelas com a mulher, no apartamento fazendo as caixas para a mudança. Ele tem apenas 32 anos e foi na Bélgica que viveu o maior tempo no exílio: cinco anos. Antes, não teve tempo de se instalar. Quando parte de

Cuba, só tem uma mala com algumas roupas e, quando parte do Chile, não tem nada. Foi na Bélgica que ele encontrou um pouco de estabilidade. Não deve levar muita coisa na mudança: malas de roupa, um pequeno tamborete, lembranças de amigos.

No documentário, vê-se o filho Carlos Eduardo, de cinco anos, na escolinha com os amiguinhos e os pais. Ele se despede do grupo fantasiado de índio. Imitam o avião no qual viajarão. Quando voltam para casa, ela está quase vazia. Ibrahim tira os cartazes da parede. Num outro momento, está comprando um terno para a viagem de volta. Quer chegar bem vestido, mostrar que o governo militar não tinha razão em fazer propaganda dizendo que os exilados eram terroristas, marginais. Tem um sorriso nos lábios.

A câmera atravessa o Atlântico, chega a Osasco, onde mostra o bar de duas portas onde o pai passou tantos anos de sua vida, mas não está mais presente para acolher o filho de volta ao lar. A mãe está com 77 anos e, com a ajuda das filhas, prepara a casa para recebê-lo. Limpa tudo, põe água nas plantas, pensa no filho que vai receber com uma festa preparada pelos amigos. No quintal, um cachorro olha a câmera.

Ibrahim está feliz em voltar para sua pátria, mas guardará saudades desse pequeno país que o acolheu tão bem. É seu segundo país. "Eu não sabia nada da Bélgica, a gente tinha referência da França, da Itália, da Espanha, de Portugal, mas a Bélgica era um país muito desconhecido pra nós e para mim particularmente. Foi uma experiência muito grande, muito importante. Aprendi muito com o povo belga", diz Ibrahim. Depois de tudo, Ibrahim voltará "duas ou três vezes" para a Bélgica, para reencontrar o país que o acolheu e amigos que ficaram por lá.

III
A volta

Em maio de 1979, o presidente é o general João Baptista de Oliveira Figueiredo, eleito indiretamente, em 15 de dezembro de 1978. Ele sucede o general Ernesto Geisel com a promessa de intensificar a abertura, após o acordo político realizado entre o general Golbery do Couto e Silva e Ulisses Guimarães, da oposição consentida do MDB. Acabar com a ditadura é o desejo dos brasileiros.

À espera da anistia, é promulgada a emenda constitucional n° 11, de 13 de outubro de 1978, que entra em vigor dia 1° de janeiro de 1979. Ela restitui algumas garantias individuais com o *habeas corpus*. A emenda cria esperança nos exilados banidos após o Ato Institucional n° 5, de 13 de dezembro de 1968. O banimento é revogado ainda por Ernesto Geisel, através do decreto n° 82.960, de 29 de dezembro de 1978. A partir dessa data, Ibrahim pode recuperar a nacionalidade e pedir o passaporte brasileiro. Por outro lado, os processos são reabertos. Nesse cenário, fica possível que um advogado entre com um pedido de *habeas corpus* e os acusados de crimes políticos pela ditadura possam responder aos processos em liberdade.

Família, amigos, sindicato, integrantes de comissões de fábrica e militantes se preparam para receber o líder da greve de 1968 no aeroporto de Viracopos, em Campinas, no dia 27 de maio, às 9h. É domingo, e os trabalhadores estão disponíveis para acolhê-lo. O Sindicato dos Metalúrgicos de Osasco, presidido por Henos Amorina – o mesmo que perdeu as eleições para Ibrahim em 1967 – aluga um ônibus para que trabalhadores osasquenses possam recepcioná-lo.

Também está presente Paulo de Mattos Skromov, recém-eleito presidente do Sindicato dos Coureiros de São Paulo. Ele comanda uma delegação de 65 companheiros de seu sindicato e de outras categorias. Skromov lembra da última carta que enviou a Ibrahim: "Contava um pouco da resistência à ditadura, que naquele momento começava a ganhar um novo ímpeto, dizia-lhe como as truculências, que até então amedrontavam o povo, começavam a causar mais indignação do que medo". A abertura não significava, no entanto, ausência de cuidado: "Tínhamos claro que as cartas poderiam cair em mãos erradas e falávamos coisas mais gerais da situação do país e das mudanças de humor de nosso povo face a ditadura".

Roque, Espinosa, Jair Sanches, advogado e agora vereador, estão também presentes. São pelo menos cinco mil pessoas esperando o ex-presidente do Sindicato dos Metalúrgicos de Osasco. Na noite anterior, Roque dorme na casa de Zelvina, assim como Sandra, de forma a poder partir cedo para o aeroporto. Os manifestantes defendem uma anistia ampla, geral e irrestrita, melhores salários, fim de toda intervenção do ministério nos sindicatos, liberdade e autonomia para os sindicatos, formação de comissões de fábrica, entre outros pontos. Nas faixas, as bandeiras ganham frases sintéticas em defesa dessas posições: "Anistia ampla, geral e irrestrita", "Por um sindicato livre", "Liberdade para os presos de Itamaracá", "Servidores públicos por um sindicato livre saúdam Ibrahim", "Abaixo a ditadura", "Anistia, viva a UNE", "Comissão de fábrica de Campinas saúda Zé Ibrahim", "Bem-vindo Zé Ibrahim" etc..

Na função de "boi de piranha", voltando antes da aprovação pelo Congresso da anistia, Ibrahim sabe que provavelmente seria preso no desembarque. Pensa que a detenção, no entanto, não deve durar muito tempo. Além dos militantes, o espera a imprensa, inclusive uma equipe da TV belga.

O voo da Ibéria parou para abastecer no Galeão, no Rio de Janeiro. Os passageiros deviam descer da aeronave. Ibrahim não pode: vai ter com o comandante do avião e explica sua situação. "Quero ser preso em São Paulo, não aqui no Rio de Janeiro; aqui não tenho ninguém. Em São Paulo tem gente me esperando". A resposta é tranquilizadora: "Fica aqui dentro. Fico com você. Aqui é território espanhol. Você e sua família ficam".

O avião segue viagem para Viracopos, Campinas. O desembarque ocorre por volta de 6 horas. Como previsto, Ibrahim é detido. O filme da TV belga mostra o povo esperando. A mãe Zelvina responde à pergunta do repórter sobre o atraso: "Duas ou mais horas de atraso não fazem diferença após uma espera de 10 anos".

> O pessoal do movimento sindical, das oposições, da esquerda em geral, se mobilizou para me receber. Quando eu cheguei tinha gente que estava no aeroporto desde a madrugada. A PM estimou que havia umas cinco mil pessoas, mas tinha mais. Não vou dizer que tinha 10, 15 mil, não, mas tinha mais. Seguramente, umas 6, 7 mil pessoas,

afirma Ibrahim em depoimento registrado pelo blog de José Dirceu. Ibrahim é levado para uma sala, a fim de ser interrogado. O banimento tinha caído, Ibrahim já é, novamente, brasileiro, mas restava o processo. Tereza é conduzida ao DOPS. Seu pai a acompanha, enquanto o filho Carlos Eduardo ficou com o pai. Como só conhece a avó e Sandra, sua madrinha, elas são chamadas a cuidar da criança na sala ao lado, enquanto o diretor geral do DOPS, Romeu Tuma, comanda o interrogatório de Ibrahim. "A Polícia Federal chamou a gente. A gente entrou, eu e minha avó. Uma sala enorme, um monte de gente ficava interrogando", lembra Sandra. Não era a primeira vez que Carlos Eduardo fica nas mãos da polícia. Quando o garoto tinha um ano de idade, a mãe decide passar o final de ano com a família. Tereza é, oficialmente, ex-mulher de um militante desaparecido. Por essa razão, é presa no aeroporto do Rio de Janeiro até que o pai, alto funcionário do Banco do Brasil, consegue tirá-los de lá. Tereza vive uma situação paradoxal: seu primeiro marido é considerado vivo pelo Estado, enquanto Ibrahim, oficialmente banido, é, formalmente, morto, para fins de cidadania. Carlos Eduardo, registrado no Panamá na época do seu nascimento, não tinha documentos brasileiros. Somente aos dez anos ele obtém uma identidade provisória, antes de processar o Estado, já na sua maioridade, e conseguir um documento, aos seus 23 anos, em que consta a seguinte informação: "Cidadania nata por força de decreto".

Para Ibrahim, Romeu Tuma pergunta o que ele quer beber. "Guaraná!" Sandra conta: "Zé estava doido para tomar um guaraná. Eles trouxeram e vejo que ele não bebe", lembra ela. Ele pede: "'Toma, minha sobrinha'. Eu estava com sede, tomei. Ele diz: Dá aqui!"

O interrogatório em si dura cerca de dez horas. "Sobre as coisas que tinha feito aqui, o que fez em Cuba, no Chile, tinha um dossiê completo. Ia falando, o que não queria falar não falava. A preocupação deles era me estudar, saber como era que estava minha cabeça, para ver o perigo que representava ou não".

Querem conhecer seus planos. "Tinha um cara que devia ser psicólogo do exército, me incomodava muito. Tava ali, não me perguntava nada, só tava com caneta na mão", lembra Ibrahim. O recém-chegado fala da necessidade de se criar uma central sindical no país, que era preciso sair do sindicalismo atrasado, corporativista; que era necessário um partido socialista dos trabalhadores.

"Perguntaram se eu conhecia o Lula, que estava se firmando como liderança do movimento sindical". Ibrahim responde que só o conhecia pelos jornais.

Lá fora, os amigos, antigos camaradas da Cobrasma, militantes, membros da família, sindicalistas o esperam e pedem: "Liberte o Ibrahim", "Queremos o Ibrahim", "Anistia".

Fonte: Centro de memória sindical, 1979.

Quando o depoimento acaba, a polícia pergunta se ele quer sair pelos fundos. Um monte de gente ainda o espera. Ibrahim responde: "Não, de maneira nenhuma! Esperei dez anos pra voltar aqui e agora sair pelos fundos? Não! Saio pela frente, quando vocês me liberarem".

Finalmente, Ibrahim é liberado à noitinha. É um ícone dos trabalhadores. Já do lado de fora, sobe no capô de um carro, uma Brasília, e faz um discurso. Está disposto a voltar à luta. Seguem todos em caravana para Osasco. Na chegada da cidade, tem banda de música, fogos, churrasco: tudo organizado. "Três açougueiros falaram para minha mãe: 'a carne é por nossa conta'; o cara da venda: 'a cerveja é nossa'. Todo mundo resolveu dar uma participada, gente do bairro de Presidente Altino", diz Ibrahim.

Amira lembra que a casa estava lotada. "Na rua, tinha sei lá quantas mil pessoas esperando! Foi muito bom a volta dele! Muito bom! O povo todo! E não era só o povo de Presidente Altino. Era gente que vinha de longe. Foi uma festa muito grande, que fizeram para ele na minha casa, na casa dos meus pais".

Muito choro, muita alegria, muita festa neste reencontro com o país após dez anos de exílio. Amira chora e pensa: "Agora vai ter democracia!" A mãe está feliz com o filho. Ela diz sempre: "O dia que eu trouxer meu filho de volta pro Brasil, posso morrer", o que ocorre no ano seguinte, dia 16 de março, dia de São José, seu santo de devoção, que deu o nome ao filho caçula.

Amira que não pôde ir ao aeroporto: tinha uma criança doente. Reencontra o irmão na casa da mãe. Recorda-se de quando o irmão esteve no DOPS. Ela e Sandra consultaram um pai de santo, chamado Pimenta, que mandou elas levarem bala de coco e pimenta para jogar nas portas do DOPS. "Não tinha porta do DOPS que não tivesse bala de coco e pimenta! E charuto!

A festa é no quintal, com os amigos, os militantes, o prefeito Guaçu Piteri, em novo mandato, que duraria de 1977 até o início de 1983. No outro dia recebe os atores Carlos Zara e Eva Vilma, gente do mundo político, cultural. Entre os políticos, Fernando Henrique Cardoso. Dá inúmeras entrevistas. Vê muita gente, militantes pela anistia e pela redemocratização do Brasil, esteve com presos políticos, gente do movimento sindical.

Tanta gente, tanta coisa para dizer, tanto por fazer, Ibrahim não consegue dormir. "Nem dormi no dia seguinte. Assim, sonhando, quase a semana inteira curtindo a volta, o encontro com a família. A estratégia foi correta. Minha volta da forma como cheguei mobilizou".

A anistia é esperada desde a promessa de abertura de Geisel, lenta e segura, mas não saía. Será aprovada apenas em agosto de 1979. Sai problemática: coloca no mesmo patamar os praticantes de crimes, torturadores e torturados. E não alcança todos os militantes: ficam foram dela os responsáveis por ações em que há mortes. Os crimes conexos foram anistiados, mas as ações políticas não prescrevem. A anistia é restrita para com os militantes de esquerda, mas generosa com os criminosos do Estado. Segundo levantamento da Fundação Perseu Abramo, ela beneficia cerca de 4.700 pessoas.

Carlos Eduardo descobre o quintal da casa da avó, com os inúmeros primos, a criação de codornas e as cabras. O espaço familiar em Presidente Altino é, após a morte do avô, administrado pelo tio Jamil e pela vó Zelvina. A festa só é atrapalhada por um certo tumulto provocado pela vigilância da política e a presença frequente da imprensa.. Um dia, uma equipe de TV se prepara para filmar pai, mãe e filho. Nervoso, Carlos Eduado sai correndo, quebrando tudo que encontra pela frente. A vida não é simples, também, na escola. Em Bruxelas, escola era lugar de falar francês; em casa, português, espanhol ou a língua dos amigos visitantes. Era feliz em Bruxelas, por que mudar? Agora, na escola, tem de falar português e reclamam se ele mistura a língua de casa com as outras línguas. Na real, foi traumática a mudança. Até 1985, a família é vigiada, o telefone é grampeado, a polícia tem o hábito de seguir a família quando ela se desloca. Mais tarde, quando vai morar no Rio de Janeiro, o avô materno contratará um serviço para cuidar da segurança dele e da mãe.

Volta à luta: Osasco e ABC

Depois da festa, a realidade. Sem documentos como carteira de identidade e de motorista e sem trabalho, é difícil alugar uma casa para a família. Ibrahim conta com a ajuda de um amigo de infância em Presidente Altino, João de Deus Pereira Filho, seu colega de classe no científico no Ceneart. João, além de ser secretário de Obras do prefeito Guaçu Piteri, participava do movimento pela anistia. Mas é como amigo e irmão do coração que ele o ajuda nesse primeiro momento a se reintroduzir na vida do país.

João aluga uma casa no bairro, perto da sua, onde o sindicalista mora com Tereza e Carlos Eduardo nos dois primeiros anos. Depois, vão se mudar para o bairro de Campesina. Praticamente vizinho, nos primeiros tempos, João passa todos os dias para ver o amigo, ajuda no que é necessário, busca mudança que chega de navio em Santos, dirige seu Fiat 147 para levar Ibrahim à reuniões do incipiente PT em Osasco ou região. A proximidade é tanta que Tereza chama João de pai. Pouco tempo depois, o amigo pôde andar sozinho.

O líder da greve de 1968 chega ao Brasil alguns dias após o acordo, firmado em 13 de maio, que põe fim à greve do ABC (e à intervenção no sindicato) iniciada em março de 1979, quando 80 mil metalúrgicos parados ocupam o estádio de Vila Euclides, em São Bernardo. Osasco já não é mais o grande centro industrial metalúrgico, foi suplantado pela região em que Lula é a principal liderança.

O Brasil vive momentos importantes. Quer anistia, eleições diretas para presidente, os movimentos de bairro, os trabalhadores organizados, a igreja católica: todos estão na luta pelo fim da ditadura e clamam por democracia. Os sindicalistas militam para acabar com o arrocho salarial e desejam direitos políticos e sociais. O governo não pode mais impor o silêncio que reinara após o golpe de 1964 e, principalmente, após o AI-5.

Ibrahim quer participar dessa efervescência. Acredita ter aprendido muito nos anos de exílio, quer contribuir, participar, colocar a ditadura para fora, ela que o enviou para o exílio por cerca de dez anos.

Numa das muitas entrevistas que dá, fala no microfone de Carmen Evangelho: "Uma pessoa que está dez anos fora e volta nessa situação que eu voltei, tendo que, ao mesmo tempo, responder a processo e arrumar emprego, pensa primeiro em si", diz Ibrahim. Ele, no entanto, completa: "Mas, de qualquer forma, meu compromisso prioritário é com a luta do trabalhador, dentro da visão sindical que é a de perspectiva de dez anos dentro do movimento de oposição sindical".

O encontro com Lula não foi imediato. Nos primeiros dez dias após a chegada, declara que ainda não teve a oportunidade de conhecê-lo pessoalmente. Critica a sua posição sobre a anistia, quando o líder do ABC afirma que ela não interessava os trabalhadores. "Eu inclusive como trabalhador me senti muito atingido. Mas não é a nível pessoal, não. É que a anistia pra mim tem um sentido político muito mais amplo e que interessa fundamentalmente aos trabalhadores. Aí ele errou", diz Ibrahim.

Entretanto, Ibrahim também reserva elogios ao presidente do Sindicato dos Metalúrgicos de São Bernardo: aplaude Lula por ter assumido a liderança da greve e ter mobilizado 90 mil metalúrgicos "em assembleia quase que permanente". "Com todos os erros que possa ter uma direção sindical", pondera, se ela tem esse tipo de audiência, "é porque alguma coisa ela está fazendo, porque se não a massa não estaria ali para ouvir aquela diretoria e aceitar a orientação".

Os dois finalmente se encontrarão cerca de dois meses após o retorno de Ibrahim, quando organizam duas manifestações pela anistia. Uma ocorre em São Bernardo, num sábado; a outra, em Osasco, no domingo. A foto a seguir é do ato em Osasco, feita por Coutinho.

Vê-se Lula, Ibrahim, José Pedro, Roque Aparecido da Silva, entre outros. Passa a participar de atos públicos juntos. Ibrahim acompanha greves, enturma-se com o pessoal do ABC e da oposição sindical de São Paulo. A ideia de partido que tinha pensado em Cuba ressurge, assim como a de uma central de trabalhadores, retomando os primeiros ensaios do MIA de 1967. Ibrahim também participa, em 1979, de uma homenagem a Santo Dias, militante da Oposição Sindical dos Metalúrgicos de São Paulo e membro da Pastoral Operária, morto na frente da indústria Sylvânia por policiais durante uma greve, em 30 de outubro de 1979.

Lula, Henos Amorina, Ibrahim, na frente da Cobraseixos, 1982.
Foto: Horácio Coutinho

Pouco tempo após a volta ao Brasil, Ibrahim pega uma pneumonia. Ainda não tem documentos, muito menos plano de saúde. É um tempo em que ainda não existia o Sistema Único de Saúde. É atendido no Pronto Socorro de Osasco, na Marechal Rondon. A febre é altíssima, mas o diagnóstico não é imediato. Recebe todos os cuidados num quarto particular. O prefeito Guaçu Piteri procura se inteirar do seu estado de saúde, que chama a atenção também de praticamente toda a equipe médica. Uma das médicas, especializada em doenças tropicais, avalia que Ibrahim pode ter contraído uma doença tropical, considerando as erupções avermelhadas que tinha no corpo, além da febre alta. No final, descobre-se que o sindicalista tem uma escarlatina.

Formando os trabalhadores

Preocupado com a formação sindical dos trabalhadores, Ibrahim cria, em 1980, com seus companheiros Luisão, Frati, Luiz Paulo Kulmann de Mello, o Bagre, entidades de formação, como o Capps – Centro de Assessoria de Pesquisas e Publicações Sindicais – e o Cedac – Centro de Ação Comunitária –, com objetivo de formar os trabalhadores e quadros para o novo sindicalismo. Também edita a revista *Autonomia*. "Eu tinha claro na ideia que o trabalho de formação sindical, de formação política, é estratégico para o movimento sindical", conta Ibrahim. Também apoia organizações semelhantes em outros estados.

Sindicatos franceses, italianos e holandeses financiam seminários e cursos em vários pontos do Brasil. Essa experiência será incorporada pela CUT quando de sua criação. Mas sem o mesmo alcance, na opinião de Ibrahim. Em 2012, ele afirma: "Os institutos deixaram de existir e as centrais não estão fazendo este trabalho. É uma coisa que estou me batendo com todo mundo, tem que voltar a fazer o trabalho de formação".

Tereza vai trabalhar. Ibrahim sabe que emprego em fábrica não é algo ao seu alcance: é conhecido demais para ser aceito por qualquer empresa. "Fiquei só na militância até praticamente a fundação do PT. Porque aí mudou um pouco, sai um pouco do foco sindical, até aí era só sindicato. Reorganizei a oposição sindical, as oposições, me meti com as oposições, e depois eu achei que tinha que ir pra questão de uma coisa nova que estava acontecendo que era a proposta de fundação do Partido dos Trabalhadores".

Assim que têm a oportunidade, Ibrahim, Tereza e Carlos Eduardo visitam a família no Rio de Janeiro: os pais, o irmão e a cunhada de Tereza e os dois primos de Carlos Eduardo.

O casal Ibrahim-Tereza com os pais dela, o irmão, cunhada, sobrinhos e Carlos Eduardo, 1979. Fonte: arquivo da família.

Marília, a namorada de Cuba, volta ao Brasil em novembro de 1979, foi para o Rio de Janeiro, onde tinha suas raízes. Depois de rever a família e acertar a vida dos filhos, vai visitar Ibrahim e Tereza. "Foi super lindo", lembra. Depois da separação, em Cuba, continuaram a trocar cartas, mas não foi vê-lo na Europa. Achava que poderia desestabilizar o casal, que acabara de ter Carlos Eduardo. Ela também estava com outro marido. Mais tarde, quando se tornou amiga de Tereza, as duas morando no Rio de Janeiro, Tereza lhe disse que se ela aparecesse por lá naquele momento, ela enlouqueceria.

Na criação do PT

A ideia de um partido de trabalhadores que Ibrahim imaginou em Cuba e falou na entrevista à Veja em abril de 1978, vai ser possível após a reforma eleitoral de 1979 feita pelo governo militar para dividir as forças da oposição, após que o MDB, partido de oposição consentida, elegeu em 1974, 16 dos 21 senadores brasileiros. O novo sindicalismo que fez as greves do ABC e de São Paulo, entre outros pontos do país, os movimentos de bairros, da Igreja, pelos direitos humanos,[1] entre outros, que desejam democracia, eleições diretas, podem ter, dessa forma, um partido que lhes represente.

O movimento pelo PT, por parte de Lula, começa, segundo Skromov em 11 de dezembro de 1978, quando ele nos chamou para um churrasco no sindicato. Era uma reunião só com doze presidentes de sindicatos. E o Lula falou: "Que tal nós fundarmos um partido só de trabalhadores, sem patrão?". E um a um foi dando sua opinião. Primeiro falou o Jacó Bittar, que estava de pleno acordo. Depois, começou a se manifestar o pessoal da pelegada: "Não. Acabamos de eleger o pessoal do MDB. Que história é essa de rachar agora? Está errado, sou contra". Já os caras do PCB afirmavam: "Mas para que fundar um partido? Ele já existe desde 1922". Eu dei o terceiro voto a favor da ideia do Lula e o José Cicote deu o último.

Um partido das bases, permitindo a elas de se expressar, de defender seus interesses, contar no cenário político brasileiro em todos os níveis, com formação de seus militantes em núcleos, nos bairros, ético, diferente de todos os outros existentes. Ele vai dar uma importante contribuição para a democracia brasileira.

Um partido democrático para defender os interesses dos trabalhadores, sonho de Ibrahim, na cabeça de Lula e de tantas outras

---

[1] Ver entrevista no endereço: http://csbh.fpabramo.org.br/o-que-fazemos/editora/teoria-e-debate/edicoes-anteriores/memoria-paulo-skromov

gentes, pode nascer neste momento em que o socialismo ainda existe na União soviética e em Cuba, mesmo se diferentes e fragilizados.

Ibrahim se questiona se o momento é propício no espaço político conquistado, se construir um partido a partir do movimento sindical, com a participação de dirigentes sindicais, a médio prazo não levaria à divisão do movimento sindical? Em todo caso, se lança neste momento de retomada da luta sindical e política à céu aberto.

Faz parte da Comissão nacional provisória formada em 13 de outubro de 1979 com a intenção de criar o Partido dos trabalhadores. Comissão que resulta de um compromisso entre os sindicalistas que apoiam Lula e os militantes de esquerda agrupados em torno dele.[2]

Ibrahim era a referência das oposições sindicais enquanto que Lula era reticente à elas, preferia ainda conviver e tentar articulações com os velhos sindicalistas do PCB e alguns do MR-8, hostis as oposições sindicais (Skromov). Muitas discussões foram realizadas com os grupos de esquerda de diferentes tendências, até se chegar ao compromisso da formação da Comissão pró-PT.

Além de Lula e Ibrahim, fazem parte da Comissão Jacó Bittar (petroleiros de Campinas, coordenador), Manoel da Conceição (trabalhadores rurais do Maranhão, presente no Encontro do GAOS em Bruxelas), Henos Amorina (metalúrgicos de Osasco), Olívio Dutra (bancários do Rio Grande do Sul), Paulo Mattos Skromov (coureiros de São Paulo), entre outros.

A carta de princípio de criação dessa comissão foi lançada em 1 de maio, em São Bernardo do Campo, assinada por Paulo Skromov, Jacó Bittar, Henos Amorina, Wagner Benevides e Robson Camargo (História do PT 1978-2010, Lincoln Secco)

O passo seguinte é correr o país para promover a organização do partido, tarefa árdua sem os meios necessário. Enquanto Lula e outros líderes sindicais do partido procuraram apoio entre os militantes

---

2 http://csbh.fpabramo.org.br/uploads/comissaonacionalprovisoria.pdf

dos sindicatos, Ibrahim, responsável pelo secretariado de organização na Comissão nacional provisória, deseja criar um grande partido, viaja pelo país, a fim de recuperar as redes de organizações de esquerda dos anos 60. Tereza, sua mulher, vai divulgar o PT onde pode, inclusive em programa de televisão como o de Marília Gabriela.

Ibrahim traz para o partido a imagem do jovem engajado na luta pela anistia nestes últimos tempos, e sobretudo, a de 1968, do enfrentamento da ditadura com a greve e com a luta armada. Ele traz ao partido nascente o símbolo da continuidade daquela luta contra a ditadura.

O Partido dos trabalhadores nasce oficialmente em 10 de fevereiro de 1980, no Colégio Sion, em São Paulo com a participação de sindicalistas (cerca de 60% de seus efetivos, novos saídos das greves dos últimos anos e os que voltam do exílio), militantes de oposição à ditadura militar, intelectuais, artistas, católicos ligados a teologia da libertação, ex-presos político de várias tendências que assinam o Manifesto do partido defendendo um socialismo democrático.

Mesa da plenária da fundação do PT. Ibrahim não aparece, 1980.
Foto: Ari Cândido.

Fundação do PT, 1980. Foto: Ari Cândido.

O novo partido influenciado pelo "Novo sindicalismo" prega uma democracia participativa visando uma organização a partir das bases, representa uma grande esperança para sindicalistas, intelectuais, movimentos populares...

Manoel da Conceição também faz parte da direção nacional do partido, lembra-se da primeira vez que se encontrou com Lula: "logo no outro dia em que cheguei fui a um debate em São Bernardo do Campo e encontrei Lula e José Ibrahim. Desde então ficamos muito amigos, muito companheiro. Até disse para ele recentemente, em Brasília: 'Quando um de nós morrer, quero que a gente esteja junto no mesmo caminho. Eu não quero morrer separado dessa caminhada...'" (Teoria e debate, 2005)

O PT é assim nestes primeiros anos, uma esperança, esperança de participação das classes populares nos destinos do país, esperança de mudar "o mundo", de criar uma sociedade mais humana, igualitária. Mas, todos militantes de esquerda não vão necessariamente para o PT. Em Osasco, seus colegas de VPR, Espinosa e Luisão, por exemplo, nunca entraram para o partido, o que não impedia de continuar, como outros, a amizade com o velho camarada.

Zelvina, a mãe de Ibrahim, morre dia 19 de março de 1980, dias antes de completar 78 anos. Costumava dizer que só morreria quando trouxesse o filho de volta. Agora, alguns meses após a volta à sua terra, "em casa", ela pode descansar.

Ibrahim promove muito o Lula, leva-o pra Osasco, sua base, "endeusava o Lula mais do que o pessoal que estava em Osasco, enquanto que outras lideranças o achava pelego e criticavam o fato dele se referir ao golpe de 1964 como revolução, quando ele explicava, em linguagem hábil, que se falasse em golpe pensavam que ele era comunista" (Gilberto Ferreira da Costa, petista osasquense, em Bruxelas desde 1991 onde trabalha para uma ONG).

O Lula tinha consciência da importância de Osasco e da Cobrasma, mas sabia que, dez anos depois, o foco deixara de ser a indústria ferroviária e passara a ser a rodoviária. Ainda presidente do Sindicato dos metalúrgicos do ABC, em 1º de abril de 1980, ele dirige a greve de 140 mil metalúrgicos. Longa, o ministro do trabalho, Murilo Macedo, intervém dia 17 de abril, cassa seus diretores, porém sem conseguir afastá-los do comando do movimento, de forma que Lula é preso pelo DOPS em 19 de abril e ainda está na prisão dia 1º de maio, quando 120 mil pessoas se reúnem numa manifestação em São Bernardo do Campo. A greve só termina dia 11 de maio, a prisão de Lula é revogada dia 20, após 41 dias. Mas o julgamento só acontece em novembro de 1981, com uma pena de 3 anos e 6 meses de prisão anulada posteriormente.

Esse afastamento do sindicato teria acirrado os ânimos entre Lula e Ibrahim? Em todo caso, no primeiro congresso do PT, nos dias 8 e 9 de agosto de 1981 na Assembleia legislativa, têm choque entre os dois homens. Lula saído de prisão, barbudo, teria dito na frente de Ibrahim: "se não conhecesse o Zé Ibrahim, eu diria que o trabalho da secretaria da organização do PT [assegurada pelo Ibrahim], foi feito pelo Murilo Macedo". "Aquilo foi um tiro de canhão". O que tinha atrás disso? Lula teria tido medo durante o período de prisão, de perder o controle do PT? "Foi triste ver o Lula 'batendo' no Ibrahim daquele jeito" (Gilberto Ferreira Costa).

O congresso elege a comissão executiva nacional. Ibrahim propõe chapa, obtém somente cerca de 30% dos votos, de forma que o sindicalista do ABC se mantém na direção nacional do partido.

```
COMISSÃO EXECUTIVA NACIONAL

Presidente: Luiz Inácio da Silva
Vice Pres. - Olívio de Oliveira Dutra
Vice Pres. - Manoel da Conceição
Vice Pres. - Apolonio de Carvalho
Sec. Geral - Jacó Bittar
Secretário - Antonio Carlos de Oliveira
Secretário - Francisco Weffort
Tesoureiro - Freitas Diniz
-Tesoureiro - Clóvis I. da Silva

Vogais- 1. Hélio Doyle
        2. Luiz Soares Dulci
        3. José Ibrahim
        4. Wagner Benevides
Suplentes - 1. Helena Crecco
            2. Joaquim Arnaldo
            3. Hélio Bicudo
            4. Luiz Eduardo Greenhalg
            5. Eliemer
```

Fonte: Fundação Perceu Abramo, 1980.

Em Osasco, o partido cria núcleos em vários pontos. A garotada do Km 18, da paroquia do Padre Zezão é diferente do pessoal da paróquia da Vila Yolanda que fez os militantes de 1968, que ia à luta, mesmo com risco de perda de emprego, sem esperar benefícios individuais. Essa do Km 18, de onde sai João Paulo Cunha (deputado federal envolvido no escândalo do mensalão), Emídio de Souza (prefeito de Osasco duas vezes), e Silvio Pereira, o Silvinho da Land Rover (ex-secretário geral do PT, envolvido no mensalão e citado na operação Lava Jato) é uma geração mais jovem, pós 1968, formada por militantes que olham a retaguarda.

Cassado na última greve do Sindicato dos metalúrgicos do ABC, Lula vai presidir o PT de 1980 a 1988 e de 1990 a 1994. Neste começo, na direção nacional, Ibrahim tem suas bases políticas em Osasco e região, onde muito trabalha na criação de núcleos pensando na importância de um partido para fazer a revolução que não foi possível realizar com a luta armada. Dessa vez seria uma revolução tranquila, através de leis interessando os trabalhadores. Estes "têm sempre uma correlação de forças totalmente contrárias aos nossos interesses no Congresso. E num país democrático as coisas funcionam assim. Então eu entendi que nós tínhamos que ter a nossa força política, organizar e influenciar nas decisões do congresso. E no esquema de poder. Então, aí parti para ajudar a organizar essa força política." Uma força diferente de sindicato, mas que pode trabalhar juntos. "... Partido é partido, mas podemos ter aliança, podemos trabalhar juntos..."

Em 1982, o PT congrega 400 mil militantes no Brasil e lança Lula candidato a governador de São Paulo. O candidato a vice é o jurista Hélio Bicudo; ao Senado, o também sindicalista Jacó Bittar. Ibrahim disputa uma vaga de deputado federal, tendo sua base eleitoral em Osasco. José Pedro também se candidata ao mesmo cargo. Possivelmente, se Ibrahim fosse candidato a deputado federal e José Pedro a estadual, teriam sido eleitos.

José Pedro integra o grupo próximo a Lula, que busca limitar a influência de Ibrahim dentro do partido. Os jovens militantes de Osasco, segundo Luisão, não têm uma boa imagem dos que estavam voltando do exílio: "Pensavam que queríamos mandar. Não era somente contra o Zé, mas de forma geral. Os que estavam voltando não eram bem-vindos. E o pessoal de São Bernardo do Campo não nos aceitava de jeito nenhum".

Em Osasco, o pessoal mais ligado à igreja, sobretudo os antigos militantes da FNT, apoia Zé Pedro, que não participou da greve de 1968. Ele começa a militar depois. Foi vice-presidente do Sindicato dos Metalúrgicos de Osasco de março de 1975 a março de 1978, com Henos Amorina na presidência. Apresenta chapa em seguida e, derrotado, passa para a oposição. Trabalha na Brow Boveri, onde dirige a greve em 1978. Fica conhecido na oposição sindical, viaja para Contagem, Rio de Janeiro e interior de São Paulo. No ano seguinte, participa do Encontro de Bruxelas realizado por Ibrahim e os membros do GAOS, convidado por Ibrahim. Na viagem à Europa, junto com outros sindicalistas brasileiros, conhece a CFDT, a central sindical francesa.

José Pedro também esteve na Suécia e na Itália fazendo contatos e ajudando a convencer os colegas europeus a apoiarem, financeiramente inclusive, a oposição sindical. Quando fala sobre este período anos mais tarde, pensa que estava fortalecendo o GAOS. Na volta a Osasco, encontra um pé atrás dos companheiros em relação a Ibrahim.

Há questões ideológicas de fundo em pauta, também. Ibrahim está profundamente influenciado pela experiência da socialdemocracia europeia. Zé Pedro e seu grupo, formado por pessoas saídas dos movimentos de Igreja ou antigos revolucionários que romperam com o foquismo e a luta armada, se juntaram a Lula. "Ibrahim queria enfrentar Lula, dividir", avalia ele. Afirma que seus companheiros que estiveram na direção do sindicato na época da greve, a exemplo de Joaquim Miranda e João Joaquim e outros como Marcos Martins, apoiavam Lula, em discordância com Ibrahim. As críticas a Lula, em especial a sua formação na época, incomodam os novos peões. José Pedro acaba se aliando a Lula, sem deixar de reconhecer no líder de 1968 a inteligência, a habilidade e a afetividade: "Sabia conversar com as pessoas e ganhá-las".

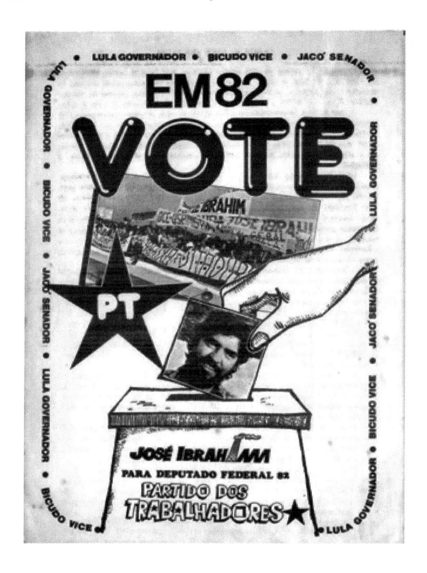

José Ibrahim. O líder da primeira grande greve [...]

Ibrahim e Lula ao centro, durante a campanha de 1982. Fonte: CMS.

Marília, ex-militante da VPR, namorada de Cuba, durante a campanha, vai os finais de semana para São Paulo e Osasco a fim de ajudá-lo na luta. Chega na sexta à noite e volta no domingo à noite. "Foi muito bem votado, mas não ganhou porque a legenda era pequena, não deu pra ganhar".

Nenhum dos candidatos da chapa foi eleito. Lula obtém impressionantes 1.144.648 votos para governador de São Paulo (10,77% do total); Jacó Bittar, 1.098.167 votos (10,93%). Ibrahim alcança 34.826, e José Pedro da Silva, 17.254 votos. 55 mil votos, os candidatos de Osasco teriam elegido um deputado federal, caso estivessem unidos. O PT elege dois vereadores da nova geração: João Paulo Cunha e Marcos Martins.

A disputa pelos mesmos votos por candidatos de um mesmo partido, uma característica do sistema eleitoral brasileiro que se desenha no fim da ditadura, gera discussões sobre recursos de campanha e também leva à criação de estigmas entre quem poderia estar aliado. José Genoíno (candidato a deputado federal), José Dirceu (estadual) e João Paulo (vereador) têm mais dinheiro para produzir panfletos para a região de Osasco. O pessoal da nova geração desqualifica Ibrahim taxando-o de "luta armada", enquanto outro grupo, segundo Luiz Paulo Kulmann de Mello, o Bagre, criticava seu suposto personalismo e insinuava que ele trazia recursos da Europa que não compartilhava com o partido.

Ibrahim vive manhãs, tardes e noites em campanha. A relação com Tereza se desgasta e, após as eleições, ela, que gostaria muito de vê-lo deputado, pega o filho Carlos Eduardo, então com dez anos, e volta para o Rio de Janeiro. "A família dela tinha um apartamento no último andar, em frente à lagoa Rodrigo de Freitas. Tinham casa em Araruama [litoral norte do Rio de Janeiro]. Era de uma família muito rica", conta Amira. Ibrahim, convidado, decide ficar em Osasco.

É uma separação difícil para o pai, que passa a se encontrar com o filho apenas nas férias e em viagens ao Rio de Janeiro, que Ibrahim faz sempre que pode. Em Osasco, Carlos Eduardo passa a maior parte do tempo nas casas das tias e da madrinha Sandra do que com Ibrahim, quando vem ver o pai em período de férias. Foi necessário certo tempo para que o sindicalista recuperasse a relação com a família de Tereza e com o filho. Somente quando Carlos tem seus quinze anos que essa reaproximação de fato acontece. Quando chega aos 20 anos, Carlos Eduardo muda-se para São Paulo e monta projetos com o pai, em ONGs e centrais sindicais.

Em 1983, Ibrahim passa a viver com Elena Vilela Martins na Rua Cunha Gago, em Pinheiros, São Paulo. Conheceram-se durante a campanha de 1982, quando sua irmã Ednea, também militante do PT, a levou para um comício. Ibrahim conhecia o pai das duas. Depois da separação de Tereza, foi morar no Butantã, na casa de Ednea, o que possibilitou a Elena novos encontros. Decidem morar juntos. Elena sabia de sua militância e da greve de 1968 – não tinha participado dos movimentos porque era garota na época. Aos poucos, Ibrahim perde o encanto com o partido. Espinosa, seu antigo companheiro de Osasco, que nunca entrou para o partido, o ouve fazer críticas ao Lula e ao partido por não ter uma posição mais à esquerda, com mais participação popular e organização das bases. Roque Aparecido da Silva, o outro companheiro de Osasco, militante do PT, não gosta de suas críticas: "O Ibrahim queria disputar liderança com o Lula. Não tinha sentido", afirma ele. "Lula era indiscutivelmente a principal liderança do PT". Sentido falta de espaço na política interna, o líder da greve de Osasco de 1968 segue na luta ajudando participando da criação da CUT. Para Marília, foi uma perda para o partido. Ibrahim "tinha sido o grande líder dos operários" e era "muito respeitado por eles". "Dentro do PT, tinha que ter o mesmo peso de respeito que tinham Lula e José Dirceu", acha ela. "Ibrahim tinha passado dez anos fora. Parece que não, mas isso tem importância. É muito difícil porque você perde contatos, não o fio da meada, mas perde a presença constante".

Um dos nomes centrais na organização do PT, depois ministro da cultura do governo rival de Fernando Henrique Cardoso, o sociólogo Francisco Weffort avalia que a competitividade interna do PT era mais ou menos igual à de qualquer outro partido, levando a disputas fratricidas como teria sido o caso da disputa de Ibrahim e José Pedro em 1982. E em termos de sindicalismo, ele diz que há outro processo perverso. "Você tem um sindicalismo que o próprio pessoal do PT classificava como 'sindicalismo de carteirinha', que é uma fantasmagoria que serve para financiar a ascensão pessoal de alguns sujeitos em nome do sindicalismo. O Lula – e alguns outros – foi uma exceção na primeira fase. Mas a máquina é tão poderosa que o próprio Lula, embora fosse contra o imposto sindical, acabou sendo um 'filhote do Getúlio', avalia Weffort. Se as grandes lideranças foram chamadas para a direção do partido inicialmente, a exemplo de Ibrahim e Manoel da Conceição, "isso não durou 3 anos", acredita o amigo Luisão. "São Bernardo do Campo foi eliminando um a um. Zé foi o último posto para fora do PT".

Quando Ibrahim decide partir, com as divergências crescendo, Lula é presidente, Ibrahim é secretário e José Dirceu também faz parte da direção. Numa entrevista ao site 247, publicada três semanas antes da morte de Ibrahim, o líder da greve de 1968 explica por que deixou o PT:

> Eu estava em plena campanha de filiações. Havia um grupo grande de trabalhadores em Osasco que queriam entrar para o partido. Mas, na prática, não havia espaço para eles e nem para um pensamento mais à esquerda do que permitia a direção nacional. Fui acumulando problemas de relacionamento, perdendo apoio político interno. Um dia, cheguei para o Lula e o Zé Dirceu, depois de muitas conversas sobre essas dificuldades, e disse: "Vocês não querem que eu traga para o partido trabalhadores que estejam à esquerda de vocês. Assim, o melhor mesmo é eu ir embora.

Na entrevista que deu para o documentário "Hércules 56", em 2005, disse que foi membro da executiva nacional durante todo o período em que permaneceu no partido e saiu porque tinha divergências fundamentais com o grupo de São Bernardo. "Antes era um partido de origem de grupos, organizações locais. A gente fazia plenária dos grupos", diz ele. Com o passar dos anos, os diretórios, as convenções e as regras partidárias sufocam os núcleos, que vão sendo desativados. "Onde o PT era vivo, que modéstia à parte, era o que comandava, eles começaram a fazer intervenção. (...) Até que teve uma convenção em Osasco, final de 1984, que o pessoal da Articulação jogou muito peso em cima do Silvinho, do João Paulo, para disputar com a minha chapa", lembra ele. "Logicamente, a gente ganhou de lavada, mas eles declararam intervenção no diretório de Osasco, não reconheceram. Pra mim foi a gota d'água". Ibrahim disputa a direção nacional por duas vezes, tendo obtido entre 30% e 35% dos votos. "E depois, só vieram queimações, isolamento... até se evitava fazer certas reuniões da Comissão Nacional porque eram obrigados a me convocar. Manobras de cúpula. Acabei saindo. Demorou até, devia ter saído antes".

Na criação da CUT

Antes de pensar num partido de trabalhadores, Ibrahim e seus colegas do MIA imaginaram, em 1967, que uma nova central sindical era fundamental. A ideia acaba se tornando realidade em 28 de agosto de 1983, em São Bernardo do Campo, São Paulo, com o nascimentod a CUT, a Central Única dos Trabalhadores.

Antes dessa data, muitas batalhas foram realizadas, pois duas correntes sindicais – a dos "pelegos" e a dos "autênticos" – disputavam a hegemonia. Os autodenominados "autênticos" (metalúrgicos do ABC paulista, com Luiz Inácio Lula da Silva à frente; Olívio Dutra, dos bancários de Porto Alegre; Jacó Bittar, dos petroleiros de Campinas; e João Paulo Pires Vasconcelos, dos metalúrgicos de João Monlevade-MG), as Oposições Sindicais e o bloco autodenominado "combativo". Os de São Bernardo do Campo desenvolveram o "Novo sindicalismo" surgido em 1967 em Osasco e Contagem com as greves de 1968, formado pelas bases. Novo sindicalismo se desenvolvendo lentamente durante o período negro da ditadura, permitiu a realização das greves dos metalúrgicos do ABC em 1978 e anos seguintes.

Ibrahim e Luisão trabalhavam, em paralelo, desde a volta do exílio, no Capps, coletivo socialista e auto gestionário que pensava autonomia sindical, formação e assessoria sindical em São Paulo. Ibrahim se envolve também com o MOMSP – Movimento de Oposição Sindical dos metalúrgicos de São Paulo – e defende o Entoes – Encontro Nacional dos Trabalhadores em Oposição à

Estrutura Sindical (1980). Com a articulação entre os sindicalistas "autênticos" e as oposições sindicais, formam uma das correntes do processo de criação da CUT. A outra corrente, que cria a Unidade Sindical em 1979, tem as lideranças sindicais próximas ao PCB, PC do B, MR-8 e Joaquim dos Santos Andrade, o Joaquinzão.

Nesses tempos Ibrahim cruza com Sebastião Lopes Neto, um dos organizadores do MOMSP que teve papel destacado na categoria até o início dos anos 1990. Participou do ENOS – Encontro Nacional de Oposições Sindicais (1979) do Entoes, do Conclat (Conferência Nacional da Classes Trabalhadoras, 1981) e da fundação da CUT (direção nacional, 1986; e executiva 1988-2000). Mais recentemente, Neto tem se destacado pelo trabalho de memória sindical na OSM-SP / IIEP.

A decisão de criar uma Comissão Pró-CUT, com os diversos grupos neste período de efervescência sindical, foi tomada em Praia Grande, em agosto de 1981. Numa entrevista a Carmen Evangelho, na sua volta ao Brasil, sobre a necessidade de uma central sindical, Ibrahim afirma que sua criação é "uma necessidade do movimento sindical ter sua representação nacional": "Historicamente, nos países onde existe maior tradição de luta sindical, o movimento sindical conquistou isso aí", completa, lembrando que, antes de 1964, embora não fosse permitido por lei, o CGT – Comando Geral dos Trabalhadores – existia e era tolerado pelo regime vigente.

A comissão Pró-CUT é formada por representes de sindicatos urbanos e rurais, sem Waldemar Rossi ou Joaquinzão, respectivamente oposição e situação dos metalúrgicos de São Paulo.[3] Ibrahim, que estava no PT, ajuda:

---

3   Joaquim dos Santos Andrade, o Joaquinzão, foi o presidente por mais de 20 anos do Sindicato dos Metalúrgicos de São Paulo. A oposição tentou derrotá-lo várias vezes, e em 1981, pouco antes da Conclat, quase ganhou, tendo Waldemar Rossi na liderança da chapa.

Em Osasco, já falava que tinha que ter uma central sindical que na época a ditadura proibia (...). Fazer algo com categorias diferentes era proibido (...). Filiação internacional também era proibida. Então, desde a época que eu era presidente do Sindicato dos Metalúrgicos, ao contrário do que dizia a lei e a ditadura, eu dizia: "o futuro é esse, nós temos que brigar e batalhar por isso".

Os contatos de Ibrahim na Europa, sobretudo com a CFDT, são acionados na criação da CUT. Nesse projeto, ele volta à Europa com Ferreirinha, Jorge e Jacó Bittar, para fazerem contato em nome da futura CUT. Em 1981, fica com a missão de convidar e recepcionar as centrais estrangeiras na Conclat. Onze vêm ao país, entre as quais a francesa, portuguesa, espanhola, as duas últimas saídas de longas ditaduras. O Brasil vive um processo de abertura, mas ainda sob ditadura, e os convidados são submetidos a um forte esquema de vigilância pelo aparato repressivo.

E a CUT é criada em 1983, tendo Jair Meneguelli, sucessor de Lula no Sindicato dos Metalúrgicos de São Bernardo do Campo e Diadema na sua direção. Ibrahim, Ferreirinha e Manoel da Conceição, que sofreram com a ditadura e realizaram o Encontro de Bruxelas, sob a liderança de Ibrahim, se encontram agora no PT e na CUT, ao lado dos novos dirigentes Jacó Bittar é o escolhido para a secretaria das relações internacionais da Central. Ibrahim é preterido.

Enílson Simões de Moura, mais conhecido como Alemão, membro da comissão de mobilização das greves dos metalúrgicos do ABC de 1979 e 1980,[4] conhece Ibrahim nessa época. Ele dirá mais tarde que o líder da greve Osasco de 1968, foi "muito sacaneado" na vida e que ele tinha a maior experiência no país em relações internacionais.

---

4   Preso e enquadrado na Lei de Segurança Nacional com outros ativistas, na greve de 1980, é condenado a três anos e meio de prisão pela Justiça Militar de São Paulo. A pena é cancelada em fevereiro de 1981.

Em 1980, a região do ABC, mesmo tendo uma base de 272.243 trabalhadores na indústria, menos que São Paulo, com 920.481, mas superior à base da região de Osasco, com 63.594 (Osasco, Barueri, Carapicuíba, Cotia e Itapevi), domina a paisagem sindical brasileira. A segunda corrente, liderada por Joaquinzão na presidência do Sindicato dos Metalúrgicos de São Paulo, fica de fora da nova central. Ela vai dar vida à CGT – Central Geral dos Trabalhadores –, em março de 1986, em face de uma CUT em rápida expansão.

Ibrahim defende um sindicalismo organizado pelas bases, com comitês de empresa e sem imposto sindical, ideia abraçada pela CUT, "Éramos uma corrente ali dentro e fomos derrotados", diz Luisão. "Então, todos os trabalhos que desenvolvemos durante esses anos, foram sendo cortados (...). Nós defendíamos uma linha sindical que a CUT já não estava mais interessada. Um sindicalismo pela base já não era o programa da CUT. Foi na criação. Depois, não era mais".

Luisão conta que, por volta de 1985 ou 1986, quando estava fazendo uma visita à CFDT, Denis Jacquot, responsável pelo setor internacional da central, lhe mostrou uma carta assinada por Lula dizendo que as únicas pessoas que poderiam buscar recursos ou falar em nome da classe trabalhadora brasileira seriam as pessoas indicadas por ele e o pessoal de São Bernardo. "Devo dizer que a CFDT nunca nos financiou diretamente", diz Luisão sobre o Capps. "Nós conseguimos financiamentos mais de entidades de solidariedade. Quem financiou muito foi a FNV", a confederação sindical holandesa.

A CFDT, desde 1979, ano de greves, tem contato com a equipe de Lula no ABC, que considera "sólida", composta de responsáveis "atentos aos problemas da prática sindical". Apoia ao mesmo tempo em que a Oposição Sindical e o movimento dos "autênticos". Continuou a contribuir com as instituições de formação da Oposição Sindical, como o Cedac e o Capps. Com a criação da CUT, a relação prioritária passa a ser com a central.

Ibrahim, sentindo-se pouco útil ao PT e à CUT, deixa as instituições em final de 1985. Em entrevista ao jornal *O Estado de S. Paulo*, publicada em 2 de outubro, Ibrahim diz que o PT "é gerido por uma liderança autoritária", mais interessada em se manter no poder do que em organizar a classe trabalhadora. O rompimento, diz ainda o jornal, aconteceu um mês depois de a direção regional do partido ter impugnado o Encontro Municipal de Osasco, onde 52% dos 1.500 delegados elegeram a chapa integrada pelo ex-sindicalista. A impugnação foi ratificada em seguida pela direção nacional do partido. Procurado pelo jornal, a direção regional diz que tinha recebido denúncia de que pessoas não afiliadas ao partido teriam votado.

O Estado de S. Paulo, 2/10/1985. Arquivo CMS

Para Luisão, Ibrahim foi empurrado para fora do partido por Lula. "Lula e Ibrahim nunca se 'bicaram' muito", diz Paulo Skromov, que esteve nos primeiros tempos da organização da central e que continuou sendo amigo de Ibrahim e permanecendo no PT. "Vez por outra fazíamos churrasco no quintal da casa dele".

Poucos meses após a saída do PT, em fevereiro de 1986, morre o irmão mais velho de Ibrahim, Jamil.

No PDT

"Uma pessoa disse ao Brizola que estava rompendo com o PT", conta Ibrahim. "Ele mandou me chamar". A relação entre eles é boa. "Quando passava pela Europa, me visitava na Bélgica, tinha uma amizade pessoal". Ibrahim e Brizola jantam juntos e o governador do Rio o convida a integrar o PDT e a participar da empreitada da futura eleição presidencial, que ainda não tinha data definida (1988? 1989? 1990?) Tudo dependia de quando seria considerado o fim do mandato do presidente José Sarney pela Assembleia Constituinte.

Ibrahim vai ser o secretário geral do PDT em São Paulo. Airton Soares, também ex-petista, assume a presidência do partido no estado. Em entrevista ao jornal *A Gazeta*, a essa altura um suplemento do quotidiano *A Gazeta Esportiva*, Ibrahim afirma desejar um Brasil justo e igualitário, defende uma espécie de socialismo democrático face aos interesses fortemente reacionários das classes dominantes e diz que o modelo de sindicalismo do ABC "é um sindicalismo combativo, e que ganhou autoridade junto ao movimento de massas". Depois do elogio, a crítica pesada: "Mas eles têm uma visão elitista, presidencialista e autoritária que herdaram da estrutura sindical fascista". Não teriam uma boa compreensão das comissões de fábricas, da organização dos trabalhadores pelas bases, e tinham medo de perder o poder. O PDT seria mais realista que o PT, e Brizola representaria "a esquerda com pé no chão".

"Eu saí do PT em 1985 por divergências políticas, que são normais", avalia Ibrahim. "Fui trabalhar com o Brizola, porque eu tinha uma referência de quando éramos amigos no exílio. Eu sempre admirei muito o Brizola, eu fui trabalhar com ele porque achei que poderia ser um projeto alternativo", diz. Ibrahim integrara um "grupo dos 11", sem muitas consequências, mas foram as conversas no exílio com Brizola, inclusive no período em que ele ficou hospedado em sua casa na Bélgica, que de fato permitiram uma aproximação rápida. Na volta do exílio, Brizola já tentara atraí-lo para o PDT, como parte da tentativa de recuperar a sigla PTB, que a ditadura militar entregou para Ivete Vargas.

Prestigiado por Brizola, Ibrahim inicia a organização do partido no estado, visando a campanha de deputado federal constituinte, em 1986. Fábio Colella, que o conheceu em 1983 na casa da sobrinha Sandra, na mesma casa do Campesina onde residiu com Tereza nos seus últimos tempos de vida juntos, vai ajudá-lo. Tem vinte anos menos que Ibrahim e vai morar com ele em Pinheiros. Fábio e Ibrahim estabelecem uma relação de pai e filho, de amigo e assessor e, também, de parceiros de copo. Muitas conversas vão rolar, bem como momentos felizes e difíceis, onde a "teimosia política" de Ibrahim sempre vence. Em todo caso, Colella entra de cabeça na campanha do candidato: será seu braço direito.

Também sai do PT em 1985 e integra o PDT José Pedro, seu rival osasquense em 1982. Ele também tem problema com a direção partidária. No ano seguinte sai candidato a deputado estadual, sem ser eleito. Retornará ao PT em 1988, quando Lula foi pessoalmente a sua casa fazer o convite para que retornasse.

A equipe de Ibrahim se dá completamente à causa, mas os votos não são suficientes para elegê-lo. Não consegue suplantar os votos obtidos quando candidato pelo PT. "Não tinha muita base no PDT, porque o próprio partido não tinha base. Tinha figuras", explica. O PDT jamais vencerá suas dificuldades em São Paulo, onde os eleitores de esquerda vão preferir, sistematicamente, e cada vez mais, o PT.

Em 1989, Ibrahim trabalha duro na campanha presidencial de Brizola. O ex-governador do Rio Grande do Sul e do Rio de Janeiro fica em terceiro lugar, com 16,51% dos votos no primeiro turno, um pouco menos do que Lula, que alcança 17,18% do total. De forma que Lula e Collor disputam o segundo turno, com vitória a Collor. O trabalho foi importante. "Faltou pouco", diz Ibrahim. "Brizola sempre foi correto comigo, deixou que eu trouxesse o meu pessoal, mas nunca compreendeu a importância de São Paulo para vencer nacionalmente", avalia.

Mas o PDT também não é fácil. E Ibrahim se vê, novamente, obrigado a deixar um partido pelo qual nutre simpatia. "Quando vi que o governador Leonel Brizola tinha aceitado que o Francisco Rossi não só viesse, mas que assumisse o comando do partido, eu saí". Em Osasco, Rossi tinha uma longa trajetória à direita. Fez parte da Arena nos anos da ditadura. Foi prefeito de Osasco por duas vezes e deputado federal também duas vezes. No PDT, imprimiu um discurso evangélico forte, descaracterizando ainda mais o partido no Estado.

Na Força sindical

Em 1990, Ibrahim envolve-se com a criação da Força Sindical. Fundada oficialmente em 10 de março de 1991, a nova central tem como principal base de apoio o Sindicato dos Metalúrgicos de São Paulo, presidido desde 1986 por Luís Antônio de Medeiros,[5] após a saída de Joaquinzão – que ocupou a presidência desde 1965 – para assumir a direção da recém-criada CGT – Central Geral dos Trabalhadores.

O primeiro contato de Ibrahim com Medeiros ocorre logo após sua saída do PT, durante um coquetel no Sindicato dos Metalúrgicos de São Paulo, quando ele ainda era vice de Joaquinzão. Nesse momento, eles discutem "a necessidade de criar uma central diferente, que contemplasse a ação e a luta sindical, fora da visão monolítica que tínhamos", diz Ibrahim. "Na cabeça de algumas pessoas, principalmen-

---

5 Medeiros apoia, em 1989, Atônio Rogério Magri, que derrota na disputa pela presidência da CGT e vai apoiar Fernando Collor de Melo na corrida pela presidência da República. Magri será nomeado ministro do Trabalho até surgirem acusações de corrupção contra o presidente. Amazonense, Medeiros chega no Rio de Janeiro em 1965, para trabalhar. Frequenta o restaurante do Calabouço, epicentro do movimento estudantil dos anos de 1960. Inicia atividades políticas e, em 1968, entra na VAR-Palmares. Preso em setembro de 1969 e solto em 1971, refugia-se no Chile, onde entra no PCB. Reside no país até 1973. Com o golpe de Estado, refugia-se em Cuba. Em seguida vai para a União Soviética, onde trabalha como torneiro mecânico e frequenta cursos de filosofia, política e economia na Escola Soviética de Formação de Quadros. De volta ao Brasil, em 1977, clandestino, a pedido do partido, se instala em São Paulo, onde começa a trabalhar como metalúrgico na K. G. Sorensen. Em 1979, inicia sua trajetória sindical como membro da comissão de salários do Sindicato dos Metalúrgicos de São Paulo, a convite de Joaquinzão (fonte: CPDOC).

te dirigentes da CUT, o sindicalismo estava divido entre os revolucionários e os pelegos. Eu não concordava com isso, e achava que havia condições de se criar alternativas para o movimento sindical".

Na conversa, Medeiros avalia que o Sindicato dos Metalúrgicos de São Paulo, o maior do país, era sozinho uma central. Ibrahim discorda: "Por mais forte que seja o Sindicato, e por melhor que seja sua história, ele representa apenas uma categoria". A conversa fica parada até 1989 ou 1990, quando Medeiros indica a vontade de retomá-la. "Estamos a fim de montar aquela central que você tinha falado. Uma central diferente, com outra visão. Você topa entrar nessa empreitada?", pergunta Medeiros. Ibrahim topa.

A Força Sindical é assim criada por um grupo vindo da CGT, desejando um "sindicalismo de resultado", com Medeiros, Antônio Rogério Magri e Enílson de Moura Simões, o "Alemão" do ABC, entre outros. "A Força Sindical foi fundada sob uma concepção de negociar. A expressão 'sindicalismo de resultados', criada por Luiz Antônio de Medeiros, permeou e permeia até hoje a vida da Força Sindical", escreve o sociólogo e consultor da central José Gaspar Ferraz de Campos, no livro comemorativo dos vinte anos da entidade. "É preciso se sentar à mesa e negociar, lógico. A negociação faz parte da Força Sindical, e não é apenas uma questão pragmática, é o seu espírito", completa Campos.

Enquanto estava no PDT, Ibrahim tinha levado Medeiros para conversar com Brizola e seu então secretário César Maia. "Os dois viam com bons olhos a criação da central e nos ajudaram a elaborar os primeiros documentos", relembra Ibrahim. Para ajudá-lo, Ibrahim propõe a Colella, que tinha ido trabalhar em Fortaleza, que embarque também no novo projeto. "Encontrei com o Zé e a Elena em uma festa. Me convidaram para voltar para casa com eles, que queria me fazer uma proposta. Me explicou o projeto da fundação da Força Sindical e me convidou para participar". Colella larga tudo e vai morar com o casal na Cunha Gago, 27, em Pinheiros, onde muitas reuniões e decisões de suas vidas irão ser tomadas. "Não tínhamos aporte financeiro, então nos virávamos por onde dava, praticamente a semana toda nos encontros e reuniões para fundação da Força e os finais de semana que não tinha tais encontros íamos para o sitio em São Roque, sempre a bordo de uma Variante II", lembra. O sítio fora comprado por Elena e Ibrahim, que o faz recordar dos tempos de mascate na região do pai. É um lugar de encontro da família e dos amigos, onde festas são realizadas.

O sindicalista viaja o Brasil todo para fazer contatos, de forma que a central consegue representações em todos os Estados, porém 70% dos delegados são dos estados de São Paulo, Paraná e Minas Gerais. Muitos metalúrgicos, mas também sindicatos de serviços, alimentação, têxteis etc.

Pouco antes da fundação oficial da central, a pedido de Medeiros, Ibrahim agenda um encontro com o papa, numa turnê europeia destinada a divulgar a Força Sindical na Europa e a angariar adesões. Após uns dez dias de reuniões na Europa, à espera de resposta de seus contatos italianos, finalmente a recepção é marcada. Em Roma, na véspera da visita, Ibrahim se dá conta que não tinha um terno adequado para a situação e fala com o Rubens Romano, 1° Secretário de Finanças da Força. "Eu tinha na mala gravata, blazer, mas não um conjunto completo, um terno, digno de ser recebido pelo papa. Ele falou: 'Não tem problema. Vamos a uma loja e você compra o terno'. E eu: 'Aliás, não é só um problema... eu tenho dois. Também não tenho dinheiro para comprar um terno'" Aí o Romano disse o seguinte: "'Quer saber? Vamos lá que eu meto um cartão e te pago um terno'. Aí eu comprei o terno".

No encontro com o papa, o chefe de cerimônia pede que eles esperem a hora da hóstia, uma tradição para nessas audiências. "O Romano, o Medeiros e eu ficamos esperando. Quando nos chamaram, o Romano foi o primeiro. Eu fui atrás, e o Medeiros me puxou pela gola do paletó e disse que comunista não comia hóstia".

Ibrahim não se convence: "Virei para ele e falei: 'Mas a do papa eu vou comer. Essa eu não perco'". Ibrahim faz a comunhão, Medeiros não. "A audiência com o papa foi muito boa. Durou cerca de quinze minutos. Explicamos a ele o que era a Força Sindical. Tinha tradução — o papa tem um tradutor. Pedimos a compreensão e a bênção dele, já que o Brasil é um país cristão. O papa abençoou a central e desejou boa sorte na defesa dos trabalhadores", diz Ibrahim, em depoimento à Central de Memória Sindical, em 2016.

Rubens Romano, José Ibrahim, Luiz Antônio de Medeiros e o papa João Paulo II, no Vaticano, fevereiro de 1991. Fonte: CMS.

Ainda pouco antes da criação oficial da Força Sindical, ocorre um encontro histórico de Ibrahim com o responsável pela ordem de invadir a Cobrasma e acabar com a greve que o empurrou para a clandestinidade, a luta armada e o exílio: o coronel Jarbas Passarinho, agora ministro da Justiça de Fernando Collor, que queria tomar um café com ele na presença do presidente. Abaixo, o relato da conversa, por Ibrahim, Cintra e Ruy:

– Presidente, este rapaz era um menino na época e agitou tudo aquilo. Foi ele que me deu um trabalho, que ocupou as fábricas em Osasco – diz Passarinho.

– E o senhor foi quem me cassou! – rebate Ibrahim.

– Mas, naquela época, tinha a lei...

– Eu sei. Era da ditadura, mas era a lei que existia. Mas eu não aceitava aquela legislação arbitrária. Essa era a questão. E me confrontei com os governos, com a lei. Não tínhamos liberdade sindical, ministro. Você sabe disso.

– Isso foi numa época passada, e eu te respeito muito. Agora vocês estão aí construindo essa central, e nós queremos ter um diálogo permanente com vocês.

Alemão esteve ao lado de Lula no Sindicato dos Metalúrgicos do ABC, durante as greves de 1979 e 1980, no PT e na CUT, entendendo que era necessário unir forças para derrubar a ditadura. Porém, depois da redemocratização, insatisfeito com as posições do partido e da central e de ter criado o Sindbast – Sindicato dos Empregados em Centrais de Abastecimento de Alimentos do Estado de São Paulo, decide entrar no projeto da Força Sindical. Ele conhecia a história de Ibrahim. Para ele, PT e CUT não souberam reconhecer "a grandeza que Ibrahim tinha". "O Zé foi e é a pessoa no Brasil que mais entende de sindicalismo internacional, e o mais respeitado", diz.

Criada a central, visto a experiência em sindicalismo europeu e mundial, Ibrahim é naturalmente convidado para ocupar a secretaria internacional. "A primeira Central que acreditou desde o começo na proposta da Força foi a UIL – Unione Italiana del Lavoro, que é uma Central grande e com uma história muito forte na Itália", contou Ibrahim ao CMS. "O apoio que ela nos deu foi de grande importância. Ela nos ajudou a construir a Escola Sindical da Força, com financiamento. Mas a CIOSL – Confederação Internacional das Organizações Sindicais Livres – demorou uns dois anos e meio, mais ou menos, para aceitar a nossa filiação".

A atuação de Ibrahim dá um impulso ao novo projeto. "Enquanto não éramos admitidos na CIOSL, mantivemos muitas relações bilaterais, intercâmbios com as centrais da França, Espanha, Itália. Estabelecemos também uma boa relação com a China. A primeira grande delegação que foi para a China, a convite da Central sindical chinesa, foi encabeçada pelo Medeiros e por mim", lembra ele, na mesma entrevista. "Estivemos também no Japão. E fomos ocupando espaço. Também ocupamos espaço na OIT – Organização Internacional do Trabalho. Por onze anos seguidos, chefiei a delegação da Força na Conferência Anual da OIT".

Nessa representação junto a OIT, tripartite, Ibrahim encontra o advogado Plínio Sartre, representante do governo Brasileiro, secretário das relações do trabalho dos governos José Sarney e Fernando Henrique Cardos. Oriundo do Sindicato dos Metalúrgicos de Ribeirão Preto e Sertãozinho, Sartre conhecia a importância de Ibrahim e sua notoriedade no movimento sindical brasileiro.

Ibrahim numa das reuniões da OIT, meados nos anos 1990. Fonte: CMS

Ibrahim queria uma central combativa, que não fosse estreita nem sectária, algo que não fosse considerado "radical" como a CUT nem "conservadora" como a CGT. "Enquanto a CUT era 'do contra', nosso negócio era discutir os problemas concretamente", diz Ibrahim. Com Medeiros, Alemão, Araujo, entre outros, foi articulá-la no Brasil inteiro. Medeiros, à frente da Força, evita alguns debates com a esquerda. Ibrahim assume as "tarefas complicadas". Os ex-companheiros da CUT, como Jair Meneguelli e Vicentinho, o acusam de capitulação. Ibrahim usa, como argumento, os anos de perseguição pelas ditaduras do cone-sul: "Meneguelli, você nasceu ontem. Vicentinho, você nasceu ontem. Onde é que vocês estavam quando havia ditadura aí? Eu tinha 20 anos e estava brigando – já era presidente do sindicato. Onde é que vocês estavam escondidos?", provocava. "Eles queriam morrer".

Lira, amigo de Ibrahim de Bruxelas, "um irmão" que respeita suas posições, mas nem sempre concorda com elas, um militante do PT, recebe Ibrahim e Medeiros em sua casa. "Com todo respeito que tenho pelas pessoas, Medeiros era sindicalista para ele mesmo. Conseguiu ser o que o Zé não conseguiu ser: deputado federal, o que o Paulinho também conseguiu com a ajuda da Força Sindical. Sindicalismo para ele mesmo, sem vontade em defender os interesses da classe".

A essa altura, os metalúrgicos de São Paulo formam o sindicato mais importante do país, em número de trabalhadores representados. O censo industrial mostra 920.481 trabalhadores em São Paulo e 272.243 na região do ABCD em 1980. Mas a CUT nunca conseguiu chegar à porta do sindicato dos metalúrgicos de São Paulo. Nesse cenário, tentar levar o Sindicato dos Metalúrgicos de Osasco para a Força é outra tarefa repassada a para Ibrahim. A questão é debatida numa assembleia com importante participação, em Caraguatatuba, lugar da colônia de férias da categoria, com a presença de Jorge Nazareno, o Jorginho, Claudio Magrão de Camargo Cre e outros membros da diretoria e de militantes. Alguns dos presentes se referem à Força Sindical como "farça sindical". Ibrahim defende a filiação do sindicato à Força; Vicente Paulo da Silva, o Vicentino, e João Avamileno, a filiação à CUT.

Jorginho, presidente do sindicato desde 1997, formado tecnicamente pelo SENAI no final dos anos 1970 e politicamente com os militantes da FNT da greve de 1968, como João Joaquim e Joaquim Miranda, e outros militantes como Zé Pedro e Marcos Martins do núcleo de Vila Yolanda, conhecia a história de Ibrahim e cruzara com ele no PT, quando ambos militavam no partido. Entrar numa central sindical é a questão que se coloca para a o sindicato: CUT ou Força? Durante o debate, o presidente do sindicato dos condutores rodoviários do ABCD, presente à reunião, Oswaldo Cruz Júnior diz mais ou menos o seguinte, segundo Colella: "Poxa, Zé, não esperava que tomasse este caminho" (de apoiar a entrada na Força). "Antes tivesse morrido durante o período da ditadura. A plateia, dos dois lados, vaia".

Jorginho desejava guardar a neutralidade do sindicato, mas instrui o processo. No final, o voto da maioria é para a adesão a uma central e, em seguida, na votação, a Força ganha. Vitória de Ibrahim.

José Ibrahim. O líder da primeira grande greve [...]

No final do debate, uma garota de uns 13 anos vai em direção a Ibrahim e lhe diz:

– Seu Zé, com licença, pode me dar uma palavra? Quero dizer que sou filha dele, mas não concordo com nada do que ele falou. Sou sua fã e fiz um trabalho de escola sobre o senhor.

Era a filha de Oswaldo, que vem vê-lo em seguida e, como se quisesse se desculpar, lhe diz para não levar a sério sua fala porque "política é isso aí". Ibrahim replica: "Política não é isso ai, não!"

Entretanto, a simpatia do presidente Fernando Collor pela Força Sindical faz de Ibrahim uma das lideranças mais atacadas. As outras centrais diziam que a nova central nascia "no colo do Collor", tratavam a Força como a "central collorida" e abusavam do apelido "Farsa Sindical". "Botaram muita pedra no nosso caminho, dentro e fora do Brasil", defende Ibrahim, que realmente acredita no projeto. "Íamos inovar o movimento sindical brasileiro. Que não íamos criar um sindicalismo de cúpula, partidarizado, mas uma Central pluralista, combativa, reivindicativa, de luta".

Alguns ex-companheiros de Osasco questionam Ibrahim por ter saído da CUT numa posição mais à esquerda e estar entrando na Força, central que eles entendem estar mais à direita. Roque, militante do PT, pega pesado: "Agora você assumiu definitivamente teu papel de pelego, né Zé?" Ibrahim, segundo o próprio Roque, fica "puto": "Pelego você não sabe o que é. A questão é que não sou porra louca". Para Roque, o movimento de Ibrahim evidenciou uma falta de coerência ideológica.

Rótulos, para Jorge Nazareno, o Jorginho, não são positivos. Ele acredita que as divergências sempre existem e que o importante é discutir assuntos de interesse da classe trabalhadora, tomar posturas proativas, apesar de críticas muito duras. Como ocorre na política partidária, também ocorreria no sindicalismo: espaços disponíveis são procurados, partilhas são feitas. O PT e a CUT também receberam, por exemplo, Henos Amorina, presidente do Sindicato dos Metalúrgicos de Osasco durante a ditadura. O PCB aceitava nomeação de interventor para evitar que o governo nomeasse policiais, com a intenção de proteger sindicatos, mas a polícia tinha acesso livre aos sindicatos. Ibrahim vê as portas do PT e da CUT se fecharem para ele. A saída para quem quer se manter atuante nem sempre é óbvia e coerente.

A Força Sindical prioriza as negociações institucionais. O método se mantém nos governos Collor, Itamar Franco, Fernando Henrique e Lula. "No período de FHC conseguimos espaço de participação, para dar nossa opinião, nos conselhos do Fundo de Garantia, do Fundo de Amparo ao Trabalhador e do BNDES – onde cobrávamos investimentos, geração de emprego e trabalho decente, entre outras coisas", diz Ibrahim. "Nosso negócio era discutir os problemas concretamente". No período FHC, Ibrahim destaca a bandeira do poder de compra dos aposentados e a defesa de um processo de recuperação do valor do salário mínimo, o que vai se concretizar, de fato, nos anos Lula.

No livro de comemoração dos vinte anos da central, Fernando Henrique Cardoso dirá que, "após um sindicalismo brasileiro ligado ao corporativismo, com forte inspiração no fascismo italiano, surgiu uma espécie de sindicalismo ideológico, adotando posições políticas extremistas, provocando impasses grevistas que promoviam seus líderes, mas não ofereciam resultados concretos para a massa de assalariados". Na avaliação do ex-presidente da república, "havia não apenas espaço, mas necessidade de uma nova visão dentro do movimento sindical". Lula, na mesma publicação, vai destacar importância da livre organização sindical: "Para nós, a democracia jamais seria plena sem irrestrita liberdade sindical", diz. "O que não podíamos era admitir, na democracia reconquistada, a permanência de restrições ao direito de organização sindical".

Também vinte anos mais tarde, Ibrahim avalia que a central exerce um papel fundamental na renovação e na oxigenação do movimento sindical e se orgulha de ter participado desse processo. Apesar dessa avaliação, Ibrahim não permaneceu na Força. Com uma carta de desligamento oficial datada de 17 de fevereiro 1998, ele afirma que a central não estava mais cumprindo seu papel de se configurar como uma central democrática, pluralista, independente, que fosse ao mesmo tempo uma organizadora e um instrumento social e político dos trabalhadores. "Não mobiliza e nem ouve os sindicatos que a compõem", diz. Portanto, é uma central "sem organização ou representatividade sindical de fato". Deixa-a, assim, frustrado após anos de trabalho como secretário de relações internacionais.

> São Paulo, 17 de fevereiro de 1998
>
> À
> Direção Nacional da FORÇA SINDICAL
>
> **CARTA DE DESLIGAMENTO**
>
> Desde sua fundação em 1991, a intenção da Força Sindical foi a de ser uma Central Sindical democrática, pluralista, independente, organizadora e principalmente um instrumento social e político dos trabalhadores.
>
> É triste constatar que os objetivos que nos nortearam inicialmente e as nossas ações foram desvirtuados, em função de interesses menores.
>
> A Força Sindical está oca nacionalmente, pois não mobiliza e nem escuta os sindicatos que a compõem, por isto não têm organização nem representatividade sindical de fato.
>
> Não concordo, nem me solidarizo com esta prática, que não facilita a organização e a ação político-social dos trabalhadores.
>
> Deixo a Força Sindical com um grande sentimento de frustração, pois acreditei e dediquei estes últimos anos nesta proposta, e não posso ser mais conivente com esta situação.
>
> O quadro político-sindical brasileiro está instável, passando por um processo onde novas relações de trabalho estão se forjando e, para isto novas propostas e ações organizativas sindicais devem ser discutidas e realizadas, ações as quais não estamos nem de longe preparados. De fato estamos distantes de agir uma verdadeira integração econômica, política e sindical.
>
> Com esta carta, esclareço que **cessam todos meus compromissos** para com a Instituição Força Sindical.
>
> Meus compromissos continuam com os objetivos e os princípios, que mobilizaram a mim e a tantos companheiros em toda a nossa jornada sindical. Coloco-me à disposição de todos os amigos e companheiros que caminharam juntos nestes últimos sete anos e, expresso aqui meus profundos sentimentos de respeito e gratidão por todos e por cada um.
>
> JOSÉ IBRAHIM
> Secr. Rels. Internacionais

Fonte: Arquivo da família

A carta não fala das diferenças que teve com Cláudio Magrão de Camargo Cre e Medeiros, iniciadas na disputa pela diretoria da Regional do Paraná da organização. Magrão e Medeiros apoiavam uma chapa, e Ibrahim, outra. "Na eleição o Medeiros saiu expulso, acompanhado por segurança para não ser agredido fisicamente. Teve um pessoal que se colocou na frente do carro impedindo-o de sair", conta Colella. A chapa apoiada por Ibrahim é vencedora. "Quando ele volta para São Paulo, tinha sido afastado da grande sala que ocupava, o pessoal que o assessorava teve salários cortados". Ibrahim é colocado de lado. Não dava mais para ficar.

Seu amigo Alemão, que já havia se desligado da direção da Força por discordâncias políticas, em 1995, em companhia de mais de trezentas outras entidades, cria em 1997 a SDS – Social Democracia Sindical –, da qual foi presidente até 2007. Ibrahim vai acompanhá-lo nesse momento e, também, pouco tempo depois, quando a entidade, juntamente com a CGT e a CAT – Central Autônoma de Trabalhadores – e sindicatos egressos da Força Sindical e da CUT e outros sem filiação criam a UGT – União Geral dos Trabalhadores, em que Alemão ocupa a vice-presidência.

Pai novamente

Vinte e dois anos depois do nascimento de Carlos Eduardo nasce, em 18 de junho de 1995, Gabriel, seu segundo filho, com Elena. O casal, que morava, com Fábio Colella, na Cunha Gago, e muda-se para um novo apartamento, na Rua Teodoro Sampaio, mais espaçoso, com piscina, onde Gabriel viverá boa parte de sua infância. O nascimento é previsto para 5 de julho. O sindicalista está numa reunião da OIT, em Genebra, e decide antecipar a volta. Viaja de volta ao Brasil na sexta e chega no sábado. No dia seguinte, domingo, 2 de julho, o filho nasce!

Ibrahim tem 49 anos, é "pai velho", tal como foi o seu. Vai iniciar o filho na relação com os animais, com os pássaros, a culinária e os prazeres da vida no sitio de São Roque. Gabriel é quem diz: "Ensinou e me apresentou ao mundo da natureza, tinha muita sabedoria neste campo, com os animais, bichos, insetos. Me ensinou a conhecê-los, me falava coisas da mata Atlântica e Amazônica". Apresenta ao filho as plantas, seus cheiros, frutos. Ensina a plantar, conhecer os insetos, divide-os entre os que Gabriel podia ou não pegar. Explica que as abelhas de ferrão poderiam picar, mas havia outras, com as quais podia interagir. "Adorava pescar, criar animais... quando era pequeno, cuidava de filhotes de coruja, papagaios". Gabriel gosta de ver o pai fazer todo tipo de comida. Aprendeu a cozinha árabe vendo o pai. Com ele também aprende a fazer outros pratos, com carnes, vegetais, miúdos – como coração de boi, moela, cérebro. Ibrahim gosta de cozinhar, aprendeu muito vivendo sozinho no exílio. Às vezes, no carro, no caminho para o sítio, para na cidade para comprar tal pedaço de carne porque, no caminho, decidiu fazer um prato que tinha comido na Bélgica. O filho também é um interlocutor frequente quando o assunto é história e literatura, mas política é um tema que Ibrahim evita tratar quando está com Gabriel.

Instituto Ibrahim

Nos anos 2000, surge a ideia da criação do Instituto José Ibrahim, organizado por amigos, a fim de desenvolver projetos sociais e de formação sindical, ao mesmo tempo em que lhe garanta alguma renda e trabalho. Má ideia. "Foi a maior furada que aconteceu na vida do Zé. Ele não era um administrador, dependia dos outros. Tinha a política na cabeça. E tinha gente que via o Zé como um arco-íris com um pote cheio de moedas no final", diz Colella.

Faz parte do projeto do instituto a construção de casas populares no interior de São Paulo. Com a disputa eleitora de 2006 chegando, e Ibrahim tentando pela última vez uma vaga de deputado federal, Ibrahim não pode permanecer na presidência da instituição. Fábio Colella aceita responder pelo cargo durante o período de afastamento, e o filho Carlos Eduardo fica com a função de tesoureiro do instituto. O projeto de casas populares é realizado em partes. Umas casas foram construídas, outras não. O resultado prático é uma sequência de processos, inclusive dívidas trabalhistas. Ibrahim tenta bancá-las com seu salário. Até o final da vida estava tentando pagá-las, mas não consegue liquidar tudo. Mesmo com Colella e Carlos Eduardo entrando no jogo da dívida, assumindo parte delas, elas não tinham sido completamente liquidadas no momento de sua morte.

Ibrahim, 2017. Fonte: CMS

No Partido Verde

Em 2005, Ibrahim filia-se ao PV – Partido Verde. A explicação passa pela experiência sindical – "a causa ambiental é muito importante para os trabalhadores também". Mas Ibrahim invoca também as relações que construiu ao longo da vida: "Tenho vários amigos lá dentro. Sinto-me à vontade".

Colella vive na Europa em 2005, quando Ibrahim, Elena e Gabriel visitam o velho continente. Marcam encontro e ele vai vê-los em Portugal. Foi quando o sindicalista lhe pede ajuda para o projeto do instituto. "Concordei, desfiz a vida na Alemanha. Quando estava quase vindo, ele me telefona feliz da vida, dizendo que estava indo para o PV onde seria candidato", lembra Colella. O amigo e conselheiro acha absurda a escolha, assim, sem preparação. Acredita que as condições não estão reunidas. Mostra seu desacordo. Do outro lado do telefone e do oceano, Ibrahim, que já tinha ouvido a posição contrária de Elena, no apartamento com uma turma, não se incomoda.

Colella admira Ibrahim, sua inteligência. "É perspicaz, capta as coisas muito rápido, tem o dom de pacificar conflitos". Mas considera que é um dever de amigo abrir-lhe os olhos. Mesmo em desacordo, entra de cabeça na luta e faz a campanha de candidato a deputado federal pelo PV. Era 2006, e "era preciso vender boleto, Zé não tinha dinheiro". Ao fim e ao cabo, Colella lhe empresta o pouco de dinheiro que trouxera da Europa.

Espinosa, seu camarada de Osasco, que trabalhara na campanha de Rita Passos para a prefeitura de Itu, é quem faz o jornal de campanha de Ibrahim. Seu filho Carlos Eduardo entra na coordenação de um programa de casas populares em Araçatuba. Um comitê de campanha é criado em Osasco. Marilia, a ex-namorada de Cuba, viaja muito para São Paulo ver Ibrahim. Uma vez o encontra na cidade, com seu atual companheiro:

> "Aconteceu uma vez em São Paulo uma coisa muito linda. Eu estava com meu atual companheiro – ia muito a São Paulo ver o Ibra –, ele vinha pro Rio ficava em casa, ou na Tereza –, nós estávamos num restaurante, tínhamos bebido pra cacete e o Ibrahim pegou as mãos do Eduardo e disse assim: 'Eduardo, se você soubesse como sou apaixonado pela tua mulher'".

Para Marília, a cena "foi uma coisa tão linda, uma das coisas mais lindas!" Marília respondeu: "eu também sou superapaixonada por você".

Segundo Marília, o amor entre ela e Ibrahim durou a vida toda. "Eu nunca deixei de gostar dele, ele nunca deixou de gostar de mim. Um amor de exílio que não passa", diz ela.

Durante a campanha, um dia Ibrahim urina sangue e vai ao hospital com Elena. O diagnóstico é câncer. É internado para o tratamento, sofre intervenção cirúrgica em dezembro. É preciso tirar a bexiga. Ele tem horror à ideia de que teria que andar com uma bolsinha, um saco de urina, com a extração do órgão, como aconteceu com o governador Mário Covas. Na saída da operação, ainda um pouco abobalhado pela anestesia, pergunta a Colella:

– Vou ter que usar a bolsinha?
– Não!

Colella diz não, mas não sabe. Depois que vê o médico e coloca a questão, obtém como resposta que a reconstituição da bexiga com parte do intestino fora realizada com êxito. A recuperação corre bem.

A campanha fica prejudicada, ele não consegue se eleger nesta terceira e última disputa. Três tentativas, por três partidos diferentes, sem sucesso. Reconhece, em 2008, que disputar eleições não sindicais não é o seu negócio: "Sou forçado a reconhecer que não é minha praia. Tem uma série de coisas que você precisa fazer num processo eleitoral que eu não consigo. Cada vez mais no Brasil uma eleição precisa de muito dinheiro. Mesmo que você tenha nome, uma certa base localizada aqui e acolá, a disputa é muito grande – e desleal, tem o poder econômico", diz ele, em depoimento publicado no blog de José Dirceu.

Na UGT

Após a passagem rápida pela SDS, Ibrahim entra na UGT, criada em 2007. Vai ocupar o cargo secretário de Formação Política junto a Executiva Nacional. Alemão quis levá-lo para lá. Antes, porém, o abrigou no seu sindicato, o Sindbast, já que ele não estava filiado a nenhum. No sindicalismo, explica Alemão, "a maioria é conservadora e reacionária": "Não queria abrigar o Zé porque ele não tinha sindicato. Então coloquei o Zé na diretoria do meu sindicato".

Na nova central, Ibrahim continua a empregar seu aprendizado acumulado no Brasil e no exterior. Em 2012, na UGT, concede à autora deste livro uma entrevista sobre o exílio, quando fala das relações construídas na Europa durante o período:

> Aprendemos muito. Foi muito bom a gente ter tido esta solidariedade, essa compreensão de que a nossa luta também tinha que ver muito com a luta dos trabalhadores europeus. E isso acrescentou muita coisa para a gente, a experiência deles que era muito maior que a nossa. O movimento sindical na Europa, na França particularmente, é muito mais antigo, tem muito mais história. O nosso tem cem anos, o deles tem muito mais, tem o dobro. E ali é o berço das grandes ideias, socialistas, do anarco-socialismo, do comunismo. São coisas que enriqueceram muito o saber dos trabalhadores.

Se os sindicalistas brasileiros aprendem muito com os franceses e europeus, a via não é de mão única. Eles também se inteiram do sindicalismo brasileiro e fazem pontes entre os dois continentes, desenvolvendo intercâmbios. Um dos resultados disso é a aproximação dos trabalhadores brasileiros e franceses do grupo químico Saint-Gobain. O sindicato francês é ligado à CFDT, e pressiona o grupo para que os brasileiros tenham os mesmos direitos que os trabalhadores franceses do grupo. Depois, as relações se ampliam. "Hoje, as montadoras do Brasil, da Alemanha, Japão, Suécia possuem comitês internacionais de negociações. Isso vem desde aquela época", diz Ibrahim.

Outras conquistas precisam ser feitas, segundo o líder da greve de 1968: "Conseguimos liberdade sindical que na época era uma grande briga; direito de greve que não tinha, vivíamos numa ditadura". E algumas conquistas foram perdidas "A experiência de comissão de fábrica, de negociação de empresa, organização no local de trabalho, que nós começamos a fazer naquela época, hoje praticamente não existe", diz Ibrahim. "O movimento sindical tem que dar esse passo. Eu acho que o salto de qualidade do movimento sindical tem que ser esse. Sair da estrutura corporativa pra uma estrutura de organização de base".

Os comitês de empresa existentes na Europa ainda não fazem parte das leis trabalhistas brasileiras, mesmo se existem algumas experiências no país, a exemplo do ABC e de Osasco. Em 2012, ele dirá sobre o tema: "É uma reivindicação antiga do movimento sindical, legalizar a figura da organização no local de trabalho. Com uma representação interna dos trabalhadores. Vários projetos circularam no Congresso, mas o lobby patronal é muito forte, a correlação de forças lá não é favorável a nós. Fernando Henrique se comprometeu a dar força nesse negócio, assim que o Lula". Para Ibrahim, o projeto não por falta de vontade dos presidentes não avança: a resistência patronal está sempre mobilizada para impedir o avanço, e o movimento sindical brasileiro tem uma cultura que não a prioriza: "No geral, o movimento sindical brasileiro não tem essa experiência, não tem essa cultura, o que é pior. É um sindicato verticalista, é uma representação de fora".

Em 2011, Ibrahim sofre uma grande perda. Morre Tereza, a mãe de Carlos Eduardo, vítima de um câncer fulminante no pulmão. Fumava muito. Ibrahim tenta acompanhá-la o máximo possível, durante o tratamento da doença. Pede à sobrinha Sandra para vê-la no Rio, quando esta apoia e conforta Tereza. "Durante todo tempo que a Tereza ficou doente, meu companheiro e eu estávamos juntos", lembra Marília.

Na CNV

Como dirigente sindical da UGT, Ibrahim coordena o grupo de trabalho Ditadura e Repressão aos Trabalhadores e ao Movimento Sindical, da Comissão Nacional da Verdade, com depoimentos sobre a ditadura militar. Na função, convida centrais e sindicatos para um trabalho unitário. Seus últimos depoimentos em público foram os que deu para a Comissão Estadual da Verdade de São Paulo, dirigida pelo deputado estadual Adriano Diogo (PT), em abril de 2013, e para o programa da TV Assembleia Câmara Aberta, no lançamento do livro de Audálio Dantas sobre Vlado Herzog (*As duas guerras de Vlado Herzog*, ed. Record). No depoimento à Comissão, mostra sinais de cansaço. Gosta de falar nas escolas, universidades, sindicatos sobre a experiência de Osasco e o que a ditadura fez naqueles anos.

Resgatar a história, a fim de transmiti-la é uma de suas preocupações, inclusive na sua "casa", o Sindicato dos Metalúrgicos de Osasco.

Bar restaurante da Rua Cônego Eugênio Leite,
frequentado por Ibrahim e seus amigos

Em 2013, Ibrahim estava comandando uma nova iniciativa partidária, a convite de Gilberto Kassab. Ele passa a dirigir o braço sindical do PSD – Partido Social Democrático, em articulação com a UGT. É trabalhando nesse sentido que dia 28 de abril de 2013 vai à casa de Gilberto Kassab, juntamente com o presidente da UGT, Ricardo Patah, para receber, simbolicamente, as chaves da nova sede do PSD Movimentos.

Na segunda-feira, 1º de Maio, Ibrahim está descansado, no apartamento em que vive com o filho Gabriel. Há três anos está separado de Elena. Ela sentira, após desgastes de uma relação de mais de vinte anos, a necessidade de respirar. Ibrahim muda-se para o prédio que já fora seu escritório, também na Rua Teodoro Sampaio. Continuam morando perto e se falam todos os dias, além de irem juntos para o sítio.

Ibrahim passara três dias preparando, num congresso, aquele 1º de Maio unificado. Fora alguns resfriado e pneumonias, tinha boa saúde. Gabriel viu o pai doente umas poucas vezes. Era mais comum ele ficar "de molho" para se recuperar de porres. Nessas ocasiões tomava água com gás e limão, para "se desintoxicar". O fato é que o sindicalista tem certa resistência à bebida. Culturalmente, o operário tomava uma antes de começar o trabalho, outra antes do almoço e outras antes da janta. Para as crianças, caracu com ovo era usado como fortificante. Na Europa, seguinto a tradição local, nas refeições, durante o inverno, dava-se vinho com água para as crianças. Nos encontros de exilados na Europa, rolava muito bebida.

Carlos Eduardo não esconde que o pai era alcoólatra, assim como a mãe e ele mesmo. Mãe e filho buscaram ajuda nos alcoólatras anônimos. O pai tentou várias vezes, mas não conseguiu. Elena fala de fases de bebida. Bebia quando estava angustiado, em momentos de mudança de trabalho, por exemplo. Pensa que nunca isso foi um problema sério na sua vida.

Para Colella, a bebida atrapalhou o amigo em diversos momentos. Inclusive na relação entre os dois. Os dois bebiam e terminavam brigando. "Eu me afastei um pouco dele por causa disso, terminava brigando. Também tinha pouca tolerância com certas pessoas com as quais o Zé convivia, pessoas que fizeram sacanagem com ele e ele continuava a conviver com elas. Não estava de acordo. Um cara roubou ele e o Zé continuou a conversar com ele", diz Colella.

Gabriel fica sempre preocupado com as crises do pai. Será que vai passar? Será que não passará e ele morrerá? Às vezes pensa: "Não vai passar de hoje", "E se não passar e acontecer o pior, o que farei"? Uma duas a três vezes teve o sentimento muito forte que o pai não passaria daquele dia e ficava com uma dor no coração. Dois

José Ibrahim. O líder da primeira grande greve [...]   251

dias depois, sempre passava, e depois era como o sol que volta a brilhar após a chuva, como se nada tivesse acontecido.

O mais complicado para ele foi o período em que o pai teve câncer. Tinha confiança, mas sabia que existia probabilidade de tudo acabar. Afinal de contas, ele não era tão jovem.

A morte do homem, do militante, do resistente

Na volta do encontro de preparação para o 1° de Maio, Ibrahim diz ao filho que tinha extravasado com os companheiros. "Derrubaram" algumas boas garrafas, tinha passado dos limites. Iria dar a pausa, que o corpo precisava. Água com gás e limão, o velho remédio, e repouso. Ibrahim tinha feito uns planos de viagem. Queria voltar a Cuba com Elena e Gabriel. A Cuba, nunca regressou, desde o exílio. Estava na hora. Pensava em fazer outras viagens com os filhos.

Elena tenta tirá-lo da vida agitada. Queria que ele tivesse mais calma, tempo para fazer o que gostava: ficar mais tempo no sítio, cuidar de animais e plantas, longe das correrias de São Paulo. Ibrahim também fuma muito, dois pacotes por dia, mas já é bem menos do que os quatro, de alguns anos antes.

No dia 1°, ele fica em casa. Elena tinha planejado ir para o sítio, mas talvez fosse melhor mesmo ir no final de semana, para ficar dois dias. Gabriel vai almoçar com a mãe no restaurante e loja de produtos naturais que ela administra, na Rua Fradique Coutinho, a seis quadras de distância. Depois vão passear num parque e, em seguida, encontrar Ibrahim. Elena o considera tranquilo, normal, fazendo planos para o futuro. Depois, cada um vai para sua casa. Em casa, Ibrahim assiste, com Gabriel, o jogo do Corinthians. Ficam na conversa até tarde. Quando o pai vai dormir, o filho fica ainda alguns minutos na frente da televisão, mas não deve demorar, pois no dia seguinte tem aulas cedo e tem de estar em pé às seis da manhã. Quando já está no quarto, deitado, esperando o sono, sente uma dor grande no peito. "Não demorou muito, mas foi forte e intensa", lembra. Sente certo sufoco, uma sensação de não poder respirar. Pergunta-se o que estava acontecendo, pensa no pai. Teria ocorrido algo? Acha por bem não se preocupar: "bobagem". É hora de dormir. Dorme.

No dia seguinte, ele se levanta e, ainda sonado, passa pelo quarto do pai. Pela porta entreaberta, vê Ibrahim na cama. Toma café rápido e vai para o colégio. Ao meio dia, na saída da escola, não recebe o telefonema habitual do pai. Nessa ligação, costumam trocar informações e planejar a noite. Mas Ibrahim pode estar ocupado, numa reunião. Gabriel liga para ele, sem resposta. Caixa postal. Como de hábito, vai para a loja da mãe. Pergunta se ela tem notícias do pai. Ela já tinha ligado, também sem resposta.

Teodoro Sampaio, 1316: prédio de dois andares em Pinheiros onde morava Ibrahim, já separado de Elena, que vivia no n° 1.434 da mesma rua.

Túmulo da família de José Ibrahim, no cemitério Boa Vista, em Osasco.

Os dois tentam outras vezes, sem resultado. Elena pede para ligar no trabalho. Lá também o procuram. Por volta das 14 horas, Gabriel decide ir ver se ele estava em casa. No caminho, pensamentos confusos. Caminha pela Teodoro Sampaio. Respira profundamente, para dominar as emoções. Assim que abre a porta do apartamento. já vai chamando:

– Pai, pai!

Não há resposta. O filho se dirige ao quarto. Ele está na cama deitado. Um choque. Gabriel dá, provavelmente, o grito mais forte de sua vida.

Não há nada a fazer. O pai já não vive. Sai em direção à cozinha, gritando de raiva, raiva da sua impotência. Volta após segundos, que parecem eternos, para confirmar que a hora do pai tinha chegado. Procura se acalmar, tem que ligar, dar a notícia à mãe, que espera qualquer informação. Acalma-se, liga. Tem que falar à mãe do outro lado do fio. Consegue dar a notícia, tenta não chocá-la. Enquanto a mãe está a caminho, ele se senta ao lado do pai, um momento especial, e tem uma "conversa" com ele. Fala dos seus sentimentos, da gratidão por ter colocado-o no mundo, do amor que tem por ele, tudo o que veio no momento. Acabava ali os abraços, os carinhos, a presença física.

A mãe chega com uma prima, e também recebe o choque. Mesmo separados, evitando as brigas, continuavam a se encontrar, a passar finais de semana juntos no sítio. Há pouco, completaram trinta anos do momento do primeiro encontro.

Gabriel pensa no irmão Carlos Eduardo, com quem convivera em muitas férias, em São Paulo e no Rio. O irmão tinha lhe mostrado a cidade maravilhosa, suas praias, seus monumentos, levando-o para tomar sorvetes. Tem que dar a notícia a ele, já órfão de mãe. Como fazer? Carlos Eduardo sempre guardou uma grande admiração pelo pai. Ousava brigar com a mãe, mas jamais com o pai, a quem considera um herói.

Ibrahim morreu durante seu sono, na madrugada do dia 2 de maio de 2013, de embolia pulmonar, segundo a autopsia. Tinha 66 anos.

Sandra, muito ligada ao tio, recebe a notícia quando está sozinha em casa. Fica muito mal. Quinze dias antes tinham se encontrado. Ibrahim pedira à sobrinha que lhe preparasse uma costelinha de porco, prato que adorava.

Sandra e Terezinha vão, desesperadas, para o velório. A primeira pessoa que encontram é Guaçu Piteri, o ex-prefeito de Osasco. Marília não aparece. "Foi muito complicado o falecimento do Ibrahim", conta. Faltou-lhe coragem. Pede a José Dirceu ajuda na organização do velório. "Não tinha coragem de ir lá, ver o Ibrahim morto. Era muito difícil; ficou mais fácil pensar que ele demora aparecer e pronto".

Velado no hall monumental da Assembleia Legislativa do Estado de São Paulo na quinta, dia 2 de maio, Ibrahim recebe inúmeras homenagens de ex-exilados, amigos de militância, sindicalistas, público. No dia seguinte, volta a sua terra, Osasco, onde filhos, familiares, amigos e sindicalistas prestam uma última homenagem e conduzem o corpo ao Cemitério Boa Vista (Q 18A T 135). É enterrado ao lado do pai Mahmoud[6], da mãe Zelvina, dos irmãos Jamil e Luís.

No túmulo lê-se: "José Ibrahim - 03/09/1946-02/05/2013 Uma vida dedicada à luta contra as desigualdades sociais". Os amigos lembram o texto *Os que lutam*, de Bertolt Brecht:

> Há aqueles que lutam um dia; e por isso são muito bons;
> Há aqueles que lutam muitos dias; e por isso são muito bons;
> Há aqueles que lutam anos; e são melhores ainda;
> Porém há aqueles que lutam toda a vida; esses são os imprescindíveis.

---

6   Escrito Mamhud no túmulo.

Bibliografia

Artigos acadêmicos e jornalísticos

BETO, Frei. "Lula. Detalhes biográficos". Acesso em 10/12/2016: http://imediata.org/lancededados/lula/betto_detalhesbio.html.

FUCS, José; WEFFORT, Francisco. "O PT se desnaturou completamente". *Revista Época*, 9/3/2013. Acesso em 6/9/2016: http://revistaepoca.globo.com/Brasil/noticia/2013/03/weffort– o– pt– se– desnaturou– completamente.html.

LACERCA, Gislene Edwiges de. "O surgimento do Partido dos Trabalhadores: uma análise de documento histórico de sua pré-fundação". *Revista Virtu*, mai.2010. Acesso em 10/12/2016: http://www.ufjf.br/virtu/files/2010/05/artigo-7a22.pdf.

CINTRA, André e RUY, Carolina Maria. "José Ibrahim: uma vida dedicada aos trabalhadores". *Revista Princípios*, ano VII, n. 30. Acesso em 23/3/2018: http://www.revistaprincipios.com.br/artigos/125/homenagem/2769/jose-ibrahim-uma-vida-dedicada-aos-trabalhadores.html.

DAMIANI, Marco. "Zé Ibrahim, o herói sindical que o PT não quis". *Site* 247, 23/3/2013. Acesso em 23/3/2018: https://www.brasil247.com/pt/247/poder/100674/Zé-Ibrahim-o-herói-sindical-que-o-PT-não-quis.html.

ESPINOSA, Antônio Roberto; MARETTI, Eduardo. "1968 – Luta armada: 'Vencemos os militares moralmente'". *Visão Oeste*, n. 245, 27.jun a 3.jul.2008. Acesso em 23/3/2018: http://www.visaooeste.com.br/245/especial.html.

LOPES, Carmen Lúcia Evangelho (coord.). *História do movimento sindical no Brasil*, 4° caderno Centro de memória sindical. Acesso em 20/11/2015 : http://www.memoriasindical.com.br/lermais_materias.php?cd_materias=1141

ROCCATI, Claude. "La CFDT et le mouvement syndical brésilien: origine et développement d'une expérience de solidarité internationale".*Cahiers des Amériques latines*, n. 83. Acesso em 20/06/2017: https://cal.revues.org/4486.

Livros

MARQUES, Antonio Jose (coord.). *Nasce a CUT: Embates na formação de uma central classista, independente e de luta*. São Paulo: CUT, 2007.

PESSANHA, Elina e MEDEIROS, Leonilde de Medeiros (org). *Resistência dos trabalhadores na cidade e no campo*. Rio de Janeiro/São Paulo: Arquivo Nacional/CUT, 2015. Acesso em 23/3/2018: http://www.cut.org.br/system/uploads/action_file_version/ffbdd-58596d620e60ae2d5679400cb73/file/web-3arquivos-e-memoria-volume3.pdf.

Força Sindical. *20 anos de luta: a história da Força Sindical*. São Paulo: Geração Editorial, 2011.

IBRAHIM, José. *O que todo cidadão precisa saber sobre Comissões de fábrica*. São Paulo: Global, 1986.

IBRAHIM, José. "Apresentação". In: *Perspectivas do Novo Sindicalismo*. São Paulo: Edições Loyola – Cedac, 1980.

IBRAHIM, José, Barreto José. "Manifesto de balanço da greve de julho", 1968. Acesso em 11/01/2017: http://memoriasoperarias.blogspot.fr/2013/08/a-historia-do-movimento-de-osasco.html.

KECK, Margaret E. *PT. A lógica da diferença: o partido dos trabalhadores na construção da democracia brasileira*. Rio de Janeiro: Centro Edelstein de Pesquisas Sociais. Acesso em 23/3/2018: http://books.scielo.org/id/khwkr.

MACEDO COUTO, Ari Marcelo. *Greve na Cobrasma: uma história de luta e resistência*. São Paulo: Annablume, 2003.

MIRANDA, Orlando. *Obscuros heróis de capricórnio: contribuição à memória brasileira*. São Paulo: Global, 1987.

PITERI, Guaçu. *Sonhar é preciso: comunidade e política nos tempos da ditadura*. Osasco: Edifieo, 2008.

PIGNATARI, Werner Helena. *Raízes do movimento operário em Osasco*. São Paulo: Cortez, 1981.

Teses e dissertações

MOTTA, Antônio Carlos Casulari Roxo da. *Cobrasma: trajetória de uma empresa brasileira*. Tese de doutorado: Universidade de São Paulo, Faculdade de filosofia, letras e ciências humanas, 2007.

ROVAI, Marta Gouveia de Oliveira. Osasco 1968. A greve no feminino e no masculino. Tese de doutorado: Universidade de São Paulo, Faculdade de filosofia, letras e ciências humana, 2012. Disponível em: www.teses.usp.br/teses/disponiveis/.../2012_MartaGouveiaDe-OliveiraRovai_VCorr.pdf.

SANTOS DE OLIVEIRA, Sérgio Luis. O grupo (de esquerda) de Osasco. Movimento estudantil, sindicato e guerrilha (1966-1971). Dissertação de Mestrado: Universidade de São Paulo, Faculdade de filosofia, letras e ciências humanas, 2011. Disponível em: http://www.teses.usp.br/teses/disponiveis/8/8138/tde-25062012-164453/pt-br.php. Acesso em 12/09/2016.

Filmes e documentários

COMISSÃO ESTADUAL DA VERDADE. *Comissão da Verdade discute a luta dos trabalhadores contra a ditadura Parte 1*, 2013. Disponível em: https://www.youtube.com/watch?v=WqT_3Upa_Gw. Acesso em 05/04/2018.

COUTINHO, Eduardo. *Cabra Marcado para morrer*, 1985. Disponível em: http://www.youtube.com/watch?v=VJ0rKjLlR0c. Acesso em 12/01/2013).

DARIN, Silvio. *Hércules 56*, 2006. Disponível em: http://www.youtube.com/watch?v=VeAoTYEmYvI Em várias partes. Acesso em 12/01/2013.

SOUZA, Rui de. *Passaporte para Osasco*, 2016. (Documentário).

Sites, blogs e acervos

Blog do Zé Dirceu. *Aristeu Moreira e Flaviano Serafim*. Entrevista, 2008. Acesso em 01/2015: http://www.zedirceu.com.br/entrevista--jose-ibrahim-parte-ii/

Câmara de Osasco. Acesso em 02/09/2016: http://www.camaraosasco.sp.gov.br/osasco/social/index5.html. Acesso em 05/04/2018.

Cedoc do Sindmetal (Sindicato dos metalúrgicos de Osasco)

Comissão da verdade SP. http://verdadeaberta.org/relatorio/tomo-i/parte-ii-cap5.html.

Fundação Perseu Abramo. http://novo.fpabramo.org.br/. Acesso em 05/04/2018.

Hagop Garagem. http://www.hagopgaragem.com/osasco_bairros.html#ancora42. Acesso em 05/04/2018.

IBGE. Censo industrial de 1960: http://biblioteca.ibge.gov.br/visualizacao/periodicos/100/ci_1960_v3_t6_sp.pdf; de 1970: http://biblioteca.ibge.gov.br/visualizacao/periodicos/101/ci_1970_v4_t18_sp.pdf e de 1980: http://biblioteca.ibge.gov.br/visualizacao/periodicos/103/ci_1980_v3_t2_n19_sp.pdf.

Memórias da ditadura. José Ibrahim. http://memoriasdaditadura.org.br/biografias-da-resistencia/jose-ibrahim/.

Memórias operárias. Manifesto de balanço da greve de julho, por Ibrahim e Zequinha Barreto 1968 e A história do movimento de Osasco, por José Ibrahim. Acesso em 12/2016: http://memoriasoperarias.blogspot.fr/2013/08/a-historia-do-movimento-de-osasco.html entrevista Antônio Roberto ESPINOSA – Greve na Cobrasma de 1968. Página acessada em 12/2016: http://memoriasoperarias.blogspot.fr/2013/09/dois-relampagos-na-noite-do-arrocho.html

Marcas da memória. Depoimento de José Ibrahim concedido ao projeto Marcas da Memória: História Oral da Anistia no Brasil, Equipe do Rio de Janeiro – UFRJ. São Paulo, 27 de janeiro de 2012. p. 2

Sindmetal Osasco e região. 40 anos, Ibrahim João Joaquim: https://www.youtube.com/watch?v=fBhaKy8XI-g

Ver entrevista com o sociólogo na Revista Época "O PT se desnaturou completamente", disponível em 30/07/2017 na página: http://revistaepoca.globo.com/Brasil/noticia/2013/03/weffort-o-pt-se--desnaturou-completamente.html

Alameda nas redes sociais:

Site: www.alamedaeditorial.com.br
Facebook.com/alamedaeditorial/
Twitter.com/editoraalameda
Instagram.com/editora_alameda/

Esta obra foi impressa em São Paulo no outono de 2018. No texto foi utilizada a fonte Electra LH em corpo 10,5 e entrelinha de 15 pontos.